国家文化产业资金支持媒体融合重大项目

高等职业教育会计专业富媒体智能型
精品系列教材

Auditing

审计

王生根 黄莉娟 主编

东北财经大学出版社
Dongbei University of Finance & Economics Press
大连

图书在版编目（CIP）数据

审计 / 王生根，黄莉娟主编. —大连 ：东北财经大学出版社，2020.4
（高等职业教育会计专业富媒体智能型·精品系列教材）
ISBN 978-7-5654-3764-9

Ⅰ. 审… Ⅱ. ①王… ②黄… Ⅲ. 审计-高等职业教育-教材 Ⅳ. F239

中国版本图书馆CIP数据核字（2020）第020818号

东北财经大学出版社出版
（大连市黑石礁尖山街217号　邮政编码　116025）
网　　址：http：//www.dufep.cn
读者信箱：dufep@dufe.edu.cn

大连日升彩色印刷有限公司印刷　　东北财经大学出版社发行

幅面尺寸：185mm×260mm　字数：378千字　印张：16.25　插页：1
2020年4月第1版　　2020年4月第1次印刷

责任编辑：王天华　周　慧　　责任校对：慧　心
封面设计：冀贵收　　版式设计：原　皓

定价：36.00元

教学支持　售后服务　　联系电话：（0411）84710309

如有印装质量问题，请联系营销部：（0411）84710711

总　序

教育工作者对教材历来是情有独钟的，但究竟什么是职业化教材，教育界至今为止依然是仁者见仁，智者见智。不过有一点人们还是取得了比较一致的共识：教材是课程内容的载体，是课程与教学体系的重要组成部分。从一般意义上讲，教材是根据课程标准或大纲的规定，对每个教学活动的内容进行选择，并按一定的逻辑顺序加以组织的教学媒体。国内著名职业教育专家姜大源教授认为，“教材是课程的记录，更应该是课程的设计，体现教学设计思想”。它更多地表现为一种媒介、一种工具、一种资源。人们常讲，教材是教学相长的纽带，是教师授课取材之源，也是学生求知解惑之本。现代高校有四大功能，即人才培养、科学研究、社会服务、文化传承与创新。《中华人民共和国高等教育法》明确规定，人才培养是高等学校的第一要务，而教材在人才培养过程中则扮演着十分重要的角色，其地位是由教材本身所具有的特性决定的。正因如此，教育部长期以来高度重视教材建设，这可从教育部定期组织开展的国家规划教材遴选与立项、国家精品课程、国家专业教学资源库、国家精品开放课程——资源共享课等配套教材建设，以及下发的《关于“十二五”职业教育教材建设的若干意见》《关于深化职业教育教学改革 全面提高人才培养质量的若干意见》《关于建立职业院校教学工作诊断与改进制度的通知》《高等职业教育创新发展行动计划（2015—2018年）》等文件中得到进一步的印证。

随着大数据、“互联网+”时代的到来，各种信息化手段正在改变传统课堂教学和学习方式，这给高等职业教育改革与发展带来重大机遇和挑战。翻转式学习、混合式教学、合作学习、微课、慕课、SPOC、智慧课堂等已经深深影响着教育领域，“一场颠覆性的教育革命正在上演”，当然也包括我们的职业教育。未来的教材是什么样子？这是摆在每一位高等职业教育工作者面前亟待解决的非常重要的课题。显然，正确的态度应该是直面挑战、担当有为，积极拥抱教育新时代的变化并融入其中。鉴于此，如何创新会计人才培养模式、构建科学的会计课程体系、保证高职会计教育质量，对会计教材建设无疑提出了新的更高的要求。做好教材建设，不外乎要解决以下问题：什么是职业化教材？教材与一般类图书有什么区别？教材有哪些功能？当前教材建设需要考量哪些影响因素？遵循哪些路径和方法？面对大众创业、万众创新，如何弘扬“工匠”精神、打造智慧教育平台、构建中高职内容衔接的教材？文化育人如何走进教材？教材能否割断历史？大数据、“互联网+”及线上线下教育、慕课、翻转课堂等，以其前所未有的开放性和透明度，提供了一种全新的知识传播和学习方式，传统的纸质教材还有无用武之地？碎片化和颗粒化资源的开发与广泛应用，从悄然无声发展到“井喷”阶段，职业化教材如何实现新常态？面对诸如此类的问题，应秉承什么样的理念并采取什么样的方法加以解决，确实是一件颇费脑筋的事，但我们又不得不面对。科学研究的基本规律告诉我们，干任何事，都要做好顶层设计，教材建设也不例外。做好顶层设计，确定科学的方法和路径，是探究事物本质的唯一选择。从“知其然”到“知其所以然”，既是一切事物认知的合理路径，也是精准开发职业化特色教材的有效途径。事实上，上述问题在很大程度上反映了职业教育界尤其是一线广大教师对教材建设认识的不到位。这也从另一个侧面印证了当前职业化教材存在的诸多问题。很显然，一场教育革命正在悄悄发生。谁会意识到一种全新的商业教材模式正在形成？谁会意识到互联网的力量会改变教材的呈现方式？谁会意识到多媒体资源会逐步取代传统的纸质教材？谁会拥有如此敏锐的先见之明呢？

令人可喜的是，国内不少出版社高屋建瓴、审时度势，已经快速地行动起来去应对这种变化，东北财经大学出版社就是其中杰出的代表。东北财经大学出版社早在2015年1月就向教育部申报了一项课题，即“财经高等职业教育富媒体智能型教材开发系统工程——‘纸媒与数字、产与教、教与学、学与训、训与评’融合型智能教材及个性化学习解决方案”，随后开始策划组织开发一套高等职业教育会计专业富媒体智能型·精品系列教材，包括：会计基础、初级会计实务、成本会计实务、财务管理、会计信息化操作、审计实务、纳税实务、财务报表分析、会计综合实训、管理会计、财经法规与会计职业道德、中小企业内部控制与风险管理等，先后参加研讨的院校有江苏财经职业技术学院、北京财贸职业学院、浙江金融职业学院、北京经济管理职业学院、江苏经贸职业技术学院、济宁职业技术学院、浙江商业职业技术学院、顺德职业技术学院、长沙民政职业技术学院、江西财经职业技术学院、天津职业大学、淄博职业学院、长春金融高等专科学校、重庆城市管理职业学院、四川财经职业学院、内蒙古财经大学职业学院等。

也许有人会问，富媒体智能型教材是不是近几年悄然流行的电子教科书呢？针对这个问题，国内学者杨九诠如是说：对新生中的教科书来说，教育“语法”与信息“语法”之间紧密的共同构成、流畅的相互表达，才是它的“BASIC语言”。持续的教育教学改革和学习技术进步，多少让人联想到“空中加油”。从信息技术的角度看，电子教科书包括软件和硬件两部分。硬件实施可以通过投入慢慢实现，但对于软件部分，要防止技术至上倾向，这一倾向可能慢工出细活，更可能慢工出错活。电子教科书的软件设计是一项“灵魂工程”，是“以人为本，全面实施素质教育”理念统领下的更先进的教育、更先进的学习。我们发现有些软件还是按照传统教学模式开发的，长的是钛合金的心脏，流的是应试教育的血液。这一方面需要制定符合国家教育改革和课程改革精神的电子教科书相关标准，另一方面有赖于区域和学校的体现先进教育教学理念的数字化教学实践的积累。如此看来，与传统纸质教材不一样，电子教材应用还面临哪些困难？还有哪些坎要迈过？还有哪些理念需要更新？这些问题，在做好开发新的职业化教材顶层设计时是无论如何不能熟视无睹的。

富媒体智能型教材是传统媒体与新媒体融合的教材产品，它是基于多年纸媒教材的开发与教学实践，以及交互式网络课件开发经验，结合对PC、App应用特征和移动学习的深入研究、应用实践，按照“纸质教材+数字课程”的一体化设计思路，将传统E-Learning“网络课件”的开发技术与立体化、交互式“电子书”——线上互动内容和纸质书本通过二维码嵌入微课、慕课的开发技术相融合。富媒体智能型教材具有六大特征：教材研发以体现未来岗位需求为导向；教材本质体现“真实应用”；教材支撑以信息化、数字化为依托；教材架构以“翻转课堂”为核心；教材精髓体现“因地制宜”“因材施教”；

教材形式是“纸媒”与“数字媒体”的融合体等。在我们的教育教学模式发生深刻变革的今天，能真正实现“融合式”教学和个性化学习。

千锤百炼出真知。本套教材由国内示范高职院校直接从事会计教学的领军人才担任主编，教材特色较为明显，既解决教师“如何教”，又解决学生“怎样学”；既能让学生学知识、学技能，更能让学生学会做人。现在呈现给读者的是一套“暂时”让我们满意的教材，因为它凝聚了近几年高职会计教学改革的最新成果，问题导向、案例分析、碎片化资源和二维码技术贯穿于教材的始终，为学习者提供完美的学习体验；版面设计精致、双色印刷，提高了教材的品质和阅读的愉悦感。当然，教材开发绝不是一蹴而就、一朝一夕之事，而是一项复杂的系统工程，需要政策导向、校企联动、多方参与，实现螺旋式上升，品牌辈出。建设一套好的并富有创新性的教材，需要不断地吸取营养、去伪存真、精雕细琢、潜心打磨、团队合作。应该说，这种探索与合作精神是值得赞赏的，但教材建设只有起点，没有终点，永远在路上。我们真诚地期待由东北财经大学出版社出版的高等职业教育会计专业富媒体智能型·精品系列教材能为我国高职会计专业新一轮改革提供一个范式。本系列教材的作者们是否在建设职业化会计教材升级版方面开了个好头，应留给专家、学者和广大师生去评判。

程淮中

前　言

本书以最新注册会计师审计的法律、法规和专业标准为依据，以注册会计师审计的基本理论、基本知识和基本技能为主线，重点介绍搜集审计证据、编制审计工作底稿、出具审计报告等审计步骤。本书在编写过程中，注重吸收、借鉴国内外理论研究的新成果和新经验，充分考虑审计发展的未来趋势，力求具有可读性、实用性和前瞻性。

本书的编写立足高等职业教育的办学层次和培养目标，充分考虑用人单位的需求和教师的教学特点。全书以任务为驱动，以注册会计师审计为主线，紧随注册会计师发展的新形势，体现“互联网+”时代国际化趋同形势下最新注册会计师审计行业的新准则、新指南、新变化、新趋势。

本书的编写着重突出体现以下特点：

1. 在内容形式上，以最新中国注册会计师执业准则为基准，基于全面国际趋同的审计实务，始终贯彻“以生为本”的教学理念，体现工学结合的教学思想，强调“教、学、做”三者的统一。教材中配套有丰富的教学视频、动画、微课等数字化教学资源，配合二维码，学生可以扫描学习，相比其他教材更方便、实用。

2. 在结构设计上，主要按照审计实战流程来设计，如下图所示：

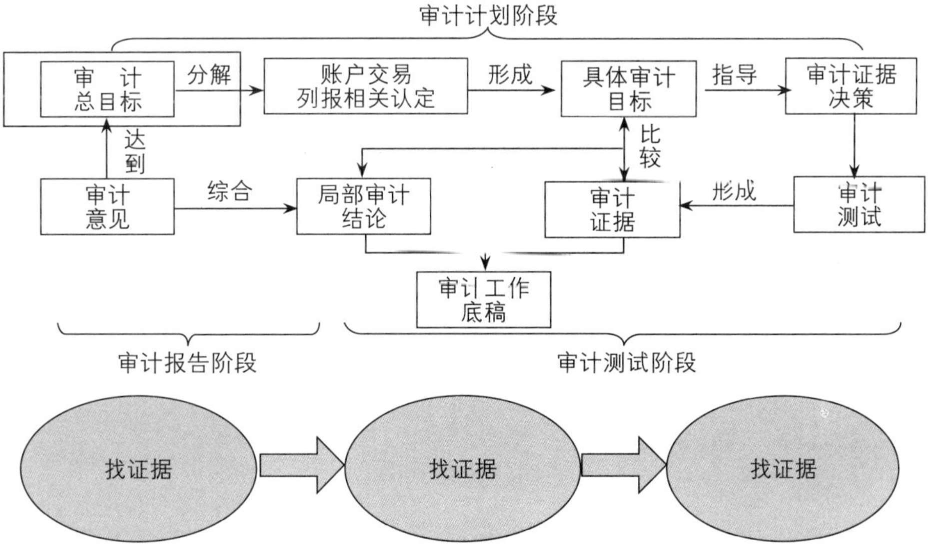

3. 在编写体例上，注重贴近实务操作，内容丰富多彩，图文并茂，很多内容以表格的形式阐释，简洁而通俗易懂。全书分四大模块，各模块设有学习目标、知识点和技能点；每一模块分若干个典型工作任务，每一个典型工作任务都按照案例导入、知识准备、案例

分析、知识拓展、同步训练等子模块来设计；每一个任务均配备同步练习，帮助学者更好地掌握书中内容。

本书由江苏经贸职业技术学院王生根教授和黄莉娟副教授担任主编，后鸿燕讲师担任副主编，王生根负责总体组织策划、总纂定稿。具体编写分工如下：黄莉娟编写模块一，黄莉娟、后鸿燕编写模块二，后鸿燕编写模块三，王生根编写模块四。本书在编写过程中，得到了江苏经贸职业技术学院、瑞华会计师事务所江苏分所的大力支持和帮助。值此本书出版之际，对他们的关心、支持和帮助表示诚挚的感谢！

本书既可以作为高等职业院校审计、会计、财务管理等专业学生的教学用书，也可以作为会计师事务所从业人员的培训用书，还可以作为注册会计师考试或中等职业学校学生学习的辅助用书。

由于编者的知识水平和能力有限，不当或疏漏之处在所难免，恳请专家学者、教学单位和广大读者批评指正。

编　者

2020年4月

目 录

模块一
搜集审计证据

【学习目标】

1. 了解注册会计师执业准则体系。
2. 掌握注册会计师协会会员职业道德守则，对违反职业道德的行为会作出判断。
3. 理解注册会计师职业判断和职业怀疑精神。
4. 掌握审计目标，能根据管理层认定写出具体审计目标。
5. 了解总体审计策略和具体审计计划。
6. 会收集不同类型审计证据。

【知识点】

注册会计师执业准则　审计职业道德　职业判断的基本要求　职业怀疑精神　审计的总体目标和具体目标审计　重要性　审计的前提条件　审计业务约定书的格式和内容　总体审计策略　具体审计计划　审计证据类型

【技能点】

分解审计总目标　形成具体审计目标　编制具体审计计划　收集审计证据

任务一 遵守执业准则

案例导入

安永因合伙人与客户恋爱被罚930万美元

据英国《金融时报》的报道，美国监管机构对专业服务公司安永（Ernst & Young）罚款930万美元，原因包括该公司的一位审计员与客户发展恋爱关系，这是监管机构首次针对大公司员工和外部审计员之间的私人关系采取执法行动。美国证交会（SEC）的调查发现，安永一位高级合伙人与其负责审计的纽约一家上市公司的首席财务官发展了不适当的亲密友谊关系。另一位高级合伙人与其负责审计的另一家上市公司的首席会计官卷入恋爱关系。美国证交会表示，安永对这两段关系都未能采取适当举措。美国证交会执法部主任安德鲁·塞雷斯尼（Andrew Ceresney）表示："安永没有采取足够举措来察觉或者阻止这些合伙人与客户建立过于亲密的关系，违背了他们作为独立审计人员的角色。"

资料来源：阿格纽. 安永因合伙人与客户恋爱被罚930万美元［N］. 金融时报，2016-09-20.

知识准备

一、中国注册会计师执业准则的历史发展

中国注册会计师执业准则是规范注册会计师执行业务的权威性标准，对提高注册会计师执业质量，降低审计风险，维护社会公众利益具有重要的作用，其发展历经了三个阶段。

（一）起步恢复阶段（1980—1993年）

1980年，注册会计师行业恢复重建后不久，针对当时的审计验资业务，启动了执业标准的制定工作，并陆续出台了相关执业规定。随着中国注册会计师协会（以下简称"中注协"）的成立，专业标准建设工作得到了高度重视，进入了快速发展时期。中注协专门设立了专业标准部，负责专业标准的研究制定工作。从1991年到1993年，中注协先后发布了《注册会计师检查验证会计报表规则（试行）》等7个执业规则。这些执业规则对我国注册会计师行业走向正规化、法制化和专业化起到了积极作用。

（二）制定准则阶段（1994—2004年）

1993年10月31日，第八届全国人民代表大会常务委员会第四次会议通过《中华人民共和国注册会计师法》，赋予中国注册会计师协会依法拟定执业准则、规则的职能。经财政部批准同意，中国注册会计师协会自1994年5月开始起草独立审计准则。1995年12月25日，财政部发布《财政部关于印发第一批〈中国注册会计师独立审计准则〉的通知》（财会协字〔1995〕48号），自1996年1月1日起执行。到2004年，中国注册会计师协会

先后分6批制定了41项审计准则，基本建立了我国审计准则体系框架。

（三）全面趋同阶段（2005年至今）

审计环境的巨大变化和公司财务舞弊重大事件的频繁发生，以及国际审计准则的规模修改，迫切要求我们大力改进审计准则，增加审计的有效性，防范和化解审计风险，维护市场经济的稳定有序运行。在此背景下，财政部于2005年年初提出了我国会计审计准则国际趋同的主张和中国会计审计准则体系建设目标。根据这一目标，遵循科学、民主、透明和公开的准则制定程序，2006年2月15日，财政部发布了中国审计准则，实现了与当时国际审计准则的实质性趋同。审计准则自发布以来，总体运行情况良好。最近几年，审计环境发生了重大变化，国际审计准则作出了重大修订，我国审计实务中也面临一些新的需要解决的问题。

为了保持与国际审计准则的持续全面趋同，进一步规范注册会计师执业行为，提高执业质量，维护社会公众利益，针对国际审计准则的新变化以及我国审计实务需要解决的新问题，在国际审计与鉴证准则委员会（IAASB）2008年年底完成准则明晰化项目（clarity project）之后，中注协对中国注册会计师审计准则进行了全面修订。中注协于2009年年初启动了审计准则修订项目，以进一步完善审计准则，实现与国际审计准则的持续趋同。其意图是实现中国审计准则与国际审计准则的全面、实质性趋同。修订后的准则，除了在形式上与国际审计准则略有不同之外，在其他方面与国际审计准则完全一致，可以视为国际审计准则的中文版本。

2010年11月10日，财政部发布《财政部关于印发〈中国注册会计师审计准则第1101号——注册会计师的总体目标和审计工作的基本要求〉等38项准则的通知》（财会〔2010〕21号），修订了38项准则，自2012年1月1日起执行。财会〔2006〕4号文中《中国注册会计师审计准则第1101号——财务报表审计的目标和一般原则》等35项准则同时废止。

2016年12月23日，财政部发布《关于印发〈中国注册会计师审计准则第1504号——在审计报告中沟通关键审计事项〉等12项准则的通知》（财会〔2016〕24号），A+H股自2017年1月1日起执行，其他企业自2018年1月1日起执行。本批准则生效实施后，《财政部关于印发〈中国注册会计师审计准则第1101号——注册会计师的总体目标和审计工作的基本要求〉等38项准则的通知》（财会〔2010〕21号）中的《中国注册会计师审计准则第1111号——就审计业务约定条款达成一致意见》等11项准则同时废止。

2019年2月20日，财政部发出《关于印发〈中国注册会计师审计准则第1101号——注册会计师的总体目标和审计工作的基本要求〉等18项准则的通知》（财会〔2019〕5号）；3月29日，中注协针对上述修订的审计准则发布24项应用指南。该批准则和应用指南于2019年7月1日起施行。

二、中国注册会计师执业准则取得的成就

（一）明确提出审计准则国际趋同的主张，为我国专业标准建设及国际趋同实践提供了有力指导

在我国经济日益融入全球经济和审计准则国际趋同的背景下，我国形成了审计准则国际趋同的原则主张：（1）趋同是进步，是方向；（2）趋同不等同于相同；（3）趋同需要一个过程；（4）趋同是一种互动。这四点主张得到了包括国际审计与鉴证准则理事会在内的

国际会计职业界的高度认可，并成功指导了我国审计准则建设和国际趋同实践，成为我国注册会计师行业专业标准建设和国际趋同的有力指导。

（二）建立起了体系完备、内容丰富的中国注册会计师执业准则体系，实现了与国际准则的实质性趋同

中国注册会计师执业准则体系包括审计准则、审阅准则、其他鉴证业务准则、相关服务准则及会计师事务所质量控制准则。同时，为帮助广大注册会计师正确理解和运用新准则，中注协针对每项准则都配套制定了指南，为准则的实施提供了更具操作性的指导意见。

中国注册会计师执业准则体系在实现国际趋同的同时，也在诸多方面实现了对原有准则的突破和创新。一是全面引入风险导向审计的先进理念和技术，重塑审计流程，提高了审计的效率与效果；二是明确注册会计师发现舞弊的责任，为注册会计师发现舞弊提供全面指导；三是建立了注册会计师与公司治理层信息互通机制，强化了治理层对管理层实施监督的能力，增强了注册会计师的独立性；四是严格了审计证据要求，加大审计证据对审计意见的支撑力度；五是明确了工作记录要求，重视对执业原始信息的记录、强调对原始记录的保存；六是丰富了会计师事务所质量控制的内涵，指导会计师事务所加强内部质量控制。

中国注册会计师执业准则体系实现与国际审计准则的实质性趋同，使我国注册会计师行业与国外同行处于同一技术平台，有利于进一步优化我国投资环境，有利于服务我国企业更好更多地“走出去”目标的实现，有利于稳步推进我国会计审计国际化发展的战略，全面提高我国对外开放水平。

（三）树立了衡量注册会计师专业素质、监管注册会计师执业质量的新基准

注册会计师执业准则体系施行已有近两年的时间，从中注协的执业质量检查结果及各方面的反映看，实施平稳，并有效推动了事务所质量控制体系和内部操作规程的全面升级，增强了会计师事务所和注册会计师防范执业风险的能力，提升了审计质量和注册会计师行业的核心价值，对于事务所落实“做大做强”和“走出去”战略发挥了重要的技术支撑作用。与此同时，注册会计师执业准则体系的建立，为行业管理提供了新的基准，为行业执业质量检查程序和标准的制定，以及注册会计师考试和培训的设计和实施等，提供了技术依据和标准支持。

三、中国注册会计师执业准则体系

中国注册会计师执业准则体系受注册会计师职业道德守则统御，包括注册会计师业务准则和会计师事务所质量控制准则，如图1-1所示。

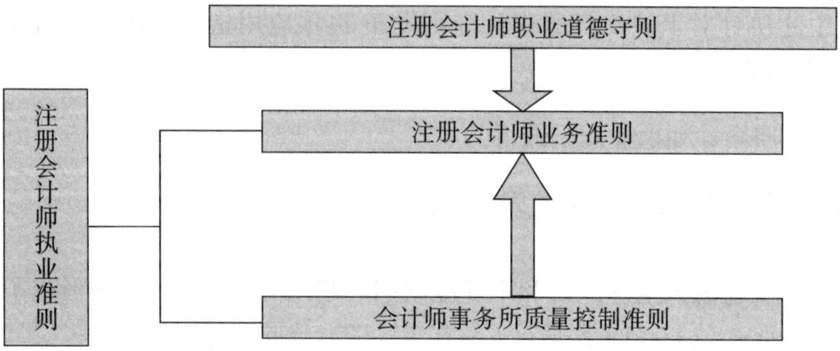

图1-1 注册会计师执业准则体系

（一）注册会计师职业道德守则

《中国注册会计师职业道德守则第1号——职业道德基本原则》和《中国注册会计师职业道德守则第2号——职业道德概念框架》规定了与注册会计师执行财务报表审计相关的职业道德基本原则，并提供了应用这些原则的概念框架。根据职业道德守则，注册会计师应当遵循的基本原则包括：（1）诚信；（2）独立；（3）客观；（4）公正；（5）专业胜任能力和应有的关注；（6）保密；（7）良好职业行为。其中，独立、客观、公正是注册会计师职业道德中的三个最重要的概念，也是对注册会计师职业道德的三条最重要的要求。

职业道德守则规定，独立包括实质上的独立和形式上的独立。所谓实质上的独立，是要求注册会计师与委托单位之间必须实实在在地毫无利害关系，心态才能客观、公正；形式上的独立，是对第三者而言的，即注册会计师必须在第三者面前呈现一种独立于委托单位的身份，即在他人看来是独立的。

可能威胁独立性的情形包括经济利益、自我评价、关联关系和外界压力等（见表1-1）。

表1-1　威胁独立性的情形

序号	内容	具体要求
1.	经济利益	①与鉴证客户存在专业服务收费以外的直接经济利益或重大的间接经济利益；②收费主要来源于某一鉴证客户；③过分担心失去某项业务；④与鉴证客户存在密切的经营关系；⑤对鉴证业务采取或有收费的方式；⑥可能与鉴证客户发生雇佣关系
2.	自我评价	①鉴证小组成员曾是鉴证客户的董事、经理、其他关键管理人员或能够对鉴证业务产生直接重大影响的员工；②为鉴证客户提供直接影响鉴证业务对象的其他服务；③为鉴证客户编制属于鉴证业务对象的数据或其他记录
3.	关联关系	①与鉴证小组成员关系密切的家庭成员是鉴证客户的董事、经理、其他关键管理人员或能够对鉴证业务产生直接重大影响的员工；②鉴证客户的董事、经理、其他关键管理人员或能够对鉴证业务产生直接重大影响的员工是事务所的前高级管理人员；③事务所的高级管理人员或签字注册会计师与鉴证客户长期交往；④接受鉴证客户或其董事、经理、其他关键管理人员或能够对鉴证业务产生直接重大影响的员工的贵重礼品或超出社会礼仪的款待
4.	外界压力	①在重大会计、审计等问题上与鉴证客户存在意见分歧而受到解聘威胁；②受到有关单位或个人不恰当的干预；③受到鉴证客户降低收费的压力而不恰当地缩小工作范围

（二）注册会计师业务准则

注册会计师业务准则包括鉴证业务准则和相关服务准则，如图1-2所示。

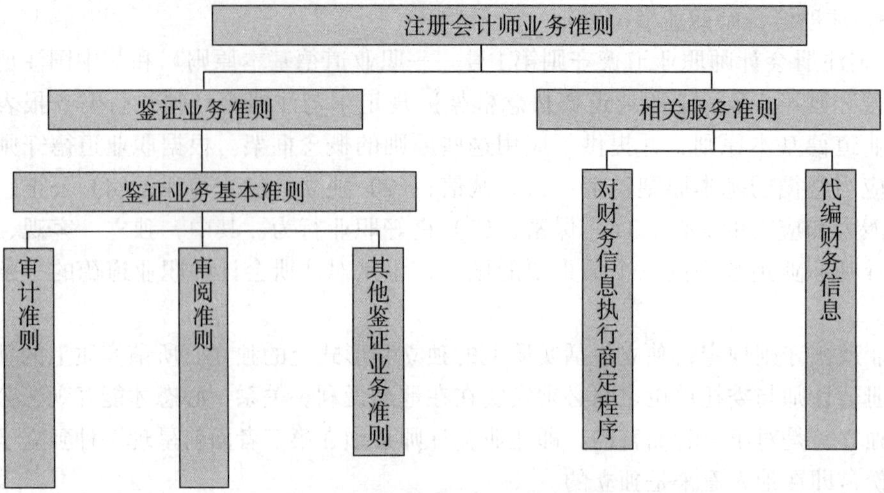

图1-2 注册会计师业务准则

1.鉴证业务准则

鉴证业务准则由鉴证业务基本准则统领，按照鉴证业务提供的保证程度和鉴证对象的不同，分为中国注册会计师审计准则、中国注册会计师审阅准则和中国注册会计师其他鉴证业务准则（以下分别简称“审计准则”、“审阅准则”和“其他鉴证业务准则”）。其中，审计准则是整个执业准则体系的核心。

审计准则用以规范注册会计师执行历史财务信息的审计业务。在提供审计服务时，注册会计师对所审计信息是否不存在重大错报提供合理保证，并以积极方式提出结论。

审阅准则用以规范注册会计师执行历史财务信息的审阅业务。在提供审阅服务时，注册会计师对所审阅信息是否不存在重大错报提供有限保证，并以消极方式提出结论。

视频：中国注册会计师鉴证业务基本准则

其他鉴证业务准则用以规范注册会计师执行历史财务信息审计或审阅以外的其他鉴证业务，根据鉴证业务的性质和业务约定的要求，提供有限保证或合理保证。

2.相关服务准则

相关服务准则用以规范注册会计师代编财务信息、执行商定程序，提供管理咨询等其他服务。在提供相关服务时，注册会计师不提供任何程度的保证。

视频：从实战角度把握新审计准则的重点和难点

（三）会计师事务所质量控制准则

会计师事务所质量控制准则用以规范会计师事务所在执行各类业务时应当遵守的质量控制政策和程序，是对会计师事务所质量控制提出的制度要求。注册会计师执业准则体系框架体系如图1-3所示。

由图1-3可见，准则框架体系层次分明，内容全面，既规范了审计等具有鉴证职能的业务，又规范了代编财务信息、对财务信息执行商定程序等不具有鉴证职能的业务，涵盖了注册会计师业务领域的各个主要环节和主要方面，能够满足注册会计师业务多元化的需求，满足社会公众和相关监管部门的基本需求。

视频：审计准则变化

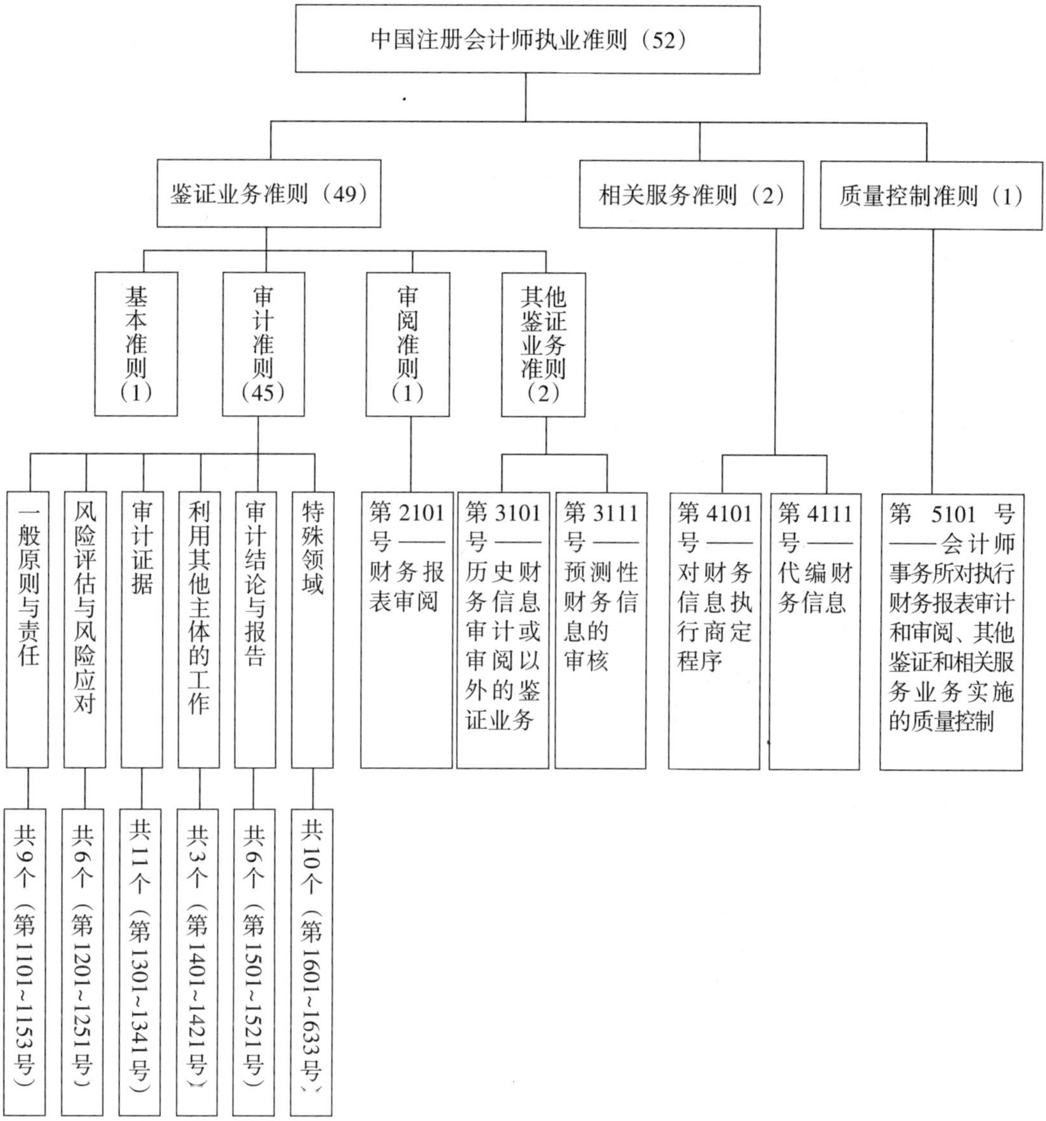

图1-3　中国注册会计师执业准则框架体系

案例分析

在本案例中，评估雇员是否与审计客户存在亲戚、雇佣或财务关系，这些关系可能影响他们彻底且独立地审查公司账簿。安永一位高级合伙人与其负责审计的纽约一家上市公司的首席财务官发展了不适当的亲密友谊关系；另一位高级合伙人与其负责审计的另一家上市公司的首席会计官卷入恋爱关系。安永对这两段关系都未能采取适当举措，违反了注册会计师职业道德守则中的独立性原则。而独立性是注册会计师执行鉴证业务的灵魂。注册会计师在执行审计业务、出具审计报告时应当在实质上和形式上均独立于委托单位和其他机构。

知识拓展

执业准则编号

按照审计过程、业务性质和规范的内容划分，审计准则分为三个层次。第一层次包括六大类：（1）一般原则与责任；（2）风险评估与风险应对；（3）审计证据；（4）利用其他主体的工作；（5）审计结论与报告；（6）特殊领域。第二层次是在六大类下，将审计准则分成小类。第三层次是在各小类下，将审计准则分为细类。执业准则编号为四位数，第一位数代表大类，第二位数代表小类，第三、四位数代表细类。

新的审计准则的编号借鉴了会计科目的编号方式，编号含义如下：

千位数“1”代表审计准则，其中：百位数“1”代表一般原则与责任准则，“2”代表风险评估与风险应对准则，“3”代表审计证据准则，“4”代表利用其他主体的工作准则，“5”代表审计结论与报告准则，“6”代表特殊领域准则。

千位数“2”代表审阅准则。

千位数“3”代表其他鉴证业务准则。

千位数“4”代表相关服务准则。

千位数“5”代表质量控制准则。

同步训练

一、单项选择题（每题只有一个正确答案，请将正确答案填在括号内）

1.下列各项有关鉴证业务的叙述正确的是（　　）。

A.注册会计师的审计意见应合理保证预期使用者利用财务报表作出正确决策的可靠程度

B.注册会计师对所审计信息是否不存在重大错报提供绝对保证，其结论的提出可以是积极方式也可以是消极方式

C.注册会计师对鉴证对象或鉴证对象信息提出结论，以增强除责任方之外的预期使用者对鉴证对象信息的信任程度

D.在直接报告业务中，鉴证对象信息体现在注册会计师的结论中，因此注册会计师应当保证已鉴证对象信息的可靠程度

2.在B会计师事务所存在的下列情形中，违反中国注册会计师鉴证业务基本准则的是（　　）。

A.派往甲生物制药公司的A审计小组成员中，没有聘请生物或制药方面的专家

B.所聘请的协助乙公司审计小组的专家L和M均不能单独胜任所承担的工作，只有两人密切协作才可以胜任

C.马先生是丙公司的审计小组聘请的法律顾问，马先生的妻子牛女士是丙公司的董事

D.L注册会计师是丁玉器营销公司审计小组的负责人，其父老L受事务所之聘担任

该审计项目的玉器鉴定专家

3.下列各项关于业务准则的说法中不正确的是（　　）。

A.对于审计业务，注册会计师对所审计信息是否不存在重大错报提供合理保证，并以积极方式提出结论

B.在提供审阅服务时，注册会计师对所审阅信息是否不存在重大错报提供有限保证，并以积极方式提出结论

C.对于其他鉴证业务，根据鉴证业务的性质和业务约定的要求，注册会计师提供有限保证或合理保证

D.在提供相关服务时，注册会计师不提供任何程度的保证

4.下列各项中，属于注册会计师违反职业道德规范的是（　　）。

A.注册会计师应按照业务约定和专业准则的要求完成委托业务

B.注册会计师对审计过程中知悉的商业秘密应当保密，并不得利用其为自己或他人谋取利益

C.除有关法规允许的情形下，会计师事务所不得以或有收费形式为客户提供各种鉴证服务

D.注册会计师可以对其能力进行广告宣传

5.根据《中国注册会计师职业道德基本原则》，下列各项说法正确的是（　　）。

A.注册会计师执行各项业务，均应保持形式上和实质上的独立

B.注册会计师不得兼营或兼任与其执行的审计或其他鉴证业务不相容的其他业务或职务

C.对于未来事项，因为注册会计师在审计过程中不应涉及，因此也就不应对未来事项的可实现程度发表审计意见

D.任何情况下，注册会计师都不应采用或有收费方式

6.职业道德守则是注册会计师执业规范体系中的重要组成部分。在下列各项有关职业道德的表述中，不正确的是（　　）。

A.会计师事务所不得承接客户的审计业务，除非当年未接受评估业务

B.注册会计师可以在鉴证客户兼职，只要兼职的业务与审计业务或其他鉴证业务无关

C.会计师事务所不得以或有收费方式提供鉴证业务，除非法院或有关公共机构允许

D.注册会计师可以进行其子女所在企业的鉴证业务，除非其子女为客户的关键管理人员

7.下列各项关于执行鉴证业务不相容工作的表达，不正确的是（　　）。

A.如果能够采取防范措施将对独立性影响降低至可接受水平，注册会计师可以向审计客户提供评估服务、内部审计服务、IT系统服务、编制财务报表、管理咨询等服务

B.会计师事务所不得为上市公司同时提供编制财务报表和审计服务

C.如果采取措施，会计师事务所可以为上市公司代编财务报表，或会计师事务所的高级管理人员或员工成为鉴证客户的高级管理人员

D.会计师事务所不能同时为一家上市公司提供资产评估和审计服务

二、多项选择题（每题有两个或两个以上正确答案，请将正确答案填在括号内）

1.拟承接的业务具备（　　）特征时，注册会计师才能将其作为鉴证业务予以承接。

A.使用的标准适当且预期使用者能够获取该标准

B.鉴证对象适当；该业务具有合理的目的

C.能够获取充分、适当的证据以支持其结论

D.结论以书面形式表述，与提供的保证程度相适应

2.注册会计师对鉴证业务提供的保证程度通常是合理保证而非绝对保证。这是因为，由于（　　）因素的存在，注册会计师将鉴证业务风险降至零几乎不可能，也不符合成本效益原则。

A.注册会计师所使用的测试方法的可选择性和鉴证客户内部控制的固有局限性

B.注册会计师所能获取的大多数证据是说服性的而非结论性的

C.注册会计师在获取和评价证据以及由此得出结论时，涉及大量判断

D.在某些情况下，鉴证对象具有特殊性

3.按照职业道德的要求，注册会计师对被审计单位负有保守商业秘密的责任，但这不能成为（　　）的理由。

A.拒绝按专业准则的要求揭示有关信息

B.拒绝为法律诉讼准备文件

C.拒绝注册会计师协会对其进行调查

D.拒绝主管财政机关对其进行调查

4.按照中国注册会计师职业道德规范，执行审计业务的注册会计师的（　　）行为与审计业务不相容，都可能影响审计的独立性，注册会计师应谨慎行事。

A.为客户设计内部控制

B.为客户兼任关键职务

C.资产评估业务、代编财务报表

D.内审业务、IT服务、法律服务

三、判断题

1.审计准则为注册会计师执行审计业务提供了行为标准，而职业道德守则为注册会计师执行的各项业务符合相应的专业标准提供了保障。（　　）

2.鉴证业务是指注册会计师对鉴证对象信息提出结论，以增强责任方之外的预期使用者对鉴证对象信息信任程度的业务。（　　）

3.对已承接的鉴证业务，注册会计师不可以将该项业务变更为非鉴证业务。（　　）

4.《注册会计师鉴证业务基本准则》所称的注册会计师，是指取得注册会计师证书并在会计师事务所执业的人员。（　　）

5.在鉴证业务中，责任方和预期使用者可能是同一方。（　　）

四、案例题

中天恒信会计师事务为扩大影响，采取了如下宣传措施：一是在当地某晚报发布了广告；二是招聘业务员向全市企业上门分发广告，并按业务收入的5%提成。广告的大致内

容为："该所为全省最早成立的合伙制会计师事务所，净资产为1 500万元，聚集了全国注册会计师精英，其中该所所长兼任该省证券发行审查委员会评审专家，有3名注册会计师曾参与全国某职业资格考试的命题工作等。谨向多年来支持该所工作的有关政府机构和曾与该所合作的企业界朋友致以深切的谢意，并愿继续竭诚为上市公司和其他客户提供会计、审计、企业咨询、税务等一流的专业服务。"该广告内容客观、真实。事务所同时还通过电视台邀请所长作了有关上市公司财务会计问题的专访，主持人首先介绍了注册会计师A为中天恒信事务所所长，然后进行了访谈，访谈内容中列举部分公司经中天恒信事务所审计后成功上市的实例。一天，P公司经理助理前来商谈委托审计事宜，事务所考虑到注册会计师B是P公司的财务顾问，注册会计师B与P公司交往时间也较长，财务报表应值得信赖，考虑到收费比较可观，中天恒信会计师事务所答应承接该业务，并签订了业务约定书，约定审计收费按所审的资产总额的5‰收取，于提交审计报告日一次性付清。事务所进行宣传后，业务明显增加，考虑到事务所业务较多，事务所决定，P公司的业务委托其他事务所代理审计查验工作，但由注册会计师B任项目经理，同时聘请十名中南财经大学注册会计师方向的研究生协助工作。

要求：根据上述资料，判断下列各事项是否违背了职业道德的相关规定，回答"违反"或"不违反"，并说明理由。

（1）在当地某晚报发布广告；

（2）招聘业务员向全市企业上门分发广告，并按业务收入的5%提成；

（3）该所为全省最早成立的合伙制会计师事务所，净资产为1 500万元，聚集了全国注册会计师精英；

（4）该所所长兼任该省证券发行审查委员会评审专家，有3名注册会计师曾参与全国某职业资格考试的命题工作等；

（5）该广告内容真实；

（6）事务所同时还通过电视台邀请所长作了专访，主持人首先介绍了注册会计师A为中天恒信事务所所长，然后进行了访谈，访谈内容中列举部分公司经中天恒信事务所审计后成功上市的实例；

（7）注册会计师B任项目经理；

（8）约定审计收费按所审的资产总额的5‰收取，于提交审计报告日一次性付清；

（9）P公司的业务委托其他事务所代理审计查验工作。

任务二　运用职业判断

案例导入

我国证监会对会计师事务所和注册会计师的处罚

2006—2014年我国证监会对证券资格会计师事务所和注册会计师的处罚共34例，其中2例是专门针对注册会计师的处罚。数据显示，处罚涉及23家事务所及75名注册会计师，被审计单位包括上市公司24家、IPO7家、信托公司1家。事务所累计被处罚金额达

1 275.71万元，没收项目收费达1 090.21万元。中磊所、深圳鹏城于2013年IPO审计失败被撤销证券服务业务许可。因情节严重，注册会计师被处罚金额在10万元及以上的审计项目为天丰节能、宝硕股份、新大地、万福生科、天能科技、绿大地、银河科技、金荔科技、精密股份。仅从2006—2014年的数据上看，证监会对于注册会计师以及事务所的处罚呈现波浪式变化，高点出现在2008年、2013年。2008年美国次贷危机波及我国金融市场，证监会为配合国家宏观政策，防止金融市场陷入困境，故加大查处力度。2013年的高点正印证我国加大反腐、惩治违法的时代背景。2014年被查处会计师事务所数量较2013年有所下降，说明事务所自身风险防范意识增强，不断努力降低审计失败率以保证良好的审计质量；此外，2013年证监会提高罚款金额，新增认定注册会计师为市场禁入者的处罚，并于当年发布《中国证监会市场禁入决定书》7号和10号，从注册会计师个体本身严厉打击会计舞弊违法违规的行为。通过证监会查处会计师事务所的变动趋势中再次印证，加大监督和处罚力度对职业判断质量的提升有很大的帮助。

证监会2006—2014年对会计师事务所的34起行政处罚（包括2份专门处罚注册会计师的决定），主要原因是注册会计师职业判断失误，最为主要的是审计程序运用不当，总计出现频次95次，占到总频次202次的47.03%；职业道德原因所致有66次，占到总频次的32.67%；审计证据不足、工作底稿不恰当出现23次，占11.39%；审计计划、审计策略不当出现6次，占2.97%；缺乏具体审计过程出现6次，占2.48%；未识别关联方出现5次，占2.48%；审计目标偏离出现1次，占0.50%。

资料来源：王翠琳，杨光，杨银芳. 基于非标意见和审计失败的我国注册会计师职业判断应用的研究［J］. 中国注册会计师，2016（5）.

知识准备

一、职业判断的概念

职业判断，是指在审计准则、会计准则和职业道德要求的框架下，注册会计师运用相关专业训练、知识和经验，作出适合审计业务具体情况、有根据的行动决策。

被审计单位的具体情况千差万别，在审计准则中不可能针对所有可能遇到的情况规定对应的审计程序。因此，在审计过程中，注册会计师运用职业判断至关重要。注册会计师在确定审计程序的性质、时间安排和范围，评价审计证据，得出审计结论和形成审计意见时，都离不开职业判断。离开了职业判断，审计就成了一个简单机械地执行审计程序的过程。注册会计师在确定拟实施的审计程序时，除需要考虑审计准则中规定的审计程序外，还需要根据职业判断实施为实现审计目标而需要执行的其他审计程序。

二、职业判断的特征

（一）主观性

审计职业判断是一种思维形式，思维是一种内在的或内隐的过程。在审计活动中，审计人员的知识、经验及性格、习惯、心态等因素都会被带到审计职业判断的过程中去，从而影响审计职业判断的结果。所以，审计职业判断的质量在很大程度上取决于审计主体自身的素质，具有很大的主观性。正因如此，审计专业判断要求审计人员必须具备会计、审计、法律等相关专门知识，并且达到一定的熟练程度，同时，还必须具备丰富的实践经验，具备面对实际问题作出正确判断的能力。所以，审计专业判断能力的高低是审计人员综合素质和专业能力强弱的根本体现，是衡量审计人员专业水平的核心指标。

（二）复杂性

审计职业判断的复杂性是由判断过程的复杂性、判断内容的复杂性和判断标准的模糊性所决定的。从判断过程看，审计职业判断是一个复杂的心理过程。审计人员一方面要受到外在的环境信息（包括真实的也包括虚假的）影响，一方面还要受到其自身偏好、性格、习惯等内在因素的影响，而且这些信息和因素并不稳定，随时在变化甚至产生新的矛盾，加重了审计职业判断的复杂性。从审计职业判断的内容看，这种复杂性包含在审计的全过程中，其范围非常之广，有些内容对审计人员提出了很高的技术要求。从判断的标准看，多数情况下的审计职业判断缺乏明确的标准，如对持续经营能力的判断就很难找到一个标准，完全依靠审计人员的执业经验和判断力来作出结论。所以，从某种程度上讲，考验一个专业审计人员的胜任能力和执业水平不是看他对审计准则的理解和遵循程度，而是针对复杂的需判断事项能否找出适当的参照标准，作出准确的专业判断。

（三）目标性

任何审计活动都是为了实现一定的目标而进行的。审计职业判断作为审计过程中的一项主要活动自然也不例外，它同样是围绕着一定的目标进行的，审计活动的目标就是审计职业判断所要达到的目标。不同类型的审计有着不同的审计职业判断目标，比如注册会计师进行的财务报表审计的判断目标是公允性，经济效益审计职业判断的目标是有效性。在审计过程的诸多环节中还有许多具体的判断，而这些判断无一不是围绕着一定的目标进行的。没有目标的审计职业判断是不存在的。

（四）层级性

在财务报表审计过程中，审计职业判断表现为不同的层次。一般来说可分为单项判断和综合判断。事实上，审计职业判断远非仅仅两个层次，它是由多层审计职业判断构成的一个判断系统。财务报表审计中的职业判断至少包括四个层次：第一个层次是对内部控制的判断；第二个层次是对各财务报表项目具体审计目标的判断；第三个层次是对财务报表余额的可靠性的判断；第四个层次是最终的判断，即对公允性的判断。审计过程是一个由众多不同层次的审计职业判断组成的判断链。

（五）风险性

审计职业判断和审计风险之间存在着密切的联系。只要有判断，就有判断正确或错误以及判断被接受或拒绝的问题，就有风险。审计风险是指财务报表存在重大的错报和漏报，而注册会计师审计后发表不恰当意见的可能性。审计职业判断的性质决定了审计风险的客观存在性，而审计职业判断的失误最终可能导致作出错误的审计结论。因此，审计职业判断具有后果的风险性。

（六）可验证性

尽管审计职业判断是根据判断主体的经验作出的，不同的审计主体作出的审计职业判断可能大相径庭，但它仍然是可以验证的。否则，审计人员的审计效果和质量就失去了评价标准，从而导致审计人员的工作失去可信性，无法明确审计人员的责任，审计的意义将荡然无存。所以审计的获取证据和审计职业判断的一切工作都应该是可验证的。在实际工作中，审计职业判断的正确与否与审计职业判断本身一样，缺乏明确的衡量标准，通常运用事务所的分级督导制度来完成对其质量的评价。

三、职业判断在审计实务中的应用

审计过程，一般包括三个主要的阶段，即审计计划阶段、审计实施阶段和审计完成阶段。注册会计师的职业判断分布于审计的各个工作阶段，贯穿于审计全过程之中。

（一）职业判断在审计计划阶段的应用

1.对制订审计计划的判断

根据《中国注册会计师审计准则第1201号——计划审计工作》的规定，注册会计师应当计划审计工作，使审计业务以有效的方式得到执行。计划审计工作包括针对审计业务制定的总体审计策略和具体审计计划。计划不周详不仅会影响审计目标的实现，而且还会浪费有限的审计资源，增加不必要的审计成本，影响审计工作的效率。审计人员在对被审计单位进行实地了解、调阅有关资料、与有关方面进行沟通等的基础上，应对被审计单位的可信性和基本情况作出判断。在确定审计范围时，在考虑内部审计工作的可利用性及对内部审计工作的拟信任程度、需审计的业务部分的性质，除审计合并财务报表以外，是否需要对子公司的财务报表进行审计、预期利用以前期间审计工作中获取的审计证据的程度、信息技术对审计程序的影响、被审计单位的人员和相关证据的可利用程度等事项时，注册会计师均需要运用职业判断。

2.对确定重要性水平的判断

重要性是现代审计理论和实务中的一个非常重要的概念。审计由于受到时间和成本的限制，而且广泛运用审计抽样，因此注册会计师只能对财务报表整体不存在重大错报获取合理保证。什么是重大错报？这就需要运用重要性概念。重要性是注册会计师从财务报表使用者的角度，对财务报表错报重大程度的判断，即在特定环境下，如果一项错报单独或连同其他错报可能影响财务报表使用者依据财务报表作出的经济决策，则该项错报就是重大的。

在审计计划阶段，确定重要性水平应该考虑的因素主要有：一是审计任务的性质。审计任务的性质不同，对重要性水平的判断也不同。有的审计任务对审计质量的要求高，相应地，应该确定低一些的重要性水平；而有些审计任务对审计质量的要求不太高，重要性水平可以判断得高一些。二是被审计单位的规模。重要性水平是从影响财务报表使用者作出决策的角度来确定的，而不同规模企业的错报或漏报程度对报表使用者的影响是不同的。相同数额的错报或漏报，对于规模大的企业来说可能算不得重大，而对于小企业则可能是致命的。因此，对于规模大的企业来说，在不考虑错报或漏报性质的前提下，可以规定一个较高的重要性水平，而对于小规模企业则要规定低的重要性水平。三是错报或漏报的性质。重要性的考虑不应仅仅停留在金额的角度，还要注意错报或漏报的性质。如果一项错报或漏报的金额并不大，但由于项目本身具有重要性，即使它的错误程度达不到所确定的重要性水平，同样有可能导致财务报表使用者的决策失误，对于这类项目一般要降低重要性水平。

3.对评估重大错报风险的判断

审计风险是指财务报表存在重大错报而注册会计师出具不恰当审计意见的可能性，是一种实际存在的风险，而可接受的审计风险是会计师事务所自身设定的一个经验值。根据可接受的审计风险以及认定层次的重要性水平，可以计算出可接受的检查风险，从而确定进一步审计程序的性质、时间安排和范围。对于某个审计项目的可接受审计风险的数值，需要审计人员的职业判断。

评估重大错报风险时，应考虑以下因素：第一，企业所处行业和宏观经济环境。宏观经济环境对企业的影响是不同的，有些企业可能因而受益，而有的则会使经营陷入困境。陷入困境的企业，其重大错报风险可能会高一些。第二，交易和审计项目本身的因素。不同的项目或交易，重大错报风险是不同的。对于关联方之间发生的交易、不经常发生的交易或者容易被挪用和盗用的资产，审计时要特别小心。有的交易或事项在处理时本身就需要会计人员的判断，如坏账损失等，审计人员要考虑到这些项目可能对重大错报风险的影响。

4.对确定可接受的检查风险水平的判断

现行审计准则确定的审计风险模型是：审计风险=重大错报风险×可接受的检查风险。根据“二因素”审计风险模型，在审计风险既定的情况下，评估了重大错报风险后就可以得到可接受的检查风险水平。可接受的检查风险=审计风险÷重大错报风险。可接受的检查风险与重大错报风险之间为反向关系。一方面，当重大错报风险处于高水平时，就需要一个低水平的可接受的检查风险，要求搜集更多的审计证据，从而将审计风险降低至可接受的水平；另一方面，当重大错报风险处于低水平时，可接受较高的检查风险，只需要较少的审计证据就能将审计风险降低至可接受的水平。

5.对审计计划阶段分析程序的判断

在审计计划阶段，注册会计师运用分析程序主要是为了了解被审计单位及其环境，并用作风险评估程序。了解被审计单位及其环境是一个连续和动态地收集、更新与分析信息的过程。审计实践已经证明，在很多的审计诉讼案件中，注册会计师之所以未能发现被审计单位存在错误或舞弊而导致失误，一个重要的原因就是他们对被审计单位的行业情况了解不够充分，仓促上阵。用作风险评估程序时，注册会计师首先要选择分析程序的方式和确定运用的程度，然后判断是否存在异常波动、重大交易和事件，接着需要判断产生异常波动的原因，这是分析程序的核心，也是实现分析程序目标的关键。

（二）职业判断在审计实施阶段的应用

1.对审计证据的判断

（1）对审计证据数量的判断。审计中的许多判断都要以足够数量的审计证据为基础，取得的审计证据越多，判断就会越准确，结论越可靠，但审计成本也会增加。因此，审计证据数量的判断应该兼顾审计职业判断质量、审计结论的可靠性和审计成本。一般来说，对审计证据的数量判断需要综合考虑对审计风险的初步评估、重要性水平、审计项目的重要程度、注册会计师及助理人员的审计经验等因素。

（2）对审计证据的质量判断。审计证据的质量可以从相关性和可靠性两个方面来理解，其中前者是指审计证据与审计目标相关联，后者是指审计证据应能如实地反映客观事实。相关性和可靠性是审计证据质量的核心内容，只有相关且可靠的审计证据才是高质量的。在判断审计证据的可靠性时，通常应考虑下列原则：从外部独立来源获取的审计证据比从其他来源获取的审计证据可靠；内部控制有效时内部生成的审计证据比内部控制薄弱时内部生成的审计证据可靠；直接获取的审计证据比间接获取或推论得出的审计证据可靠；以文件、记录形式存在的审计证据比口头形式的审计证据可靠；从原件获取的审计证据比从传真或复印件获取的审计证据可靠。此外，还需要考虑特殊情况，如果针对某项认定从不同来源获取的审计证据或获取的不同性质的审计证据能够相互印证，与该项认定相关的审计证据则具有更强的可靠性。

2.对实施控制测试的判断

实施控制测试是为了确定内部控制的有效性。控制测试不是必经的程序，只有当注册会计师进行风险评估时期望内部控制有效，或者是仅靠实质性测试不能为某项认定提供充分的证据时，才会实施控制测试。在测试内部控制的有效性时，注册会计师应当从下列方面获取关于内部控制是否有效运行的审计证据：

（1）内部控制在审计期间的不同时点是如何进行的；

（2）内部控制是否得到一贯执行；

（3）内部控制由谁执行及以何种方式运行。

控制运行有效性强调的是控制能够在各个不同时点按照既定设计得以一贯执行。因此，在了解控制是否得到执行时，注册会计师只需抽取少量的交易进行检查或观察某几个时点。但在测试控制运行的有效性时，注册会计师需要抽取足够数量的交易进行检查或对多个不同时点进行观察。

3.对审计实施阶段分析程序的判断

在审计的实施阶段，分析程序主要在实质性程序中使用。在实质性程序中，并不是所有的情况都适合运用分析程序，所以注册会计师首先要就是否使用分析程序进行判断。一般来说，只有当采用分析程序比采用详细测试更有效率和效果时，注册会计师才应该用它来代替其他审计程序。在运用分析程序的过程中，注册会计师需要估计预计价值，还要对审计数据偏离预计价值的原因进行判断。分析程序作为实质性测试程序具有简便有效的特点，它通过研究财务数据与非财务数据之间存在的相互依存关系来判断数据本身的正确性和合理性，从总体上把握和降低账户金额存在重大错报或漏报的可能性，分析结果不仅可以为进一步确定审计测试重点服务，而且还可以直接作为确认交易金额和账户余额的审计证据。审计实施阶段是审计过程的中心环节，审计人员在审计过程中要做的大量工作，都是在实施阶段完成的。因此，审计人员要注意对分析程序方法的运用，保持应有的职业谨慎。

4.对风险再评估及修改审计计划的判断

在完成审计工作前应当对实施进一步审计程序所获取的审计证据进行评价，评价主要体现在根据发现的错报或控制执行偏差考虑修正重大错报风险的评估结果。审计是一个累积和不断修正的过程，随着计划审计程序的实施，如果获取的信息与风险评估时依据的信息有重大差异，注册会计师应当考虑修正风险评估结果，并据以修改原计划的其他审计程序的性质、时间安排和范围。同时，注册会计师不应将审计过程中发现的舞弊或错误视为孤立发生的事项，而应当考虑其对评估的重大错报风险的影响。

（三）职业判断在审计完成阶段的应用

1.对未调整审计差异的重要性的判断

审计人员在执行实施审计的过程中，如果发现重大错报，进入审计报告阶段以后应将被审计单位的没有改正的重要错报汇总，而后把未调整的重要错报的合计数与确定的总体重要性水平对比，确定财务报表是否存在重大错报。当然，也要考虑错报的性质，一些错报尽管金额很小，但可能被认为是重大错报。因此，未调整审计差异的重要性只能是根据具体的环境，在考虑定量和定性两方面的基础上作出的综合判断。对审计差异内容的“初步确定并汇总”直至形成“经审计的财务报表”的过程，主要是通过编制审计差异调整表和试算平衡表来完成的。

2.对持续经营能力的判断

关注持续经营能力不仅是公司会计人员的重要职责，也是审计人员进行财务报告审计时必须考虑的重要内容。企业持续经营能力是影响报表使用者合理决策的一个极为重要的因素。如果企业在面临无法挽回的破产清算局面之前，在财务报告中对影响持续经营的重大因素进行充分的披露，各相关利害集团就可以早日采取措施，避免或者减少重大损失。因此，如果对持续经营存在重大疑问时，会计人员有必要在报表及其附注中及时、充分、有效地披露。但从我国目前公司治理的具体情况来看，管理层仍然缺乏披露的动机，甚至还出现过恶意掩盖公司无法持续经营的案例。而注册会计师评价被审计单位按照持续经营假设，编制财务报表合理性的直接依据是被审计单位是否还能够持续经营，也就是说只有当注册会计师对被审计单位的持续经营能力进行评价之后才能判断其依据持续经营假设编制的财务报表是否合理。我国新审计准则对持续经营能力的判断的规定仍然比较粗略，仅列举了财务、经营和其他三方面的信息，很难涵盖影响公司持续经营能力的全部内容。被审计单位的持续经营能力直接影响着审计风险，因此，在国际审计准则、美国和我国等许多审计准则中都要求审计人员对被审计单位的持续经营能力作出判断。对持续经营能力的判断是一个十分复杂的问题，涉及面非常广，需要审计人员有多方面的知识，并对企业有比较全面的了解。企业一般应该从被审计单位的财务状况、经营状况等其他方面寻找是否有影响其持续经营能力的因素。

3.对完成阶段分析程序的判断

在审计报告阶段，注册会计师应当运用分析程序的结论印证实施其他审计程序所得出的结论，以确定是否需要追加审计程序。在审计结束时，运用分析程序，可对重大事项或财务问题作最后的综合分析，如果相关信息的关系不合理，则要考虑追加审计程序或修改审计报告。在审计报告阶段运用分析程序时，应注意考虑以下两方面的因素：（1）针对已发现的异常差异或未预期差异所获得的审计证据是否适当。在审计报告阶段，注册会计师应重新评价针对上述差异所收集的审计证据是否充分适当，以确定差异的存在是否合理。（2）财务报表中是否存在尚未发现的异常差异或未预期差异。在审计计划阶段和实施阶段，由于某些因素的影响，被审计单位财务报表中的某些异常差异或未预期差异可能未被发现，而这种疏漏可能影响到发表审计意见的类型，给注册会计师带来很大风险，因此，注册会计师应予以特别

视频：对职业判断的评价

注意。

4.对审计报告类型的判断

审计报告是注册会计师根据中国注册会计师审计准则的规定，在实施审计工作的基础上对被审计单位财务报表发表审计意见的书面文件。按照我国的审计准则，可供选择的审计报告有四种：无保留意见、保留意见、否定意见和无法表示意见的审计报告。如果被审计单位财务报表已经按照适用的会计准则和相关会计制度的规定编制，在所有重大方面公允地反映了本单位的财务状况、经营成果和现金流量，并且注册会计师已经严格按照中国注册会计师审计准则的规定计划和实施审计工作，在审计工作中未受到限制，那么注册会计师应当出具无保留意见的审计报告。如果被审计单位会计政策的选用、会计估计的作出或财务报表的披露不符合适用的会计准则和相关会计制度的规定，并且审计范围受到限制，不能获取充分、适当的审计证据，虽然影响重大但不至于出具否定意见的审计报告，那么注册会计师应当出具保留意见的审计报告。如果被审计单位财务报表没有按照适用的会计准则和相关会计制度的规定编制，未能在所有重大方面公允反映财务状况、经营成果和现金流量，注册会计师应当出具否定意见的审计报告。如果审计范围受到限制可能产生的影响非常重大和广泛，不能获取充分、适当的审计证据，以至于无法对财务报表发表意见，注册会计师应当出具无法表示意见的审计报告。每一种意见都有其发表的条件，审计人员应根据审计职业判断的结果来判断被审计单位的状况属于哪一种类型，并发表相应的审计意见。

四、职业判断典型事项

与审计过程相关的职业判断的典型事项包括（但不限于）下列内容：

（1）确定重要性，识别和评估重大错报风险。

（2）在实施实质性分析程序时确定预期值，并确定已记录金额与预期值之间的可接受差异额。

（3）评价内部控制的有效性。

（4）评价审计过程中识别出的错报。

（5）对被审计单位持续经营能力的评估。

（6）为实现审计准则规定的目标和注册会计师的总体目标，评价是否已获取充分、适当的审计证据以及是否还需执行更多的工作。

（7）根据已获取的审计证据得出结论，选择恰当的审计意见类型。

（8）确定是否利用以及在多大程度上利用内部审计人员或专家的工作。

案例分析

职业判断是由专业人士在法律法规和职业标准的框架下作出的在具有不确定性情况下的决策过程。注册会计师的职业判断是注册会计师职业的精髓、职业价值的体现，同时也是注册会计师胜任能力的核心。

在本案例中，证监会2006—2014年对会计师事务所的行政处罚34起案例中（包括2份专门处罚注册会计师的决定），主要原因是注册会计师职业判断失误所致，最为主要的是审计程序运用不当，总计出现频次95次，占到总频次202次的47.03%。

从案例中可以看到，职业判断对注册会计师来说就好像空气一样，注册会计师离不开职业判断，注册会计师职业充满了职业判断。注册会计师为满足审计准则的要求和收集审计证据的需要，在确定所需实施的审计程序的性质、时间安排和范围时，都需要运用职业判断。对于作出下列决策尤为必要：

（1）确定重要性和评估审计风险；

（2）为满足审计准则的要求和收集审计证据的需要，确定所需实施的审计程序的性质、时间安排和范围；

（3）为实现审计准则规定的目标和注册会计师的总体目标，评价是否已获取充分、适当的审计证据以及是否还需执行更多的工作；

（4）评价管理层在应用适用的财务报告编制基础时作出的判断；

（5）根据已获取的审计证据得出结论，如评估管理层在编制财务报表时作出的估计的合理性。

知识拓展

与具体会计事项相关的职业判断

与具体会计事项相关的职业判断的典型事项见表1-2。

表1-2　与具体会计事项相关的职业判断的典型事项

职业判断领域	举　例
与资产减值相关的职业判断	资产是否发生减值
	资产减值准备的计提金额
	资产减值准备能否转回
	是否需要作出披露以及披露的内容等
与收入确认相关的职业判断	根据经济业务的实质判断某项业务是否符合收入确认条件
	收入确认的时点和金额等
与公允价值计量相关的职业判断	投资性房地产公允价值的确定
	金融资产公允价值的确定
与关联方关系及其交易的会计处理和披露相关的职业判断	关联方交易的价格是否公允 关联方关系及其交易的披露是否充分等
与或有事项相关的职业判断	对或有事项发生可能性的估计
	对或有负债的确认和计量等
与期后事项相关的职业判断	调整事项与非调整事项的区分等
与合并报表相关的职业判断	合并范围的确定等
其他与会计政策和会计估计相关的职业判断	固定资产折旧年限的确定
	发出存货核算方法的选择等

同步训练

一、单项选择题（每题只有一个正确答案，请将正确答案填在括号内）

1.下列有关职业判断的说法中，错误的是（　　）。

A.职业判断能力是注册会计师胜任能力的核心

B.注册会计师应当书面记录其在审计过程中作出的所有职业判断

C.注册会计师保持独立有助于提高职业判断质量

D.注册会计师工作的可辩护性是衡量职业判断质量的重要方面

2.如果审计人员确定的重要性水平较低，则（　　）。

A.审计风险就会增加　　B.审计风险就会减少

C.固有风险就会增加　　D.控制风险就会减少

3.下列有关职业判断的说法中，错误的是（　　）。

A.如果有关决策不被该业务的具体事实和情况所支持，职业判断并不能作为注册会计师作出不恰当决策的理由

B.注册会计师恰当记录与被审计单位就相关决策结论进行沟通的方式和时间，有利于提高职业判断的可辩护性

C.保持职业怀疑有助于注册会计师提高职业判断质量

D.职业判断涉及与具体会计处理和审计程序相关的决策，但不涉及与遵守职业道德要求相关的决策

4.在注册会计师计划和实施审计工作时要运用职业判断，以下关于职业判断的说法中，错误的是（　　）。

A.要适当地记录在审计过程中作出的职业判断

B.向内部和外部的适当的人员咨询审计过程中遇到的疑难问题或者争议的事项，有助于注册会计师作出合理和有依据的判断

C.在决策缺乏充分适当的审计证据时，职业判断可以成为作出决策的正当理由

D.在整个审计过程中都要运用职业判断

二、多项选择题（每题有两个或两个以上正确答案，请将正确答案填在括号内）

1.下列事项中，需要注册会计师合理运用职业判断的重要领域有（　　）。

A.确定重要性和评估审计风险

B.评价管理层在应用适用的财务报告编制基础时作出的判断

C.为满足审计准则的要求和收集审计证据的需要，确定所需实施的审计程序的性质、时间安排和范围

D.根据已获取的审计证据得出结论，如评估管理层在编制财务报表时作出的估计的合理性

2.下列有关职业判断的相关说法中，正确的是（　　）。

A.职业判断贯穿于注册会计师执业的始终

B.职业判断能力是注册会计师胜任能力的核心

C.注册会计师运用职业判断是主观能动的作用结果，并不需要记录于审计工作底稿

D.决策一贯性和稳定性，是衡量职业判断质量的考虑因素之一

3.对于出现错报或漏报可能性较大的账户或交易，因其审计成本可能较大，可以将重要性水平定得高一些，以节省审计成本。对此，你认为下列各项表述正确的有（　　）。

A.提高重要性能降低审计成本，其原因是重要性水平与审计证据的数量呈反向关系，审计证据越少，审计成本就越低

B.在分配的方法下，“提高”之后各项目的重要性水平之和仍然等于财务报表层次的重要性

C.一个账户余额或交易重要性水平的提高是以另一个账户余额或交易重要性水平的降低为代价的

D.被提高重要性水平账户余额或交易的相关错报或漏报在性质上并不重要

三、判断题

1.注册会计师在识别和评估重大错报风险时，需要运用职业判断。（　　）

2.职业判断需要在相关法律法规、职业标准的框架下作出，并以具体事实和情况为依据。（　　）

3.职业标准可以减少或取代职业判断。（　　）

4.一般来说，金额大的错报或漏报比金额小的错报或漏报更重要。（　　）

5.对于出现错报或漏报可能性较大的账户或交易，可以将重要性水平确定得高一些，以节省审计成本。（　　）

四、案例题

A注册会计师负责审计甲公司2018年度的财务报表，在审计过程中，作出了以下职业判断：

（1）如果一项错报在性质上不重要且错报金额低于重要性水平，就可认定该项错报不属于重大错报。

（2）财务报表整体的重要性提供了一个门槛或临界点，为了保证审计效果、提高审计效率，在制定总体审计策略时，如果存在一个或多个特定类别的交易、账户余额、列报，只要其发生的错报金额低于财务报表整体的重要性，就无须单独考虑。

要求：针对上述判断，逐项指出是否存在不当之处。如果存在不当之处，请简要说明理由。

任务三　保持职业怀疑

案例导入

紫鑫药业审计失败的思考

吉林紫鑫药业（以下简称“紫鑫药业”）成立于1998年5月，是一家集科研、开发、生产、销售、药用动植物种养殖为一体的医药类上市公司，在上市初期业绩平平，2007年IPO之时，在市场上因竞争力匮乏，销售规模也一直不温不火，业绩更是表现平平。净

利润大多在五六千万元左右徘徊。2010年，紫鑫药业因其涉足人参业务创造了惊人的业绩，2010年该公司实现营业收入6.4亿元，同比增长151%，实现净利1.73亿元，同比暴增184%，每股收益0.84元。2011年上半年紫鑫药业再掀狂潮，实现营业收入3.7亿元，净利润1.11亿元，分别同比增长226%和325%。2011年8月16日发表在中国证券网的《自导自演上下游客户，紫鑫药业炮制惊天骗局》文章，引爆了紫鑫药业事件。而对紫鑫药业进行审计的中准会计师事务所对其2010年度涉嫌虚假财务报告出具了无保留意见的审计报告。依据《中国注册会计师协会会员执业违规行为惩戒办法》，中注协惩戒委员会决定，给予中准会计师事务所紫鑫药业审计项目签字注册会计师刘昆、张忠伟通报批评。同时，针对检查中发现的问题，中注协已向中准会计师事务所发出整改通知书，责成中准会计师事务所加强质量控制体系建设，强化总所对分所的管理，限期进行整改，中注协将对其整改情况进行跟踪检查。

资料来源：于刚，夏林．上市公司财务舞弊案例分析——以“紫鑫药业”为例［J］．财会研究，2015（10）．

知识准备

一、职业怀疑在审计准则中的相关规定

（一）职业怀疑含义

职业怀疑是指注册会计师执行审计业务的一种态度，包括采取质疑的思维方式，对可能表明由于错误或舞弊导致错报的迹象保持警觉，以及对审计证据进行审慎评价。可以从以下四个方面理解职业怀疑：

1.职业怀疑在本质上要求秉持一种质疑的理念

这种理念促使注册会计师在考虑相关信息和得出结论时采取质疑的思维方式。在这种理念下，注册会计师具有批判和质疑的精神，摒弃“存在即合理”的逻辑思维，寻求事物的真实情况。注册会计师不应不假思索全盘接受被审计单位提供的证据和解释，也不应轻易相信过分理想的结果或太多巧合的情况。

2.职业怀疑要求对引起疑虑的情形保持警觉

这些情形包括但不限于：相互矛盾的审计证据；引起对文件记录或对询问答复的可靠性产生怀疑的信息；明显不合商业情理的交易或安排；其他表明可能存在舞弊的情况；表明需要实施除审计准则规定外的其他审计程序的情形。

3.职业怀疑要求审慎评价审计证据

审计证据包括支持和印证管理层认定的信息，也包括与管理层认定相互矛盾的信息。审慎评价审计证据包括质疑相互矛盾的审计证据、文件记录和对询问的答复以及从管理层和治理层获得的其他信息的可靠性，而非机械完成审计准则要求实施的审计程序。在怀疑信息的可靠性或发现舞弊迹象时（如在审计过程中识别出的情况使注册会计师认为文件可能是伪造的或文件中的某些信息已被篡改），注册会计师需要作出进一步调查，并确定需

要修改哪些审计程序或实施哪些追加的审计程序。需要强调的是，虽然注册会计师需要在审计成本与信息的可靠性之间进行权衡，但是审计中的困难、时间或成本等事项本身，不能作为省略不可替代的审计程序或满足于说服力不足的审计证据的理由。

4.职业怀疑要求客观评价管理层和治理层

由于审计环境发生变化，或者管理层和治理层为实现预期利润或结果而承受内部或外部压力，即使以前正直、诚信的管理层和治理层也可能发生变化。因此，注册会计师不应依赖以往对管理层和治理层诚信形成的判断。即使注册会计师认为管理层和治理层是正直、诚实的，也不能降低保持职业怀疑的要求，不允许在获取合理保证的过程中满足于说服力不足的审计证据。职业怀疑与客观和公正、独立性两项职业道德基本原则密切相关。保持独立性可以增强注册会计师在审计中保持客观和公正、职业怀疑的能力。

由于目前财务报表的复杂程度越来越高，涉及的主观判断和估计事项越来越多，保持职业怀疑对于有效执行审计工作尤为重要。职业怀疑贯穿于整个审计业务的始终。即使注册会计师认为管理层和治理层是诚实、正直的，也不能降低保持职业怀疑的要求。

（二）职业怀疑在审计准则中的相关规定

职业怀疑在审计准则中的相关规定见表1-3。

表1-3　职业怀疑在审计准则中的相关规定

所涉准则	具体条文
中国注册会计师审计准则第1101号——注册会计师的总体目标和审计工作的基本要求	第十七条　职业怀疑，是指注册会计师执行审计业务的一种态度，包括采取质疑的思维方式，对可能表明由于错误或舞弊导致错报的迹象保持警觉，以及对审计证据进行审慎评价
	第二十二条　审计准则旨在规范和指导注册会计师对财务报表整体是否不存在重大错报获取合理保证，要求注册会计师在整个审计过程中运用职业判断和保持职业怀疑。 需要运用职业判断并保持职业怀疑的重要审计环节主要包括： （一）通过了解被审计单位及其环境，识别和评估由于舞弊或错误导致的重大错报风险； （二）通过对评估的风险设计和实施恰当的应对措施，针对是否存在重大错报获取充分、适当的审计证据； （三）根据从获取的审计证据中得出的结论，对财务报表形成审计意见
	第二十八条　在计划和实施审计工作时，注册会计师应当保持职业怀疑，认识到可能存在导致财务报表发生重大错报的情形

（三）保持职业怀疑的作用

职业怀疑是注册会计师综合素质不可或缺的一部分，是保证审计质量的关键要素。保持职业怀疑有助于注册会计师恰当运用职业判断，提高审计程序设计及执行的有效性，降低审计风险。在审计过程中，保持职业怀疑的作用包括：

（1）在识别和评估重大错报风险时，保持职业怀疑有助于注册会计师设计恰当的风险评估程序，有针对性地了解被审计单位及其环境；有助于使注册会计师对引起疑虑的情形保持警觉，充分考虑错报发生的可能性和重大程度，有效识别和评估财务报表层次和认定层次的重大错报风险。

（2）在设计和实施进一步审计程序应对重大错报风险时，保持职业怀疑有助于注册会计师针对评估出的重大错报风险，恰当设计进一步审计程序的性质、时间安排和范围，降低选取不适当的审计程序的可能性；有助于注册会计师对已获取的审计证据表明可能存在未识别的重大错报风险的情形保持警觉，并作出进一步调查。

（3）在评价审计证据时，保持职业怀疑有助于注册会计师评价是否已获取充分、适当的审计证据以及是否还需执行更多的工作；有助于注册会计师审慎评价审计证据，纠正仅获取最容易获取的审计证据、忽视存在相互矛盾的审计证据的偏向。

保持职业怀疑对于注册会计师发现舞弊、防止审计失败至关重要。舞弊可能是精心策划、蓄意实施并予以隐瞒的，只有保持充分的职业怀疑，注册会计师才能对舞弊风险因素保持警觉，进而有效地评估舞弊导致的重大错报风险。保持职业怀疑，有助于使注册会计师认识到存在由于舞弊导致的重大错报的可能性，不会受到以前对管理层、治理层正直和诚信形成的判断的影响；使注册会计师对获取的信息和审计证据是否表明可能存在由于舞弊导致的重大错报风险始终保持警惕；使注册会计师在认为文件可能是伪造的或文件中的某些条款可能已被篡改时，作出进一步调查。

（四）阻碍注册会计师保持职业怀疑的情形

审计准则要求注册会计师在审计过程中保持职业怀疑，然而某些情形可能导致注册会计师在获取、评价和解释信息时过分盲目相信客户或倾向于迎合客户的偏好，而不是考虑财务报表使用者的需求。在审计实务中，可能阻碍注册会计师保持职业怀疑的情形包括：

（1）审计环境中的某些情况可能会引发动机和压力，使注册会计师产生偏见，从而阻碍注册会计师恰当保持职业怀疑。例如，建立或保持长期审计业务关系，避免与管理层产生重大冲突，在被审计单位发布财务报表期限之前出具审计报告，应被审计单位的要求出具无保留意见的审计报告，达到被审计单位的高满意度，降低审计成本，或搭售其他服务等。

（2）随着审计业务关系的延续，注册会计师可能对管理层产生不恰当的信任，导致其轻易认可被审计单位作出的不恰当会计处理。在某些情况下，注册会计师可能会迫于压力，避免与管理层产生分歧或对管理层造成不良后果，而未能保持恰当的职业怀疑。

（3）其他情况也可能阻碍注册会计师恰当保持职业怀疑。例如，审计的时间安排和工作量要求可能对项目合伙人和其他项目组成员造成压力，促使他们过快完成审计业务，导致他们仅获取容易取得的审计证据而非相关、可靠的审计证据，获取并不充分的审计证据，或过分倚重能够证实财务报表认定的证据而没有充分考虑反面证据。

（五）如何在会计师事务所层面和项目组层面强化保持职业怀疑的必要性

注册会计师保持职业怀疑，不仅受到个人的职业道德、知识水平和执业经验的影响，而且还受到所在会计师事务所的文化和机制，以及所在项目组的影响。

1.在会计师事务所层面营造保持职业怀疑的环境

《质量控制准则第5101号——会计师事务所对执行财务报表审计和审阅、其他鉴证和相关服务业务实施的质量控制》要求会计师事务所建立并保持质量控制制度，以合理保证会计师事务所及其人员遵守执业准则和适用的法律法规的规定。这包括制定引导注册会计师在审计中保持职业怀疑的下列政策和程序：

（1）培育以质量为导向的文化。如果会计师事务所的领导层强调保持职业怀疑的“高层基调”，再加上支持性的内部文化，在很大程度上能够提高会计师事务所的审计质量。反之，如果会计师事务所领导层过于强调收入和利润增长，而非审计质量，就会削弱职业怀疑的保持。因此，会计师事务所领导层应当建立重视质量的机制，树立质量至上的意识，并通过清晰、一致及经常的行动示范和信息传达，强调质量控制政策和程序的重要性。会计师事务所可以通过培训、研讨班、会议、正式或非正式的谈话、职责说明、新闻通讯或简要备忘录等形式传达信息，并将其体现在内部文件、培训资料以及对合伙人及员工的评价程序中，以支持和强化会计师事务所对质量的重视以及如何切实实现对高质量的认识。

（2）建立重视质量的机制。会计师事务所的业绩评价、薪酬和晋升机制会促进或削弱审计实务中对职业怀疑的保持程度，这取决于这些机制如何设计和执行。例如，如果会计师事务所的晋升机制过于强调拓展市场、承揽业务、降低审计成本或建立和保持审计客户关系，而对开展高质量的审计重视不够，则会计师事务所的人员可能认为其实现晋升、拿到高薪或保住职位等目标比保持职业怀疑更重要。

（3）加强培训。会计师事务所人员是否能够保持职业怀疑，在很大程度上取决于其胜任能力。会计师事务所需要向所有级别人员提供适当的培训，使其具备执行具体审计业务所必需的知识、技能和能力。培训方式可以包括“干中学”、在职培训、由经验丰富的员工提供指导等。

2.在项目组层面强调保持职业怀疑的必要性

项目合伙人对审计业务的总体质量负责，因此需要在审计业务的所有阶段通过行动示范和相关信息的传达，向项目组强调质量至上和保持职业怀疑的重要性。体现保持职业怀疑的方式可能包括：

（1）项目组就财务报表存在重大错报的可能性进行讨论。在识别和评估重大错报风险时，项目组需要对财务报表存在重大错报的可能性进行讨论。讨论内容包括财务报表易于发生由于舞弊导致的重大错报的方式和领域，包括舞弊可能如何发生。在讨论过程中，项目组成员不应假定管理层和治理层是正直和诚信的。这种讨论可以为项目组成员交流和分享新信息提供平台，其本身是强化职业怀疑的一种体现。

（2）项目合伙人和项目组其他关键成员及时进行指导、监督与复核。项目合伙人和项目组其他关键成员积极参与指导、监督与复核其他项目组成员的工作，及时识别出需要解决或特殊考虑的事项，对于强化整个项目组的职业怀疑也是非常重要的。项目合伙人和项目组其他关键成员在指导和复核已执行的工作时，尤其是复核关键判断领域和特别风险等事项时，可以向经验较少的项目组成员传授大量知识和经验，从而帮助其形成一种批判和质疑的思维方式。例如，项目合伙人可以帮助经验较少的人员识别异常事项或与其他审计证据不一致的事项。及时复核还使得重大事项（例如，对关键领域作出的判断，尤其是执行业务过程中识别出的疑难问题或争议事项）能够在审计报告日或之前得以解决。在履行监督职责时，项目合伙人有责任强调需要在审计过程中保持质疑的思维方式并在收集和评价证据时保持职业怀疑。

视频：审计准则问题解答之职业怀疑（1）

（3）就疑难问题进行咨询。就疑难问题进行咨询是保持职业怀疑的一种体现。对于疑难问题和争议事项，项目组应当进行适当咨询，并恰当执行咨询形成的结论。对于意见分歧，只有问题得到解决，才可以签署报告。

视频：审计准则问题解答之职业怀疑（2）

（4）对重要审计项目或高风险审计项目实施项目质量控制复核。对于上市实体财务报表审计以及需要实施项目质量控制复核的其他审计业务，项目质量控制复核人员应当客观评价项目组作出的重大判断以及编制审计报告时得出的结论。项目质量控制复核人员的独立复核，也是保持职业怀疑的一种体现。

二、职业怀疑在审计过程中的具体体现

在审计过程中要始终保持职业怀疑精神，具体体现见表1–4。

表1–4 在审计过程中保持职业怀疑的具体举例

审计阶段	举例
接受或保持业务	注册会计师需要考虑被审计单位的主要股东、实际控制人、治理层和管理层是否诚信
识别和评估重大错报风险	（1）在实施风险评估程序和相关活动时，项目组需要对被审计单位财务报表存在重大错报的可能性进行讨论。根据《中国注册会计师审计准则第1211号——通过了解被审计单位及其环境识别和评估重大错报风险》的规定，项目组成员之间应当进行讨论。 （2）注册会计师需要根据对被审计单位及其环境的了解获取的实际信息识别和评估重大错报风险，仅仅依赖从以前审计或为被审计单位提供的其他服务中获得的信息是不充分的。 （3）如果实施进一步审计程序获取的审计证据或获取的新信息，与注册会计师之前作出风险评估所依据的审计证据不一致，注册会计师应当修正风险评估结果，并相应修改原计划实施的进一步审计程序
设计和实施审计程序应对重大错报风险	（1）对于风险较高的领域，考虑是否需要获取更多的审计证据或获取更为相关或可靠的审计证据，例如，更多地从第三方获取审计证据或从多个独立来源获取相互印证的审计证据。 （2）设计和实施实质性分析程序，包括评价注册会计师确定预期值时使用数据的可靠性，对与预期值差异较大或与其他相关信息不一致的异常波动或关系保持警觉，并跟进调查。 （3）不能以书面声明替代本应获取的其他审计证据。 （4）不能将通过询问程序获取的审计证据作为充分、适当的审计证据。 （5）针对诸如管理层不允许寄发询证函、询证函回函反映出不一致或对回函可靠性产生疑虑的情况，制定恰当的应对措施，以获取充分、适当的审计证据
评价审计证据，形成审计意见	（1）评价未更正错报，包括从定性和定量两方面进行考虑，评价识别出的未更正错报单独或汇总起来是否导致财务报表发生重大错报。 （2）评价管理层偏向。这包括评价会计估计的潜在偏向，选择和运用会计政策时的偏向，对识别出的错报作出选择性的更正等。在评价管理层的偏向时，注册会计师考虑管理层操纵财务报表的动机和压力是非常重要的。 （3）考虑注册会计师未能获取充分、适当的审计证据的情况对审计意见的影响。 （4）评价财务报表是否实现公允反映，包括考虑财务报表的整体列报、结构和内容是否合理，以及财务报表（包括相关附注）是否公允地反映了相关交易和事项

案例分析

在本案例中，缺乏应有的职业怀疑是审计失败的罪魁祸首。职业怀疑态度意味着审计人员保持一种质疑的精神，对所获证据的有效性进行批判性的评估，同时对与责任方提供的记录或声明书中相互矛盾或者存在疑问的证据保持警惕。从客户的调查资料看，在业绩暴增的2010年，紫鑫药业第一大客户四川平大生物是紫鑫药业的影子公司；第二大客户亳州千草药业是被紫鑫药业隐匿的孙公司；第三大客户吉林正德药业由紫鑫药业董事长的亲属实际控制。另外，通化立发人参贸易（第四大客户）、通化文博人参贸易（第五大客户）等多家客户公司的注册时间、地点、注册资本，甚至员工人数均惊人地相似。

从财务报表数据来看，2009年紫鑫药业前五大客户累计采购金额仅占当年营业收入的10%。而2010年的数据显示，前五大客户合计为紫鑫药业带来36%的收入。

作为第一大客户的四川平大生物在2010年共采购了7 068.58万元产品，同时从应收账款余额披露情况看，这笔采购款应基本全额付清。但是截至2010年12月31日，四川平大生物的总资产为9 716万元，2010年实现主营业务收入3 011万元，净利润279.6万元，显然让这样的公司拿出7 000多万元采购紫鑫药业产品并非易事。而作为2010年第二大客户的亳州千草药业，其历年盈利情况并不乐观：2008年公司营业收入6 181.35万元，亏损41.27万元；2009年公司营业收入664.51万元，净利93.3万元。就是这样的公司在2010年对紫鑫药业全额支付了近7 000万元的采购款，实在让人费解。

在紫鑫药业的案例中，中准会计师事务所应该在其业绩急速增长、股价急速飙升的情况下保持应有的警惕和怀疑，关联方交易虚增业绩是上市公司业绩造假的常用手段之一，而且可能因为管理层、治理层的刻意隐瞒而让审计工作变得棘手。

知识拓展

特别需要保持职业怀疑的重要审计领域

在下列较复杂、需要高度判断的重要审计领域，注册会计师保持职业怀疑尤为重要：

（1）舞弊风险。在针对由于舞弊导致的重大错报风险确定总体应对措施时，注册会计师可能需要在检查支持重大交易的文件时保持敏感性，有意识地对管理层有关重大事项的解释或声明进行印证。

（2）管理层凌驾于内部控制之上的风险。注册会计师应当将管理层凌驾于内部控制之上的风险作为舞弊风险（因而是一种特别风险）予以应对。在评价管理层对询问作出的答复时，需要通过其他信息予以印证，如果出现不一致，需要跟进调查；如果识别出的错报涉及管理层（特别是涉及较高层级的管理层），或者如果相关情形表明可能存在涉及员工、管理层或第三方的串通舞弊，注册会计师应当重新评价对由于舞弊导致的重大错报风险的评估结果，该结果对审计程序的性质、时间安排和范围的影响，以及重新考虑此前获取的审计证据的可靠性。

（3）收入确认。在识别和评估由于舞弊导致的重大错报风险时，注册会计师应当基于收入确认存在舞弊风险的假定，评价哪些类型的收入、收入交易或认定导致舞弊风险。

（4）会计估计（包括公允价值会计估计及相关披露）。例如，对于导致特别风险的会计估计，注册会计师应当评价管理层使用的重大假设是否合理；注册会计师应当确定会计估计或作出会计估计的方法不同于上期的变化是否适合于具体情况；注册会计师应当复核管理层在作出会计估计时的判断和决策，以识别是否可能存在管理层偏向的迹象。

（5）关联方关系及其交易。例如，注册会计师应当在审计过程中对可能显示以前未识别或未披露的关联方关系或关联方交易的信息保持警觉。

（6）重大非常规交易。例如，注册会计师应当评价重大非常规交易的商业理由（或缺乏商业理由）是否表明被审计单位从事交易的目的是对财务信息作出虚假报告或掩盖侵占资产的行为。此外，注册会计师在评价被审计单位的财务报表是否在所有重大方面按照适用的财务报告编制基础编制时，需要考虑重大非常规交易的披露是否充分。

（7）金融工具等高度复杂的交易。例如，注册会计师需要复核金融工具的分类和确认是否符合适用的财务报告编制基础的规定，与金融工具相关的会计估计所依据的假设和数据的相关性和合理性，金融工具是否按照适用的财务报告编制基础规定的计量属性列报期末金额。

（8）对法律法规的遵守。例如，在审计过程中实施其他程序时，需要对违反或怀疑违反下列法律法规的行为保持警觉：一是可能对财务报表产生重大影响的法律法规；二是对被审计单位的经营活动具有至关重要的影响，将导致被审计单位终止业务活动或对其持续经营能力产生重大影响的法律法规。

（9）持续经营。例如，如果识别出可能导致对持续经营能力产生重大疑虑的事项或情况，注册会计师应当评价管理层与持续经营能力评估相关的未来应对计划，这些计划的结果是否可能改善目前的状况，以及管理层的计划对于具体情况是否可行。

（10）函证。例如，注册会计师需要对函证过程中出现的异常情况保持警觉，判断是否存在对回函可靠性的疑虑，并追加审计程序予以调查。

（11）存货监盘。例如，注册会计师应对存货实际盘点结果与期末存货记录不一致的情况保持警觉，并追加审计程序予以调查。

（12）期后事项。注册会计师应当设计和实施审计程序，适当关注期后事项，如期后重大会计记录调整、期后收入冲回等事项，对舞弊风险保持警觉。

同步训练

一、单项选择题（每题只有一个正确答案，请将正确答案填在括号内）

1. 下列有关职业怀疑的说法中，错误的是（　　）。

A. 职业怀疑与所有职业道德基本原则均密切相关

B. 职业怀疑是保证审计质量的关键要素

C. 保持职业怀疑可以提高审计程序设计和执行的有效性

D. 职业怀疑要求注册会计师质疑相互矛盾的审计证据的可靠性

2. 注册会计师需要保持职业怀疑的重要审计领域通常不包括（　　）。

A.被审计单位存在舞弊风险　　B.会计估计
C.收入确认　　D.成本确认

3.下列关于职业怀疑的表述，错误的是（　　）。
A.注册会计师可以依赖过去对管理层和治理层诚实、正直的看法
B.注册会计师在审计业务的所有阶段都需要保持职业怀疑
C.保持独立性可以增强注册会计师在审计中保持客观和公正、职业怀疑的能力
D.职业怀疑要求注册会计师采取质疑的思维方式，对可能表明由于错误或舞弊导致错报的迹象保持警觉，以及对审计证据进行审慎评价

4.下列关于职业怀疑的说法，错误的是（　　）。
A.保持职业怀疑要求注册会计师不应依赖以往对管理层和治理层诚信形成的判断
B.职业怀疑与客观和公正、独立性两项职业道德基本原则密切相关
C.保持职业怀疑可以有效降低审计成本
D.职业怀疑与整个审计过程紧密相关，贯穿于整个审计业务的始终

5.审计准则要求注册会计师在审计过程中保持职业怀疑态度。下列有关职业怀疑态度的表述，你认为正确的是（　　）。
A.职业怀疑态度要求注册会计师假设管理层是不诚信的
B.职业怀疑态度要求注册会计师假设管理层是诚信的
C.如果从不同来源获取的审计证据或获取的不同性质的审计证据不一致，职业怀疑态度要求注册会计师追加必要的审计程序
D.职业怀疑态度要求注册会计师将审计中发现的舞弊视为孤立发生的事项

二、多项选择题（每题有两个或两个以上正确答案，请将正确答案填在括号内）

1.关于注册会计师在计划和执行审计工作时保持职业怀疑的作用，下列说法正确的有（　　）。
A.降低检查风险
B.降低审计成本
C.避免过度依赖管理层提供的书面声明
D.恰当识别、评估和应对重大错报风险

2.注册会计师在审计时，应保持一定的职业怀疑态度，包括（　　）。
A.不能假设管理层是完全诚信的
B.完全不能相信获得的证据
C.不能完全相信管理层所作的认定
D.不应将审计中发现的舞弊视为孤立发生的事项

3.在计划和实施审计工作时，注册会计师应当保持职业怀疑，认识到可能存在导致财务报表发生重大错报的情形。职业怀疑要求注册会计师保持警觉的事项包括（　　）。
A.财务信息表明与同行业有严重背离的趋势
B.财务数据存在舞弊嫌疑
C.作为审计证据的文件记录存在明显修改
D.注册会计师针对同一事项询问不同人员得出完全不同的回答

4. 下列情形能体现注册会计师的职业怀疑态度的有（　　）。

A. 注册会计师将审计中发现的舞弊视为孤立发生的事项

B. 如果从不同来源获取的审计证据或获取的不同性质的审计证据不一致，可能表明其中某项或某几项审计证据不可靠，因此注册会计师应追加必要的审计程序

C. 如果管理层的某项声明与其他审计证据相矛盾，注册会计师应调查这种情况。必要时，注册会计师应重新考虑管理层作出的其他声明的可靠性

D. 如果注册会计师在审计过程中识别出的情况使其认为文件记录可能是伪造的或文件记录中的某些条款已发生变动，则自己进行评价文件记录的真伪

三、判断题

1. 注册会计师没有必要在整个审计过程中保持职业怀疑。（　　）

2. 职业怀疑对于审慎评价审计证据是必要的。（　　）

3. 职业怀疑意味着，在进行询问和实施其他审计程序时，注册会计师能够因信任管理层和治理层的诚信而满足于说服力不够的审计证据。（　　）

4. 注册会计师不能仅凭管理层声明，而对重要的应收账款不进行函证就得出应收账款余额存在的结论。（　　）

四、案例题

A注册会计师在审计某企业财务报表时发现该企业财务报表层次的重要性水平是10 000元，其中：库存现金少计100元，应收账款少计5 000元，存货盘亏未及时入账处理金额计1 000元，固定资产多计提累计折旧导致固定资产余额少计5 000元，无形资产错误摊销导致少计1 000元。单独从每个项目来说都没有达到错报的重要性水平无须调整，因此，A注册会计师认为在出具审计意见时不需要建议企业进行账务调整。请问，他的这种处理方法对吗？请说出您的理由。

任务四　明确审计目标

案例导入

未来审计目标

“互联网+”作为国家战略，已经成为我国经济转型升级的重要动力。除了“互联网+物流”“互联网+医疗”“互联网+教育”“互联网+农业”，我们要加紧考虑“互联网+注册会计师”的问题。

像其他行业一样，注册会计师传统上是以纸笔工作为主的，我称之为纸上审计。随着信息技术的发展和计算机的普及，以单机版审计辅助软件为支持，注册会计师实现了在计算机上工作，进入了机上审计阶段。“互联网+”意味着网上审计的开启。

在网上审计的环境下，注册会计师不到办公室就可以工作，可以适时审计。审计对象的财务和经营等数据可以实时通过网络传递。

从机上审计到网上审计，更带来审计理念和模型的变化。现代审计发展100多年来，从最早的抽样审计，到制度基础审计，到今天的风险导向审计，其基本脉络就是在资源、

技术有限条件下达到揭示风险的目的。互联网技术的发展，使注册会计师相当一部分的工作，甚至包括部分职业判断的工作能够交给互联网，突破人工处理数据能力的上限。换句话说，以前束缚注册会计师审计的人力和技术障碍，已经被互联网弥补了。比如通过互联网技术，在很短时间内就能够把被审计对象的整体数据梳理甄别一遍。

"泛审计"指的是注册会计师不仅可以审计财务报告，还可以审计企业整个信息系统。近来大家讨论较多的是对云的审计，这就是"泛审计"的题中之意。

资料来源：陈毓圭. 打造"互联网+"［N］. 中国会计报：注册会计师版，2015-07-27.

知识准备

一、审计目标的历史演变

人在不同的阶段有不同的生活目的，同样，随着审计环境的变化，审计目标也会随之发生改变。审计目标的历史演变如图1-4所示。由一开始的揭弊查错到验证偿付能力，再到鉴证报表的公允性，一直到现在的鉴证报表的公允性和揭示重大的差错舞弊。

图1-4　审计目标历史演变

审计目标是在一定历史环境下，人们通过审计实践活动所期望达到的境地或最终结果，它包含财务报表审计目标以及与各类交易、账户余额、列报相关的审计目标两个层次，可以进一步分为总体审计目标和具体审计目标两种。

二、总体审计目标

在执行财务报表审计工作时，注册会计师的总体目标分为总体审计目标1和总体审计目标2。

（一）总体审计目标1

目标1：对财务报表整体是否不存在由于舞弊或错误导致的重大错报获取合理保证，使得注册会计师能够对财务报表是否在所有重大方面按照适用的财务报告编制基础编制发表审计意见。

视频：财务报表审计的总体目标和职业怀疑

1.财务报告编制基础

"财务报告编制基础"在审计准则中是一个基础性概念。不同的财务报告编制基础对编制财务报表的要求不同。《企业会计准则讲解2010》规定，财务报表列报中应披露"财务报告编制基础"。相应地，审计准则对注册会计师审计时需要考虑的事项、实施的程序以及发表审计意见的形式等方面的要求也存在一些差异。财务报告编制基础分为通用目的编制基础和特殊目的编制基础。

（1）通用目的编制基础。通用目的编制基础，是指用以满足广大财务报表使用者共同的财务信息需求的财务报告编制基础，主要是指会计准则和会计制度。

（2）特殊目的编制基础。特殊目的编制基础，是指用以满足财务报表特定使用者对财务信息需求的财务报告编制基础，包括计税核算基础、监管机构的报告要求和合同的约定等。

2.评价财务报表的合法性

在评价财务报表是否按照适用的财务报告编制基础的规定编制时，注册会计师应当考虑财务报表的合法性，如图1-5所示。

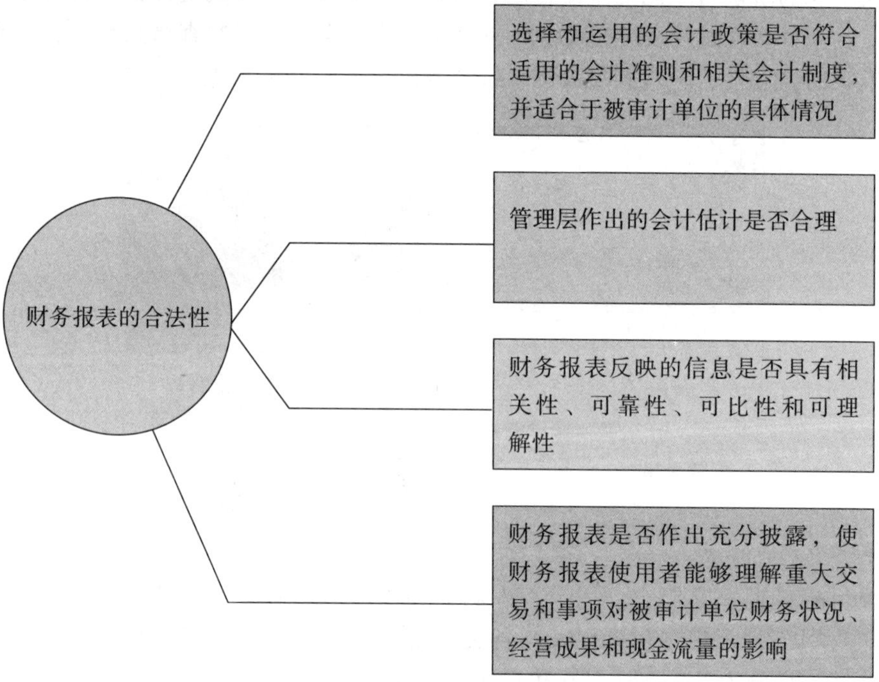

图1-5 财务报表的合法性

3.评价财务报表的公允性

在评价财务报表是否作出公允反映时，注册会计师应当考虑财务报表的公允性，如图1-6所示。

（二）总体审计目标2

目标2：按照审计准则的规定，根据审计结果对财务报表出具审计报告，并与治理层和管理层沟通。治理层、管理层与注册会计师的关系如图1-7所示。

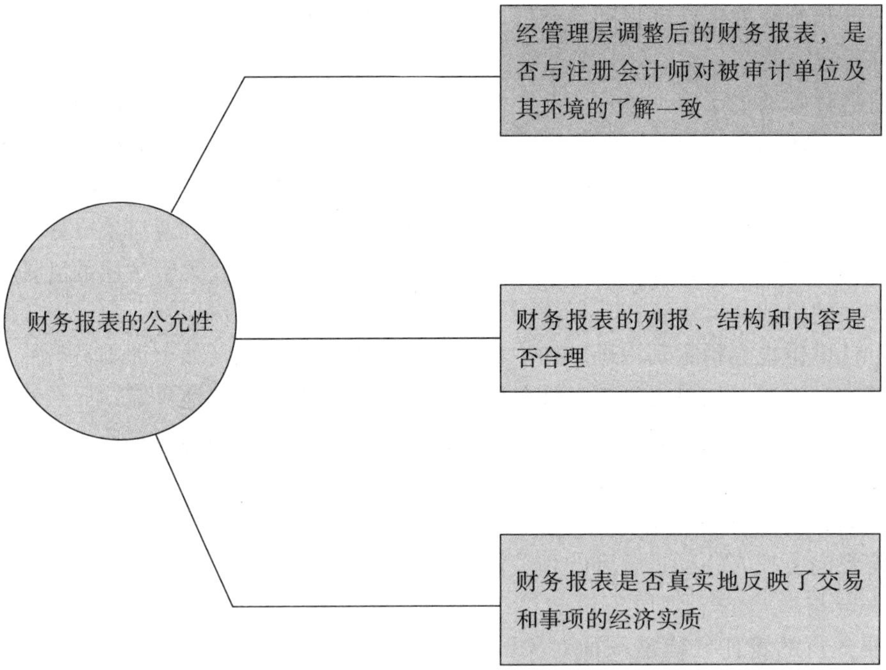

图1-6　财务报表的公允性

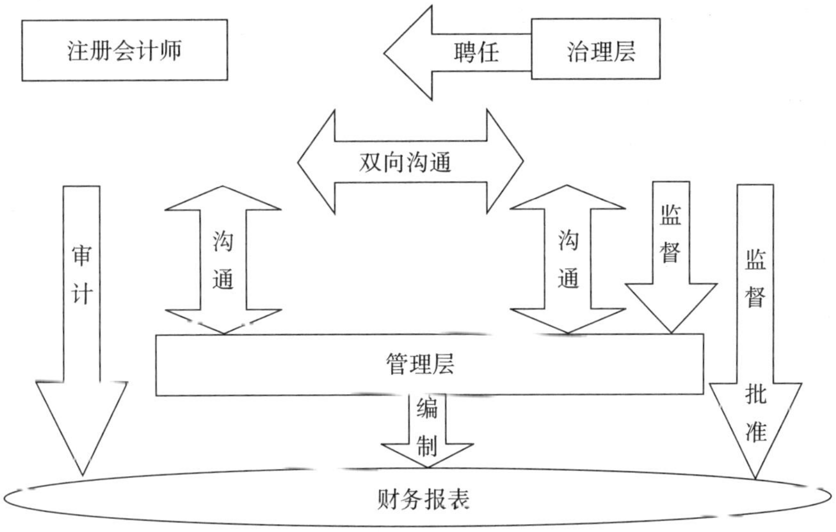

图1-7　治理层、管理层与注册会计师的关系

注册会计师和治理层了解与审计相关的背景事项，并建立建设性的工作关系；在建立这种关系时，注册会计师需要保持独立性和客观性。注册会计师向治理层获取与审计相关的信息，例如，治理层可以帮助注册会计师了解被审计单位及其环境，确定审计证据的适当来源，以及提供有关具体交易或事项的信息。治理层履行其对财务报告过程的监督责任，从而降低财务报表重大错报风险。

1.沟通的目的

就审计范围和时间以及注册会计师、治理层、管理层各方在财务报表审计和沟通中的责任，取得相互了解；及时向治理层告知审计中发现的与治理层责任相关的事项；共享有助于注册会计师获取审计证据和治理层履行责任的其他信息。

2.沟通的对象

注册会计师通过了解，运用职业判断，可以确定适当的沟通对象。注册会计师应当确定与被审计单位治理结构中的哪些适当人员沟通，适当人员可能因沟通事项的不同而不同。

在上市公司审计中，有关注册会计师独立性问题的沟通，其沟通对象最好是被审计单位治理结构中有权决定聘任、解聘注册会计师的组织或人员。有关管理层的胜任能力和诚信问题方面的事项，就不宜与兼任高级管理职务的治理层成员沟通。

被审计单位也会指定其治理结构中相对固定的人员或组织（如审计委员会）负责与注册会计师进行沟通。如果由于被审计单位的治理结构没有被清楚地界定，导致注册会计师无法清楚地识别适当的沟通对象，被审计单位也没有指定适当的沟通对象，注册会计师就应当尽早与审计委托人商定沟通对象，并就商定的结果形成备忘录或其他形式的书面记录。在同时设有审计委员会和监事会的公司，一般并不需要同时与这两个组织进行沟通，此时就需要向委托人印证了解到的相关信息。

在决定与适当的治理层下设的组织或个人沟通时，需要考虑：治理层的下设组织与治理层各自的责任（确定沟通对象的直接依据）；拟沟通事项的性质；相关法律法规的要求；下设组织是否有权就沟通的信息采取行动，以及是否能够提供注册会计师可能需要的进一步信息和解释，以及对与其沟通的相关信息的有效性和适当性评价的影响。

注册会计师没有必要（实际上也不可能）就全部沟通事项与治理层整体（与董事会、股东会或股东大会）进行沟通。如果就审计准则要求沟通的事项已与负有管理责任的人员沟通，且这些人员同时负有治理责任，注册会计师无须就这些事项再次与负有治理责任的相同人员沟通。然而，注册会计师应当确信与负有管理责任人员的沟通能够向所有负有治理责任的人员充分传递应予沟通的内容。

公司章程规定对注册会计师的聘任、解聘由股东大会（股东会）决定时，注册会计师可能也需要与股东大会（股东会）进行沟通。

3.沟通的事项

（1）注册会计师与财务报表审计相关的责任。注册会计师负责对管理层在治理层监督下编制的财务报表形成和发表意见；财务报表审计并不减轻管理层或治理层的责任。以上责任通常包含在审计业务约定书或记录审计业务约定条款的其他适当形式的书面协议中。

（2）计划的审计范围和时间安排的总体情况。一方面，可以帮助治理层更好地了解注册会计师工作的结果，与注册会计师讨论风险问题和重要性的概念，以及识别可能需要注册会计师追加审计程序的领域；另一方面，可以帮助注册会计师更好地了解被审计单位及其环境。

（3）审计中发现的重大问题。比如管理层在提供审计所需信息时出现严重拖延；不合理地要求缩短完成审计工作的时间；为获取充分、适当的审计证据需要付出的努力远远超过预期；无法获取预期的信息；管理层对注册会计师施加限制；管理层不愿意按照要求对被审计单位持续经营能力进行评估，或不愿意延长评估期间等。

（4）值得关注的内部控制缺陷。值得关注的内部控制缺陷，是指注册会计师根据职业判断，认为足够重要从而值得治理层关注的内部控制的一个缺陷或多个缺陷的组合。注册会计师应当根据已执行的审计工作，确定是否识别出内部控制缺陷。如果识别出内部控制缺陷，注册会计师应当根据已执行的审计工作，确定该缺陷单独或连同其他缺陷是否构成值得关注的内部控制缺陷。

注册会计师不仅应当以书面形式及时向治理层通报审计过程中识别出的值得关注的内部控制缺陷，还应当及时向相应层级的管理层通报内部控制缺陷。

（5）注册会计师的独立性。注册会计师需要遵守与财务报表审计相关的职业道德要求，包括对独立性的要求，对独立性的不利影响因素，法律法规和职业规范规定的防范措施，被审计单位采取的防范措施，以及会计师事务所内部自身的防范措施等。

（6）补充事项。注册会计师可能注意到一些补充事项，虽然这些事项不一定与监督财务报告流程有关，但对治理层监督被审计单位的战略方向或与被审计单位受托责任相关的义务很可能是重要的。这些事项可能包括与治理结构或过程有关的重大问题、缺乏适当授权的高级管理层作出的重大决策或行动。

（三）总体审计目标的导向作用

财务报表审计的总体目标对注册会计师的审计工作发挥着导向作用，它界定了注册会计师的责任范围，直接影响注册会计师计划和实施审计程序的性质、时间安排和范围，决定了注册会计师如何发表审计意见。例如，既然财务报表审计目标是对财务报表整体发表审计意见，注册会计师就可以只关注与财务报表编制和审计有关的内部控制，而不对内部控制本身发表鉴证意见。同样，注册会计师关注被审计单位的违反法律法规，是因为这些行为影响到财务报表，而不是对被审计单位是否存在违反法律法规行为提供鉴证。

（四）财务报表审计的作用和局限性

财务报表审计属于鉴证业务。注册会计师作为独立第三方，运用专业知识、技能和经验对财务报表进行审计并发表审计意见，旨在提高财务报表的可信赖程度。由于审计存在固有限制，审计工作不能对财务报表整体不存在重大错报提供绝对保证。虽然财务报表使用者可以根据财务报表和审计意见对被审计单位未来生存能力或管理层的经营效率、经营效果作出某种判断，但审计意见本身并不是对被审计单位未来生存能力或管理层的经营效率、经营效果提供的保证。

注册会计师按照审计准则的规定执行审计工作，能够对财务报表整体不存在重大错报（无论该错报是由错误引起的，还是由舞弊引起的）获取合理保证。合理保证与整个审计过程相关。

视频：审计目标综合案例讲解

错报，是指某一财务报表项目的金额、分类或列报，与按照适用的财务报告编制基础应当列示的金额、分类或列报之间存在的差异。错报可能是由于错误或舞弊导致的。

当注册会计师对财务报表是否在所有重大方面按照适用的财务报告编制基础编制并实现公允反映发表审计意见时，错报还包括根据注册会计师的判断，为使财务报表在所有重大方面实现公允反映，需要对金额、分类或列报作出的必要调整。

视频：总体审计目标和具体审计目标

由于审计存在固有限制，注册会计师据以得出结论和形成审计意见的大多数审计证据是说服性的而非结论性的，因此，审计只能提供合理保证，不能提供绝对保证。

三、具体审计目标

（一）管理层认定

认定，是指管理层在财务报表中作出的明确或隐含的表达，注册会计师将其用于考虑可能发生的不同类型的潜在错报。

1. 管理层在财务报表上的认定表达方式

管理层在财务报表上的认定有些是明确表达的，有些则是隐含表达的。管理层在资产负债表中列报存货及其金额，意味着作出了下列明确的认定：记录的存货是存在的；存货以恰当的金额包括在财务报表中，与之相关的计价或分摊调整已恰当记录。同时，管理层也作出下列隐含的认定：所有应记录的存货均已记录；记录的存货都由被审计单位拥有；与存货有关的披露是恰当的。

2. 管理层的认定层次

管理层对财务报表各组成要素均作出了认定，注册会计师的审计工作就是要确定管理层的认定是否恰当。管理层的认定有与各类交易和事项相关的认定、与期末账户余额相关的认定和与列报相关的认定三个层次。具体内容归纳见表1–5。

表1–5 管理层的认定层次

层次＼认定	发生	完整性	准确性	截止	分类	计价和准确性	计价和分摊	存在	发生及权利和义务	分类和可理解性
各类交易和事项	√	√	√	√	√					
期末账户余额		√					√	√	√	
列报		√				√			√	√

（二）具体审计目标

通过了解被审计单位及其环境，识别和评估财务报表层次和认定层次的重大错报风险（无论该风险是由舞弊导致的，还是由错误导致的），从而为设计和实施针对评估的重大错报风险采取的应对措施提供基础。注册会计师了解了认定，就很容易确定每个项目的具体审计目标，并以此作为评估重大错报风险以及设计和实施进一步审计程序的基础。

1. 与各类交易和事项认定相关的审计目标

与各类交易和事项认定相关的审计目标见表1–6。

2. 与期末账户余额认定相关的审计目标

与期末账户余额认定相关的审计目标见表1–7。

3. 与列报认定相关的审计目标

与列报认定相关的审计目标见表1–8。

表 1-6　　与各类交易和事项认定相关的审计目标

序号	认定	各类认定的含义	各类认定对应的具体审计目标	案例及注意事项
1	发生	记录的交易和事项已发生，且与被审计单位有关	已记录的交易是真实的	如果没有发生销售交易，但在销售日记账中记录了一笔销售，则违反了该目标。注意：它主要与财务报表组成要素的高估有关
2	完整性	所有应记录的交易和事项均已记录	已发生的交易确实已经记录	如果发生了销售交易，但没有在销售明细账和总账中记录，则违反了该目标。发生和完整性两者强调的是相反的关注点。注意：完整性目标则针对漏记交易（低估）
3	准确性	与交易和事项有关的金额及其他数据已恰当记录	已记录的交易是按正确金额反映的	如果在销售交易中，发出商品的数量与账单上的数量不符，或是开账单时使用了错误的销售价格，或是账单中的乘积或加总有误，或是在销售明细账中记录了错误的金额，则违反了该目标。注意：准确性与发生、完整性之间存在区别。如发出的商品是寄销商品，则即使发票金额是准确计算的，仍违反了发生目标。再如，若已入账的销售交易是对正确发出商品的记录，但金额计算错误，则违反了准确性目标，但没有违反发生目标
4	截止	交易和事项已记录于正确的会计期间	接近于资产负债表日的交易记录于恰当的期间	如果本期交易推到下期，或下期交易提到本期，均违反了截止目标
5	分类	交易和事项已记录于恰当的账户	被审计单位记录的交易经过适当分类	如果将现销记录为赊销，将出售经营性固定资产所得的收入记录为营业收入，则导致交易分类的错误，违反了分类的目标

表 1-7　　与期末账户余额认定相关的审计目标

序号	认定	各类认定的含义	各类认定对应的具体审计目标	案例及注意事项
1	存在	记录的资产、负债和所有者权益是存在的	记录的金额确实存在	如果不存在某顾客的应收账款，在应收账款明细表中却列入了对该顾客的应收账款，则违反了存在目标
2	权利和义务	记录的资产由被审计单位拥有或控制，记录的负债是被审计单位应履行的偿还义务	资产归属于被审计单位，负债属于被审计单位的义务	将他人寄售商品列入被审计单位的存货中，违反了权利目标；将不属于被审计单位的债务记入账内，违反了义务目标
3	完整性	所有应记录的资产、负债和所有者权益均已记录	已存在的金额均已记录	如果存在某顾客的应收账款，在应收账款明细表中却没有列入对该顾客的应收账款，则违反了完整性目标
4	计价和分摊	资产、负债和所有者权益以恰当的金额包括在财务报表中，与之相关的计价或分摊调整已恰当记录	资产、负债和所有者权益以恰当的金额包括在财务报表中，与之相关的计价或分摊调整已恰当记录	略

表 1-8 与列报认定相关的审计目标

序号	认定	各类认定的含义	各类认定对应的具体审计目标	案例及注意事项
1	发生及权利和义务	披露的交易、事项和其他情况已发生，且与被审计单位有关	发生的交易、事项，或与被审计单位有关的交易和事项包括在财务报表中	将没有发生的交易、事项，或与被审计单位无关的交易和事项包括在财务报表中，则违反该目标。 复核董事会会议记录中是否记载了固定资产抵押等事项，询问管理层固定资产是否被抵押，即是对列报的权利认定的运用。如果抵押固定资产则需要在财务报表中列报，说明其权利受到限制
2	完整性	所有应包括在财务报表中的披露均已包括	应披露的事项有包括在财务报表中	如果应披露的事项没有包括在财务报表中，则违反该目标。 检查关联方和关联方交易，以验证其在财务报表中是否得到充分披露，即是对列报的完整性认定的运用
3	分类和可理解性	财务信息已被恰当地列报和描述，且披露内容表述清楚	财务信息已被恰当地列报和描述，且披露内容表述清楚	检查存货的主要类别是否已披露，是否将一年内到期的非流动 负债列为流动负债，即是对列报的分类和可理解性认定的运用
4	计价和准确性	财务信息和其他信息已公允披露，且金额恰当	财务信息和其他信息已公允披露，且金额恰当	检查财务报表附注是否分别对原材料、在产品和产成品等存货成本核算方法作了恰当说明，即是对列报的计价和准确性认定的运用

案例分析

当前，互联网技术正以前所未有的速度蓬勃发展，传统的财务审计行业将迎来一场前所未有的巨大变革，不管是企业还是从业人员，只有抓住时代趋势，顺应时代的发展，进行行业的自我创新与发展，才能更好地去迎接财务审计行业信息化时代。

在“互联网+”的条件下，这种在时空上的阻隔被打破，信息共享的模式逐步实现，使得审计机构能够第一时间获得审计信息，并采取专业化手段实现更加经济、有效的监督过程。由当前的发展趋势来看，“互联网+审计”的创新模式监督部门随时能够掌握企业经营行为，弥补信息不对称的弊端，提高企业审计工作的实际效果。

“互联网+”时代是一个鼓励创新的时代，企业在经济转型与创新发展中，应注重审计对完善内部管理机制的作用，并利用审计方法创新规范财务管理工作，提高企业内部资源的配置效率，同时利用互联网为审计工作提供更加丰富可靠的信息资源，进而充分发挥审计工作的职能，推动审计工作在新时代的创新发展。

知识拓展

被审计单位管理层和治理层的责任与注册会计师的责任

企业的所有权与经营权分离后，经营者负责企业的日常经营管理并承担受托责任。管理层通过编制财务报表反映受托责任的履行情况。为了借助公司内部之间的权力平衡和制约关系，保证财务信息的质量，现代公司治理结构往往要求治理层对管理层编制财务报表的过程实施有效的监督。

在治理层的监督下，管理层作为会计工作的行为人，对编制财务报表负有直接责任。《中华人民共和国会计法》第二十一条规定，财务会计报告应当由单位负责人和主管会计工作的负责人、会计机构负责人（会计主管人员）签名并盖章；设置总会计师的单位，还须由总会计师签名并盖章。单位负责人应当保证财务会计报告真实、完整。《中华人民共和国公司法》第一百七十条规定，公司应当向聘用的会计师事务所提供真实、完整的会计凭证、会计账簿、财务会计报告及其他会计资料，不得拒绝、隐匿、谎报。

财务报表，是指依据某一财务报告编制基础对被审计单位历史财务信息作出的结构性表述，旨在反映某一时点的经济资源或义务，或者某一时期经济资源或义务的变化。财务报表通常是指整套财务报表，有时也指单一财务报表。披露包括适用的财务报告编制基础所要求的、明确允许的或通过其他形式允许作出的解释性或描述性信息。披露是财务报表不可分割的组成部分，主要在财务报表附注中反映，也可能在财务报表表内反映，或通过财务报表中的交叉索引予以提及。

历史财务信息，是指以财务术语表述的某一特定实体的信息。这些信息主要来自特定实体的会计系统，反映了过去一段时间内发生的经济事项，或者过去某一时点的经济状况或情况。

财务报表编制和财务报表审计是财务信息生成链条上的不同环节，两者各司其职。法律法规要求管理层和治理层对编制财务报表承担责任，有利于从源头上保证财务信息质量。同时，在某些方面，注册会计师与管理层和治理层之间可能存在信息不对称。管理层和治理层作为内部人员，对企业的情况更为了解，更能作出适合企业特点的会计处理决策和判断，因此，管理层和治理层理应对编制财务报表承担完全责任。尽管在审计过程中，注册会计师可能向管理层和治理层提出调整建议，甚至在不违反独立性的前提下为管理层编制财务报表提供一些协助，但管理层仍然对编制财务报表承担责任，并通过签署财务报表确认这一责任。

注册会计师作为独立的第三方，对财务报表发表审计意见，有利于提高财务报表的可信赖程度。管理层和治理层的责任与注册会计师的责任的关系见表1–9。

表1-9 管理层和治理层的责任与注册会计师的责任的关系

责任	含义	具体内容	关系	不当行为
被审计单位管理层和治理层的责任	财务报表是由被审计单位管理层在治理层的监督下编制的。审计准则不对管理层或治理层设定责任，也不超越法律法规对管理层或治理层责任作出的规定	（1）按照适用的财务报告编制基础编制财务报表，包括使其实现公允反映（如适用）。 （2）设计、执行和维护必要的内部控制，使得编制的财务报表不存在由于舞弊或错误导致的重大错报。 （3）向注册会计师提供必要的工作条件。这些必要的工作条件包括允许注册会计师接触与编制财务报表相关的所有信息（如记录、文件和其他事项），向注册会计师提供审计所需要的其他信息，允许注册会计师在获取审计证据时不受限制地接触其认为必要的内部人员和其他相关人员	财务报表审计并不减轻管理层或治理层的责任	错误、舞弊和违反法律法规
注册会计师的责任	注册会计师应当按照审计准则的规定，对财务报表整体是否不存在由于舞弊或错误导致的重大错报获取合理保证，以作为发表审计意见的基础	注册会计师应当遵守职业道德规范，按照审计准则的规定计划和实施审计工作，收集充分、适当的审计证据，并根据收集的审计证据得出合理的审计结论，发表恰当的审计意见。注册会计师通过签署审计报告确认其责任	（1）财务报表审计不能减轻被审计单位管理层和治理层的责任； （2）如果财务报表存在重大错报，而注册会计师通过审计没有发现，也不能因为财务报表已经被注册会计师审计这一事实而减轻管理层和治理层对财务报表的责任	违约、过失和欺诈

同步训练

一、单项选择题（每题只有一个正确答案，请将正确答案填在括号内）

1.下列各项认定只与资产负债表的组成要素有关的是（　　）。

A.“存在或发生”　　B.“权利和义务”

C.“完整性”　　D.“表达与披露”

2.甲公司将2018年度的主营业务收入列入2017年度的财务报表，则其2017年度财务报表中存在的错误认定是（　　）。

A.“总体合理性”　　B.“计价和分摊”

C.“存在或发生”　　D.“完整性”

3.在注册会计师对下列各项分别提出的项目目标中，属于完整性目标的是（　　）。

A.有价证券的市价是否予以列示　　B.长期投资是否超过净资产的50%

C.购货的借贷双方是否在同期入账　　D.实现的销售是否登记入账

4.下列各项属于被审计单位“计价和分摊”认定错误的是（　　）。

A.将应付账款100万元记为1 000万元

B.将营业收入100万元计入营业外收入

C.将销售费用200万元计入管理费用

D.将营业成本30万元记为营业外支出

5.在注册会计师设定的下列各项具体审计目标中，可以实现截止目标的是（　　）。

A.年前开出的支票是否均在年前入账

B.应收账款是否属实

C.存货的跌价损失是否已抵减

D.固定资产是否有充作抵押的

6.按照审计准则的相关规定，保护资产的安全与完整属于被审计单位的责任。具体到生产所需的贵重原材料来说，被审计单位应采取包括上锁、贴封条、昼夜看管、远红外监控等在内的措施。这些措施的实施将直接有助于被审计单位管理层实现其对于原材料项目的（　　）认定。

A.“存在”　　B.“完整性”　　C.“列报”　　D.“计价和分摊”

7.下列各项可以实现注册会计师审计目标中与“计价和分摊”认定对应的目标的是（　　）。

A.检查所有的流动负债是否均已在账中记载

B.检查固定资产的预计使用年限是否适当

C.检查明细账合计数与总账是否相符

D.检查已贴现的票据是否在资产负债表的附注中列示

8.如果被审计单位将其固定资产用作某笔长期借款项目的抵押物，但没有在财务报表附注中披露，则其部分地违反了下列（　　）认定。

A.与列报相关的“分类和可理解性”

B.与各类交易和事项相关的“完整性”

C.与列报相关的“发生及权利和义务”

D.与期末账户余额相关的“计价和分摊”

二、多项选择题（每题有两个或两个以上正确答案，请将正确答案填在括号内）

1.下列各项具体审计目标中仅仅与各类交易和事项相关的有（　　）。

A.“发生”　　B.“计价和分摊”

C.“准确性”　　D.“截止”

2.注册会计师对财务报表审计是对财务报表的（　　）发表意见。

A.财务报表是否不存在重大错报

B.财务报表是否按照适用的会计准则和相关会计制度的规定编制

C.财务报表是否反映了管理层的判断和决策

D.财务报表是否在所有重大方面公允反映被审计单位的财务状况、经营成果和现金流量

3.注册会计师应选择（　　）审计程序来证明投资性房地产的“权利和义务”认定。

A.检查建筑物权证、土地使用权证等证明文件，确定建筑物、土地使用权是否归被审计单位所有

B.与被审计单位讨论，以确定划分为投资性房地产的建筑物、土地使用权是否符合会计准则的规定

C.结合银行借款等的检查，了解建筑物、土地使用权是否存在抵押、担保情况

D.采用公允价值模式的，说明公允价值的确定依据和方法，以及公允价值变动对损益的影响

4.注册会计师对上市公司进行审计时，将“完整性”作为重点证明认定的有（　　）。

A.预付账款　　B.短期借款

C.应付账款　　D.应收账款

5.审计总目标的演进依次经历的阶段有（　　）。

A.揭弊查错　　B.验证财务报表公允性与揭弊查错并重

C.验证偿债能力　　D.验证财务报表公允性

6.审计上市公司财务报表的（　　）项目时注册会计师应侧重验证存在目标。

A.存货　　B.短期借款

C.应收账款　　D.货币资金

三、判断题

1.保证会计资料的真实性、完整性、合法性是注册会计师的责任。（　　）

2.管理层对财务报表的认定是指管理层对财务报表各项目所作的各种明示性或暗示性的表示。（　　）

3.如果被审计单位未在财务报表附注中披露有关存货的担保、抵押情况，就意味着管理层对外承诺：本单位的存货不存在担保、抵押的情况。（　　）

4.如果被审计单位没有在财务报表中就其主要原材料的货源进行专门说明，就意味着管理层暗示性地认定其货源充足、稳定。（　　）

四、案例题

1.X会计师事务所的注册会计师K、L在对ABC股份有限公司的财务报表进行审计时，针对应付账款项目确定了下列目标或程序：

A.应付账款明细账中没有记录属于“其他应付款”科目的负债业务；

B.资产负债表日前后，“应付账款”科目中贷方发生额的相应凭证表明应付账款入账时间正确；

C.客户当年发生的尚未偿还的应付账款均包含在资产负债表内，没有遗漏；

D.应付账款如存在借方余额，原因清楚，并作必要的重分类调整；

E.所有大额应付账款均得到债权人的回函确认；

F.以非记账本位币结算的应付账款，所采用的核算汇率是正确的；

G.资产负债表日，财务报表上列示的应付账款确属ABC股份有限公司的义务。

要求：请根据审计目标的含义，确定与上述各目标对应的审计目标名称，将审计目标代码填入表1-10中，并在“审计目标含义”一栏对各个目标进行简要解释。

表 1-10　　与各目标对应的审计目标名称及审计目标代码

审计目标	应付账款审计目标代码	应付账款审计目标含义
存在		
完整性		
权利和义务		
计价和分摊		
截止		
分类		
分类和可理解性		

2. 注册会计师K在审查ABC股份有限公司年度财务报表时，针对该公司财务报表的不同项目提出了若干具体审计目标或审计程序。表1-11中摘录了其中的一部分，所摘录的审计目标或审计程序并不一定在所述项目中是最主要的。

要求：请指出与所列示的具体目标或审计程序相对应的管理层认定，每项具体目标与审计程序对应一项或多项管理层认定，并将对应的认定名称填入表1-11中。

表 1-11　　与所列示的具体目标或审计程序相对应的管理层认定

具体目标或程序号	管理层认定的名称
（1）从请购单追查至验收单、卖方发票以及应付账款明细账	
（2）检查所使用的生产设备的购货发票，核实付款人是否为被审计单位	
（3）检查固定资产与低值易耗品的金额界限是否明确	
（4）从营业收入明细账追查至销售发票、发货凭证	
（5）核实存货的跌价损失准备已适当计提	
（6）查明附注中披露的向关联方销售的商品是否经批准并发出货物	
（7）确定当年所购商品验收单的最后一个号码	
（8）编制或获取营业收入项目的明细表，复核加计是否正确	
（9）所列负债在资产负债表日是否确实存在	
（10）观察仓库采取的安全防范措施是否足以保证存货的安全、完整	

任务五　编制审计计划

案例导入

宝信会计师事务所犯了什么错误？

龙兴公司自开业以来，营业额剧增。为筹措资金，公司决定向银行贷款。但银行希望其出具审计后的财务报表，以作出是否给其贷款的决定。于是，龙兴公司决定聘请宝信会计师事务所进行审计。龙兴公司以前从未被审计过。

审计开始就不太顺利，李丽注册会计师刚到龙兴公司就发现，该公司会计账册不齐，而且账也未轧平。于是李丽花费一个星期的时间帮助公司会计整理账簿等。但公司会计人员却向财务经理抱怨，认为注册会计师李丽太苛刻，妨碍其正常工作。第二周，当李丽向会计人员索要客户有关资料以便对应收账款询证时，会计人员以这些资料系公司机密为由，加以拒绝。接着，李丽又要求，公司在年末这一天，停止生产，以便对存货进行监督盘点。但龙兴公司又以生产任务忙为由，也加以拒绝。

李丽无奈之下，只得向事务所的合伙人汇报。合伙人张明立即与龙兴公司总经理进行接洽，告知如果无法进行询证或监督盘点，将迫使注册会计师无法对财务报表表示意见。总经理闻言之后，非常生气。他说，我情愿向朋友借钱，也不要你们的审计报告。不但命令注册会计师马上离开龙兴公司，而且拒绝支付注册会计师前两周的审计费用。合伙人张明也很生气，他严肃地告诉总经理，除非付清所有的审计费用，否则，前期有李丽代编的会计账册将不予归还。

那么，在本案例中，宝信会计师事犯了哪些错误呢？

资料来源：dama6.案例八审计计划和记录（关于审计计划的两则案例分析）[EB/OL]. [2019-12-10]. https://www.doc88.com/p-4015133382341.html.

知识准备

一、初步业务活动

注册会计师开展初步业务活动有助于确保在计划审计工作时达到如图1-8所示的要求。

我们想要这个客户吗？
—我们具备独立性和专业胜任能力吗？
—我们还存在因管理层诚信问题而影响CPA保持该项业务意愿的情况吗？
—这个客户具备良好信誉吗？
—我们还存在与被审计单位对业务约定条款的误解吗？

谁是财务报表的预期使用者？
（可接受审计风险的关键考虑因素）

图1-8 初步业务活动目的

初步业务活动的内容主要包括：

（1）针对保持客户关系和具体审计业务，实施相应的质量控制程序。虽然保持客户关系及具体审计业务和评价职业道德的工作贯穿于审计业务的全过程，但是这两项活动需要安排在其他审计工作之前，以确保注册会计师已具备执行业务所需要的独立性和专业胜任能力，且不存在因管理层诚信问题而影响注册会计师保持该项业务意愿等情况。在连续审计的业务中，这些初步业务活动通常是在上期审计工作结束后不久或将要结束时就已开始。

动画：初步业务活动——了解被审计单位情况

（2）评价遵守相关职业道德要求的情况。质量控制准则含有包括独立性在内的有关职业道德要求，注册会计师应当按照其规定执行。

（3）就业务约定条款与被审计单位达成一致意见。在作出接受或保持客户关系及具体审计业务的决策后，注册会计师应当按照《中国注册会计师审计准则第1111号——就审计业务约定条款达成一致意见》的规定，在审计业务开始前，与被审计单位就审计业务约定条款达成一致意见，签订或修改审计业务约定书，以避免双方对审计业务的理解产生分歧。

二、审计的前提条件

审计的前提条件，是指管理层在编制财务报表时对适用的财务报告编制基础的采用，以及管理层对注册会计师执行审计工作的前提的认同。

在接受委托前，注册会计师应当初步了解业务环境，确定审计的前提条件是否存在，以及与管理层就审计业务约定条款达成一致意见，这样就体现了风险导向审计的要求。

在初步了解业务环境后，只有认为符合独立性和专业胜任能力等相关职业道德规范的要求，并且拟承接的业务具备下列所有特征，注册会计师才能将其作为鉴证业务予以承接：（1）鉴证对象适当；（2）使用的标准适当且预期使用者能够获取该标准；（3）注册会计师能够获取充分、适当的证据以支持其结论；（4）注册会计师的结论以书面报告形式表述，且表述形式与所提供的保证程度相适应；（5）该业务具有合理的目的。如果鉴证业务的工作范围受到重大限制，或委托人试图将注册会计师的名字和鉴证对象不适当地联系在一起，则该业务可能不具有合理的目的。

（一）财务报告编制基础适当

许多财务报表使用者不能要求“量身定做”财务报表，以满足其特定的财务信息需求。尽管不能满足财务报表特定使用者的所有信息需求，但广大财务报表使用者仍存在共同的财务信息需求。按照某一财务报告编制基础编制，旨在满足广大财务报表使用者共同的财务信息需求的财务报表，称为通用目的财务报表。按照特殊目的编制基础编制的财务报表，旨在满足财务报表特定使用者的财务信息需求，称为特殊目的财务报表。对于特殊目的财务报表，预期财务报表使用者对财务信息的需求，决定适用的财务报告编制基础。

（二）就管理层的责任达成一致意见

按照审计准则的规定执行审计工作的前提是管理层已认可并理解其承担的责任。审计准则并不超越法律法规对这些责任的规定。然而，独立审计的理念要求注册会计师不对财务报表的编制或被审计单位的相关内部控制承担责任，并要求注册会计师合理预期能够获取审计所需要的信息（在管理层能够提供或获取的信息范围内）。因此，管理层认可并理解其责任，这一前提对执行独立审计工作是至关重要的。

三、审计业务约定书

审计业务约定书是指会计师事务所与被审计单位签订的，用以记录和确认审计业务的委托与受托关系、审计目标和范围、双方的责任以及报告的格式等事项的书面协议。会计师事务所承接任何审计业务，都应与被审计单位签订审计业务约定书。审计业务约定书的参考格式有两种，即合同式审计业务约定书和信函式审计业务约定书。由于信函式审计业务约定书在实务中用得极少，本书不做详细介绍。

（一）合同式审计业务约定书的基本内容

合同式审计业务约定书的具体内容和格式可能因被审计单位的不同而不同，但应当包括以下主要内容，见表1-12。

表1-12 合同式审计业务约定书的具体内容

序号	基本内容
（1）	财务报表审计的目标与范围
（2）	管理层的责任
（3）	注册会计师的责任
（4）	用于编制财务报表所适用的财务报告编制基础
（5）	提及注册会计师拟出具的审计报告的预期形式和内容，以及对在特定情况下出具的审计报告可能不同于预期形式和内容的说明

（二）合同式审计业务约定书的特殊考虑

1.考虑特定需要

如果情况需要，注册会计师还应当考虑在审计业务约定书中列明下列内容：

（1）详细说明审计工作的范围，包括提及适用的法律法规、审计准则，以及注册会计师协会发布的职业道德守则和其他公告；

（2）对审计业务结果的其他沟通形式；

（3）说明由于审计和内部控制的固有限制，即使审计工作按照审计准则的规定得到恰当的计划和执行，仍不可避免地存在某些重大错报未被发现的风险；

（4）计划和执行审计工作的安排，包括审计项目组的构成；

（5）管理层确认将提供书面声明；

（6）管理层同意向注册会计师及时提供财务报表草稿和其他所有附带信息，以使注册会计师能够按照预定的时间表完成审计工作；

（7）管理层同意告知注册会计师在审计报告日至财务报表报出日之间注意到的可能影响财务报表的事实；

（8）收费的计算基础和收费安排；

（9）管理层确认收到审计业务约定书并同意其中的条款；

（10）在某些方面对利用其他注册会计师和专家工作的安排；

（11）对审计涉及的内部审计人员和被审计单位其他员工工作的安排；

（12）在首次审计的情况下，与前任注册会计师（如存在）沟通的安排；

（13）说明对注册会计师责任可能存在的限制；

（14）注册会计师与被审计单位之间需要达成进一步协议的事项；

（15）向其他机构或人员提供审计工作底稿的义务。

2.考虑组成部分的审计

如果母公司的注册会计师同时也是组成部分注册会计师，需要考虑下列因素：

（1）组成部分注册会计师的委托人；

（2）是否对组成部分单独出具审计报告；

（3）与审计委托相关的法律法规的规定；

（4）母公司占组成部分的所有权份额；

（5）组成部分管理层相对于母公司的独立程度。

3.考虑连续审计

对于连续审计，注册会计师应当根据具体情况评估是否需要对审计业务约定条款作出修改，以及是否需要提醒被审计单位注意现有的条款。注册会计师可以决定不在每期都致送新的审计业务约定书或其他书面协议。然而，下列因素可能导致注册会计师修改审计业务约定条款或提醒被审计单位注意现有的业务约定条款。

（1）有迹象表明被审计单位误解审计目标和范围；

（2）需要修改约定条款或增加特别条款；

（3）被审计单位高级管理人员近期发生变动；

（4）被审计单位所有权发生重大变动；

（5）被审计单位业务的性质或规模发生重大变化；

（6）法律法规的规定发生变化；

（7）编制财务报表采用的财务报告编制基础发生变更；

（8）其他报告要求发生变化。

（三）合同式业务约定条款的变更

1.变更审计业务约定条款的要求

在完成审计业务前，如果被审计单位或委托人要求将审计业务变更为保证程度较低的业务，注册会计师应当确定是否存在合理理由予以变更。

下列原因可能导致被审计单位要求变更业务：

（1）环境变化对审计服务的需求产生影响；

（2）对原来要求的审计业务的性质存在误解；

（3）无论是管理层施加的还是其他情况引起的审计范围受到限制。

上述第（1）项和第（2）项通常被认为是变更业务的合理理由，但如果有迹象表明该变更要求与错误的、不完整的或者不能令人满意的信息有关，注册会计师不应认为该变更是合理的。

如果没有合理的理由，注册会计师不应同意变更业务。如果注册会计师不同意变更审计业务约定条款，而管理层又不允许继续执行原审计业务，注册会计师应当：（1）在适用的法律法规允许的情况下，解除审计业务约定；（2）确定是否有约定义务或其他义务向治理层、所有者或监管机构等报告该事项。

微课：审计业务约定书的概念、作用和内容

2.变更为审阅业务或相关服务业务的要求

在同意将审计业务变更为审阅业务或相关服务业务前，接受委托按照审计准则执行审计工作的注册会计师，除考虑上述提及的事项外，还需要评估变更业务对法律责任或业务约定的影响。

如果注册会计师认为将审计业务变更为审阅业务或相关服务业务具有合理理由，截至变更日已执行的审计工作可能与变更后的业务相关，相应地，注册会计师需要执行的工作和出具的报告会适用于变更后的业务。为避免引起报告使用者的误解，对相关服务业务出具的报告不应提及原审计业务和在原审计业务中已执行的程序。只有将审计业务变更为执行商定程序业务，注册会计师才可在报告中提及已执行的程序。

四、计划审计工作

计划审计工作包括针对审计业务制定总体审计策略和具体审计计划，以将审计风险降至可接受的低水平。审计计划分为总体审计策略和具体审计计划两个层次。

（一）总体审计策略

1.制定总体审计策略时考虑的事项

注册会计师应为审计工作制定总体审计策略。总体审计策略用以确定审计范围、时间安排和方向，并指导制订具体审计计划。在制定总体审计策略时，注册会计师应考虑审计范围、报告目标、时间安排及所需沟通和审计方向等主要事项，同时这些事项也会影响具体审计计划。

2.制定总体审计策略的步骤

（1）收集信息。主要工作：确定业务范围；报告要求、时间和沟通；审计项目组关注的重要因素；影响审计方法的重大变动。

（2）初步评估财务报表重大错报风险。财务报表层次的重大错报风险与影响被审计单位整体的广泛风险因素（例如，被审计单位的性质、管理层的诚信和胜任能力以及对控制的态度）相关。对财务报表层次的重大错报风险进行初步评估可以用来制定初步的总体审计策略。低水平的错报风险可以减少实施认定层次的实质性程序。

注册会计师可以根据以前期间的审计发现或本期实施风险评估程序的结果，进行初步的风险评估，并确定对总体应对措施的影响，见表1-13。

表1-13　评估的风险对总体应对措施的影响

评估的风险	对总体应对措施的影响
低水平	更多地信赖管理层声明和被审计单位内部产生的证据 使用内部控制测试和实质性程序的审计方法（综合性方案）的可能性更大 在中期执行更多的审计程序而非期末
高水平	向项目组强调在收集和评价证据过程中保持更高度的职业判断的必要性 考虑管理层采取的应对内部控制缺陷措施的有效性 向项目组分配更有经验的审计人员，考虑是否需要利用专家的工作 保证项目审计人员的连续性，尽可能全面地了解被审计单位 提供更多的督导 从实质性程序中获取更多的审计证据 对用作风险评估程序的分析程序或其他程序进行修改 增加审计程序的不可预见性，获取更广泛的审计证据 修改审计程序的性质、时间安排或范围 获取用于印证管理层声明的审计证据

（3）制定总体应对措施。根据获取的信息和初步评估的财务报表层次重大错报风险，制定执行业务的总体审计策略，包括确定审计范围、时间安排和方向。

（4）管理审计资源。主要工作：选择项目组成员；向具体审计领域调配的资源；向具体审计领域调配资源的数量（包括时间预算）；何时分配审计资源；对审计项目组的管理、指导、监督。

（二）具体审计计划

1.具体审计计划与总体审计策略的关系

视频：计划审计工作

（1）制定总体审计策略和具体审计计划的过程紧密联系，并且两者的内容也紧密相关。

（2）注册会计师应针对总体审计策略中所识别的不同事项，制订具体审计计划，并考虑通过有效利用审计资源以实现审计目标。

视频：总体审计策略和具体审计计划重难点解析

（3）虽然编制总体审计策略的过程通常在具体审计计划之前，但是两项计划活动并不是孤立、不连续的过程，而是内在紧密联系的，对其中一项的决定可能会影响甚至改变对另外一项的决定。

（4）在实务中，注册会计师将制定总体审计策略和具体审计计划相结合进行，也可以采用将总体审计策略和具体审计计划合并为一份审计计划文件的方式，以提高编制及复核工作的效率，增强其效果。

2.具体审计计划的内容

具体审计计划的内容见表1-14。

表1-14　具体审计计划的内容

内容	依据及要求
（1）计划风险评估程序	①第1211号准则规定，为了足够识别和评估财务报表层次的重大错报风险，注册会计师计划实施的风险评估程序的性质、时间安排和范围； ②兼顾其他准则中规定的、针对特定项目在审计计划阶段应执行的程序及记录要求
（2）计划实施的进一步审计程序	①第1231号准则规定，针对评估的认定层次的重大错报风险，注册会计师计划实施的进一步审计程序的性质、时间安排和范围； ②随着审计工作的推进，对审计程序的计划会一步步深入，并贯穿于整个审计过程； ③通常，注册会计师计划的进一步审计程序可以分为进一步审计程序的总体方案和拟实施的具体审计程序（包括进一步审计程序的具体性质、时间安排和范围）两个层次
（3）计划的其他审计程序	具体审计计划应包括根据准则的规定，注册会计师针对审计业务需要实施的其他审计程序。计划的其他审计程序可以包括上述进一步程序的计划中没有涵盖的、根据其他审计准则的要求注册会计师应执行的既定程序

五、“两个”环节的重要性

第1221号准则要求注册会计师需要在下列两个工作环节运用重要性概念：一是在计划审计工作时，确定风险评估程序的性质、时间安排和范围；识别和评估重大错报风险；确定进一步审计程序的性质、时间安排和范围。二是在执行审计工作时，评价识别出的错报对审计的影响；评价未更正错报对财务报表和审计意见的影响。

（一）重要性概念

财务报告编制基础通常从编制和列报财务报表的角度阐释重要性概念。财务报告编制基础可能以不同的术语解释重要性，但通常而言，重要性概念可从下列方面进行理解：

（1）如果合理预期错报（包括漏报）单独或汇总起来可能影响财务报表使用者依据财务报表作出的经济决策，则通常认为错报是重大的；

（2）对重要性的判断是根据具体环境作出的，并受错报的金额或性质的影响，或受两者共同作用的影响；

（3）判断某事项对财务报表使用者是否重大，是在考虑财务报表使用者整体共同的财务信息需求的基础上作出的。由于不同的财务报表使用者对财务信息的需求可能差异很大，因此不考虑错报对个别财务报表使用者可能产生的影响。

在计划和执行审计工作，评价识别出的错报对审计的影响，以及未更正错报对财务报表和审计意见的影响时，注册会计师需要运用重要性概念。

在计划审计工作时确定的重要性（即确定的某一金额），并不必然表明单独或汇总起来低于该金额的未更正错报一定被评价为不重大。即使某些错报低于重要性，与这些错报相关的具体情形可能使注册会计师将其评价为重大。

尽管设计审计程序以发现仅因其性质而可能被评价为重大的错报并不可行，但是注册会计师在评价未更正错报对财务报表的影响时，不仅要考虑错报金额的大小，还要考虑错报的性质以及错报发生的特定环境。

重要性概念的运用贯穿于整个审计过程。运用重要性的工作环节见表1-15。

表1-15 运用重要性的工作环节

工作		运用	注意事项
环节1：计划审计工作时	（1）确定风险评估程序的性质、时间安排和范围； （2）识别和评估重大错报风险； （3）确定进一步审计程序的性质、时间安排和范围	（1）在制定总体审计策略时，注册会计师应当确定财务报表整体的重要性； （2）根据被审计单位的特定情况，如果存在一个或多个特定类别的交易、账户余额、列报，其发生的错报金额虽然低于财务报表整体的重要性，但合理预期可能影响财务报表使用者依据财务报表作出的经济决策，注册会计师还应当确定适用于这些交易、账户余额、列报的一个或多个重要性水平	在计划审计工作时确定的重要性（即确定的某一金额），并不必然表明单独或汇总起来低于该金额的未更正错报一定被评价为不重大。即使某些错报低于重要性，与这些错报相关的环境可能使注册会计师将其评价为重大
环节2：执行审计工作时	（1）评价识别出的错报对审计的影响； （2）评价未更正错报对财务报表和审计意见的影响	（1）注册会计师应当确定实际执行的重要性，以评估重大错报风险并确定进一步审计程序的性质、时间安排和范围； （2）实际执行的重要性通常为财务报表整体重要性的50%～75%，某些特殊情况下扣减百分比可小于25%； （3）满足上述实际执行的重要性的设定接近财务报表整体重要性75%的两个标准； （4）被审计单位财务报表整体错报风险较低，如仅有个别重要科目且经营地点单一	（1）尽管设计审计程序以发现仅因其性质而可能被评价为重大的错报并不可行，但是注册会计师在评价未更正错报对财务报表的影响时，不仅要考虑错报金额的大小，还要考虑错报的性质以及错报发生的特定环境； （2）注册会计师确定的低于财务报表整体的重要性的一个或多个金额，旨在将未更正和未发现错报的汇总数超过财务报表整体的重要性的可能性降至适当的低水平
环节3：完成审计工作时	评价已识别错报对财务报表及审计报告中审计意见的影响	略	略

（二）重要性水平的确定

注册会计师应运用职业判断确定重要性。在计划审计工作时，注册会计师应确定一个可接受的重要性水平，以发现在金额上重大的错报。注册会计师应考虑较小金额错报的累计结果可能对财务报表产生重大影响。

注册会计师在确定计划的重要性水平时，需要考虑的主要因素见表1–16。

表1–16　　确定计划的重要性水平需要考虑的主要因素

因素	内容
（1）对被审计单位及其环境的了解	被审计单位的行业状况、法律环境与监管环境等其他外部因素，以及被审计单位业务的性质，对会计政策的选择和应用，被审计单位的目标、战略及相关的经营风险，被审计单位的内部控制等因素，都将影响注册会计师对重要性水平的判断
（2）审计目标，包括特定报告要求	信息使用者的要求等因素影响注册会计师对重要性水平的确定
（3）财务报表各项目的性质及相互关系	财务报表使用者对不同的报表项目的关心程度不同。一般而言，如果认为流动性较高的项目出现较小金额的错报就会影响报表使用者的决策，注册会计师应对此从严制定重要性水平
（4）财务报表项目的金额及波动幅度	财务报表项目的金额及波动幅度可能促使财务报表使用者作出不同的反应

总之，只要影响预期财务报表使用者决策的因素，都可能对重要性水平产生影响。注册会计师应在计划阶段充分考虑这些因素，并采用合理的方法，确定重要性水平。

1.从性质方面考虑重要性

金额不重要的错报从性质上看有可能是重要的。注册会计师在判断错报的性质是否重要时应该考虑的因素见表1–17。

表1–17　　从性质方面考虑重要性

错报的性质	情形
（1）对财务报表使用者需求的感知	他们对财务报表哪一方面感兴趣
（2）获利能力趋势	略
（3）因没有遵守贷款契约、合同约定、法规条款和法定的或常规的报告要求而产生错报的影响	
（4）计算管理层报酬（资金等）的依据	
（5）由于错误或舞弊而使一些账户项目对损失的敏感性	
（6）重大或有负债	
（7）通过一个账户处理大量的、复杂的和相同性质的个别交易	
（8）关联方交易	
（9）可能的违法行为、违约和利益冲突	
（10）财务报表项目的重要性、性质、复杂性和组成	
（11）可能包括了高度主观性的估计、分配或不确定性	
（12）管理层的偏见	管理层是否有动机将收益最大化或者最小化
（13）管理层一直不愿意纠正已报告的与财务报告相关的内部控制的缺陷	略
（14）与账户相关联的核算与报告的复杂性	
（15）自前一个会计期间以来账户特征发生的改变	新的复杂性、主观性或交易的种类
（16）个别极其重大但不同的错报抵销产生的影响	略

2.从数量方面考虑重要性

注册会计师应考虑两个层次的重要性：

（1）财务报表整体的重要性（财务报表层次）。如果一项错报单独或连同其他错报可能影响财务报表使用者依据财务报表作出的经济决策，则该项错报是重大的。

（2）特定类别的交易、账户余额、列报的一个或多个重要性水平（认定层次）。根据被审计单位的特定情况，如果存在一个或多个特定类别的交易、一个或多个账户余额或披露，其发生的错报金额虽然低于财务报表整体的重要性，但合理预期可能影响财务报表使用者依据财务报表作出的经济决策，注册会计师还应当确定适用于这些交易、账户余额、列报的一个或多个重要性水平。它们之间的关系是：

$$\sum \text{认定层次的重要性水平} = \text{财务报表层次重要性水平}$$

前已提及，注册会计师应从数量和性质两个方面考虑重要性。重要性水平是针对错报的金额大小而言的。重要性水平是一个经验值，注册会计师只能通过职业判断确定重要性水平。

在实务中，有许多汇总性财务数据可以用作确定财务报表层次重要性水平的基准，见表1-18。

表1-18　汇总性财务数据用作确定财务报表层次重要性水平的基准

被审计单位	恰当的基准
以营利为目的的实体	经常性业务的税前利润/亏损
非营利性组织(如学校、慈善机构、研发中心等)	费用总额、营业收入或资产总额
经常性业务的税前利润/亏损波动较大的实体或以前年度营利而本年度亏损的实体	将异常项目或非经常性项目加回或使用近几年平均税前利润/亏损(通常3至5年)，或使用其他更为恰当的基准
新设立实体运营初期	所有者权益总额、费用总额或资产总额
由于支付所有者薪酬导致的税前盈利	扣除薪酬与税金之前的利润(或考虑使用其他基准)
以资产为主的实体(如基金)	净资产

在确定恰当的基准后，注册会计师通常运用职业判断合理选择百分比，据以确定重要性水平。表1-19是一些经验参考数值的举例。

表1-19　经验参考数值的举例

被审计单位	经验百分比
以营利为目的的实体	通常不超过税前利润的5%
非营利性组织	通常不超过费用总额或营业收入的1%或不超过资产总额的0.5%
基金	通常不超过净资产的0.5%
以资产总额为基准的实体	通常不超过资产总额的1%

注册会计师在执行具体审计业务时，可能认为采用比上述百分比更高或更低的比例是适当的：

（1）对于大型企业或集团，经验百分比可适当降低。

（2）特殊情况下，经验百分比可适当提高。

（3）可以使用调整后的税前利润作为基准（如EBITA，即扣除利息、税金、折旧和摊销后的利润）。

（4）如以亏损额作为基准，通常适用的经验百分比可能不适合，应考虑报表使用者所关注的内容以及相关的风险，如持续经营风险、与银行或其他债权人签署的贷款条款的影响；在此情况下可能更适宜使用更小的经验百分比。

视频：重要性的运用

在审计过程中，注册会计师应从数量方面考虑财务报表层次和各类交易、账户余额、列报认定层次的重要性水平，见表1-20。

表1-20　财务报表层次和认定层次重要性水平的确定

重要性水平的确定	财务报表层次（财务报表整体的重要性）	认定层次（可容忍错报）
确定时间	制定总体审计策略时	制定总体审计策略时
确定方法	基准×经验百分比	①以注册会计师对财务报表层次重要性水平的初步评估为基础； ②可容忍错报是在不导致财务报表存在重大错报的情况下，注册会计师对各类交易、账户余额、列报确定的可接受的最大错报
选择适当的基准应考虑的因素	①财务报表的要素、适用的会计准则和相关会计制度所定义的财务报表指标，以及适用的会计准则和相关会计制度提出的其他具体要求； ②对某被审计单位而言，是否存在财务报表使用者特别关注的报表项目； ③被审计单位的性质及所在行业； ④被审计单位的规模、所有权性质以及融资方式； ⑤基准的相对不稳定性	①各类交易、账户余额、列报的性质及错报的可能性； ②各类交易、账户余额、列报的重要性水平与财务报表层次重要性水平的关系
通常考虑	①以前期间的经营成果和财务状况； ②本期的经营成果和财务状况； ③本期的预算和预测结果； ④被审计单位情况的重大变化； ⑤宏观经济环境和所处行业环境发生的相关变化	由于为各类交易、账户余额、列报确定的重要性水平，即可容忍错报对审计证据数量有直接的影响，因此，注册会计师应当合理确定可容忍错报
不需考虑	与具体项目计量相关的固有不确定性	
额外考虑特定项目		下列因素可能表明存在一个或多个特定类别的交易、账户余额或列报，其发生的错报金额虽然低于财务报表整体的重要性，但合理预期将影响财务报表使用者依据财务报表作出的经济决策： ①法律法规或适用的财务报告编制基础是否影响财务报表使用者对特定项目计量或披露的预期（如关联方交易、管理层和治理层的报酬）； ②与被审计单位所处行业相关的关键性披露（如制药公司的研究与开发成本）； ③财务报表使用者是否特别关注财务报表中单独披露的业务的特定方面（如新收购的业务）

案例分析

在本案例中，宝信会计师事务所犯了下列几个错误：

（1）审计前没有与客户妥善会谈，以致客户不了解审计的意义、目的及范围。这是造成客户不同意注册会计师进行询证或监督盘点的原因。

（2）没有与客户签订业务委托书，没有与客户商定审计收费，与客户联系不足。在客户账未结平之前，就贸然前去审计，实属不妥。

（3）没有制订审计计划，又没有助理人员进行必要的监督。如没有获得合伙人同意，就帮助客户整理账本，实属多余。

（4）扣留客户账册来作为要求客户付款的条件，有失职业道德。搞不好，很可能被客户起诉侵权。应立即归还客户账本，如果整理工作时间不长，可以放弃审计收费。如果审计收费金额巨大，可以通过正常的法律渠道予以申诉，通过合法程序来维护自身利益。

知识拓展

重要性、审计风险、审计证据三者之间的关系

注册会计师应考虑重要性与审计风险之间的关系，因为审计风险的高低往往取决于对重要性的判断。如果注册会计师确定的重要性水平较低，审计风险（估计）就会增加，所以，注册会计师必须通过执行有关审计程序来降低审计风险（实际）。

举两个极端的例子，见表1–21。

表1–21　两个极端的例子

重要性水平	审计证据	审计风险（估计）	对审计程序的影响（实际审计风险）
∞（无穷大）	0	0	后怕（效果）
0（无差错）	∞	∞	后悔（效率）

注册会计师应保持应有的职业谨慎，合理确定重要性水平。

值得注意的是，注册会计师不能通过不合理地人为调高重要性水平，降低审计风险。因为重要性是依据重要性概念中所述的判断标准确定的，而不是由主观期望的审计风险水平决定的。合理确定重要性水平见表1–22。

表1–22　合理确定重要性水平

重要性水平	实际执行的审计程序	证据	对审计程序的影响
过低（应为1万元，实定0.1万元）	扩大审计程序的范围，追加审计程序	过多	（后悔）浪费审计时间和人力
过高（应为0.1万元，实定1万元）	审计程序少、审计范围小	过少	（后怕）得出错误的审计结论

所以，注册会计师应保持应有的职业谨慎，合理确定重要性水平，不得偏高或偏低。

审计风险与审计证据之间呈反向变动关系，如图1–9所示。

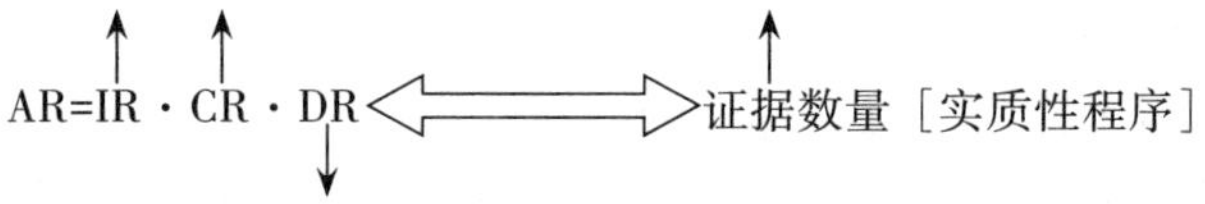

图1–9　审计风险与审计证据之间呈反向变动关系

重要性与审计证据之间呈反向变动关系；重要性与审计风险之间呈反向变动关系；重要性是注册会计师能容忍的最大误差。如果重要性水平定得较低（指金额的大小），表明审计对象重要，注册会计师在审计过程中就必须执行较多的测试，获取较多的证据。可见，重要性与审计证据之间呈反向变动关系。

审计风险和重要性呈反向变动关系，重要性数额定得越小，注册会计师检查不出报表中重要错报的可能性就越大，审计风险就越大。此时，注册会计师应采取有关措施降低审计风险至可接受的低水平。但值得注意的是，注册会计师不能为了使审计风险达到可接受的低水平，便将重要性水平定得很高，因为审计风险不是决定重要性水平的真正因素。重要性水平的确定，从本质上看，与错报或漏报是否会影响财务报表使用者的判断或决策密切相关。有关审计风险和重要性的解释关系可看前面两个极端的例子。

同步训练

一、单项选择题（每题只有一个正确答案，请将正确答案填在括号内）

1.审计计划通常由审计项目负责人在（　　）之前起草。

A.签订业务约定书　　B.外勤审计工作

C.了解被审计单位　　D.接受客户委托

2.下列各项属于编制审计计划人员的是（　　）。

A.主任会计师　　B.会计师事务所所长

C.审计项目负责人　　D.会计师事务所业务负责人

3.编制完成的审计计划，应当经会计师事务所的（　　）审核和批准。

A.部门经理　　B.所长

C.审计项目负责人　　D.业务负责人

4.下列各项属于具体计划审核内容的是（　　）。

A.审计小组成员的选派和分工是否恰当

B.审计程序能否达到审计目标

C.对重要性的确定是否恰当

D.对审计风险的评估是否恰当

5.关于特定类别交易、账户余额、列报的重要性水平，下列说法错误的是（　　）。

A.只有在适用的情况下，才需确定特定类别交易、账户余额、列报的重要性水平

B.确定特定类别交易、账户余额、列报的重要性水平时，可将与被审计单位所处行业相关的关键性披露作为一项考虑因素

C.特定类别交易、账户余额、列报的重要性水平应低于财务报表整体的重要性
D.不需要确定特定类别交易、账户余额、列报的实际执行的重要性

6.下列关于错报的说法错误的是（　　）。
A.明显微小的错报不需要积累
B.错报可能是由于错误或舞弊导致的
C.错报仅指某一财务报表项目金额与按照企业会计准则应当列示的金额之间的差异
D.判断错报是指由于管理层对会计估计作出不合理的判断或不恰当地选择和运用会计政策而导致的差异

7.在本期审计业务开始时，注册会计师应当开展的初步业务活动是（　　）。
A.就审计范围与被审计单位管理层沟通
B.获取被审计单位管理层声明
C.就审计责任与被审计单位治理层沟通
D.评价项目组成员的独立性

8.在制定总体审计策略的初始阶段，注册会计师应当做的工作是（　　）。
A.识别可能防止、发现并纠正舞弊的特定内部控制活动
B.评价被审计单位会计估计的合理性
C.与被审计单位管理层讨论实施审计程序的时间安排
D.向律师询问是否存在尚未披露的诉讼

9.在制订具体审计计划时，注册会计师应当考虑的内容是（　　）。
A.计划实施的风险评估程序的性质、时间安排和范围
B.计划与管理层和治理层沟通的日期
C.计划向高风险领域分派的项目组成员
D.计划召开项目组会议的时间

10.下列关于重要性的说法错误的是（　　）。
A.注册会计师应当从定量和定性两方面考虑重要性
B.注册会计师应当在制订具体审计计划时确定财务报表整体的重要性
C.注册会计师应当在每个审计项目中确定财务报表的重要性、实际执行的重要性和明显微小错报的临界值
D.注册会计师在确定实际执行的重要性时需要考虑重大错报风险

二、多项选择题（每题有两个或两个以上正确答案，请将正确答案填在括号内）

1.审计人员编制审计计划的内容包括（　　）。
A.总体审计计划　　B.审计对象
C.审计作用　　D.具体审计计划

2.具体审计计划应当包括（　　）。
A.审计目标　　B.审计对象
C.审计步骤　　D.审计工作底稿的索引号

3.审计人员在编制审计计划时，可查阅上一年度的审计工作底稿，查阅的内容主要包括（　　）。
A.审计意见类型　　B.审计差异调整汇总表

C.审计总结　　　　　　　　　　　D.重要审计调整事项

4.下列关于重要性的说法正确的有（　　）。

A.对重要性的判断不能从注册会计师自身的角度来考虑

B.对重要性的判断应从注册会计师的角度来考虑

C.重要性是注册会计师运用职业判断得来的

D.不同环境下对重要性的判断可能是不同的

5.下列关于重要性水平的说法正确的有（　　）。

A.重要性包括对数量和性质两个方面的考虑，两者必须同时满足重要的前提，该项错报才视为重要

B.对重要性的评估需要运用注册会计师的职业判断，但是如果被审计单位连续两年接受会计师事务所的审计，则注册会计师确定的重要性水平一定是相同的

C.重要性在计划审计工作和评价错报影响时都要运用

D.重要性水平是以财务报表使用者决策时对信息的需求为基础确定的

三、判断题

1.审计计划制订后，审计人员不得对审计计划进行修订和补充。（　　）

2.对任何一个审计项目，任何一家会计师事务所而言，不论其业务繁简，不论其规模大小，审计人员都应制订审计计划（　　）

3.审计人员可以同审计单位有关人员就审计计划进行讨论和协调，共同编制审计计划。（　　）

4.一般而言，"总体合理性"测试的目的在于帮助审计人员核实账户余额中具体的重要错报。（　　）

5.分析性复核在审计计划阶段可帮助审计人员计划其他审计程序的性质、时间安排及范围。（　　）

四、案例题

广州自然美化妆品有限公司（以下简称自然美公司）成立于2000年，自进入化妆品市场以来，从单一产品发展到多品牌、全方位、多元化的产品定位。天正华会计师事务所承接了自然美公司2017年度财务报表审计业务，在审计过程中作出下列论断：

（1）制订完成审计计划后，应按照计划执行审计程序，不能改变计划；

（2）重要性取决于在具体环境下对错报金额和性质的判断；

（3）在重要性水平之下的小额错报，无须关注；

（4）财务报表项目的金额及波动幅度可能促使财务报表使用者作出不同的反应，基于谨慎性，注册会计师应按最近几年的最低金额确定重要性；

（5）如果评估结果的重要性水平在数量上小于初步评估的重要性水平，则说明以前所执行的审计工作是充分的。

要求：根据上述资料，请代为判断以上观点是否正确。如不正确，请简要说明理由。

任务六 搜集审计证据

案例导入

对会计师事务所的处罚

2016年1月26日，中国注册会计师协会（以下简称中注协）通告了2015年证券期货业务资格会计师事务所的执业质量检查和处理情况。根据检查发现的问题及专家论证结果，中注协惩戒委员会分别对瑞华会计师事务所（以下简称瑞华所）2名注册会计师、山东和信会计师事务所（以下简称和信所）2名注册会计师给予惩戒，并将向受到惩戒的注册会计师所在的2家事务所发出整改通知书，责成限期整改并提交整改报告，同时向其他6家事务所发出改进建议书。

据悉，瑞华所注册会计师张大志、李雪英在执行某上市公司2014年度财务报表审计项目的过程中，存在以下问题：对超出被审计单位正常经营活动的重大交易、营业外收入、固定资产减值、存货减值测试等重要领域实施的审计程序不到位，未获取充分、适当的审计证据。中注协惩戒委员会依据《中国注册会计师协会会员执业违规行为惩戒办法》，给予张大志、李雪英通报批评的处罚。

和信所注册会计师刘守堂、张中峰在执行某上市公司2014年度财务报表审计项目的过程中，存在以下问题：实施的存货监盘、关联方交易公允性、其他应付款等审计程序不到位，同时，未对影响被审计单位销售收入确认的重要事项予以关注并实施相应的审计程序，未获取充分、适当的审计证据。中注协惩戒委员会依据《中国注册会计师协会会员执业违规行为惩戒办法》，给予刘守堂、张中峰通报批评的处罚。

资料来源：国炜. 对会计师事务所的处罚［N］. 财会信报，2016-08-23.

知识准备

一、审计证据

（一）概述

1.含义

审计证据是指注册会计师为了得出审计结论、形成审计意见而使用的所有信息，包括财务报表依据的会计记录中含有的信息和其他信息。审计证据如图1-10所示。

2.会计记录与审计证据的关系

（1）依据会计记录编制财务报表是被审计单位管理层的责任，注册会计师应测试会计记录以获取证据。

（2）会计记录是编制财务报表的基础，构成注册会计师执行财务报表审计业务所需获

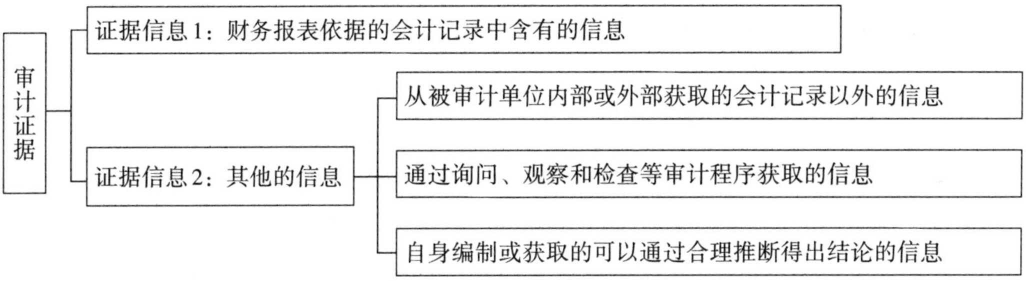

图1-10　审计证据

取的证据的重要部分。会计记录中含有的信息本身并不足以提供充分的证据作为对财务报表发表审计意见的基础，注册会计师还应获取用作证据的其他的信息。

（3）可用作证据的其他的信息，包括注册会计师从被审计单位内部或外部获取的会计记录以外的信息。

（4）会计记录中包含的信息和其他的信息共同构成了证据。财务报表依据的会计记录中包含的信息和其他的信息共同构成了证据，两者缺一不可。如果没有前者，审计工作将无法进行；如果没有后者，可能无法识别重大错报风险。只有将两者结合在一起，才能将审计风险降至可接受的低水平，为注册会计师发表审计意见提供合理基础。

3.对注册会计师获取审计证据的总体要求

收集和评价审计证据是注册会计师得出审计结论、支撑审计意见的基础。注册会计师应获取充分、适当的证据，以得出合理的审计结论，作为形成审计意见的基础。

（二）审计证据的充分性和适当性

注册会计师应保持职业怀疑态度，运用职业判断，评价审计证据的充分性和适当性。

1.充分性

（1）含义。审计证据的充分性是对证据数量的衡量，主要与注册会计师确定的样本量有关。

（2）充分性的影响因素。注册会计师需要获取的证据的数量受错报风险的影响。注册会计师需要获取的审计证据的数量受其对重大错报风险评估的影响（评估的重大错报风险越高，需要的审计证据可能越多），并受审计证据质量的影响（审计证据质量越高，需要的审计证据可能越少）。然而，注册会计师仅靠获取更多的审计证据可能无法弥补其质量上的缺陷。

①错报风险越大，需要的证据可能越多。

②在可接受的审计风险水平一定的情况下，重大错报风险越大，注册会计师就应实施越多的测试工作，将检查风险降至可接受的低水平，以将审计风险控制在可接受的低水平范围内。

2.适当性

（1）含义。审计证据的适当性是对证据质量的衡量，即证据在支持各类交易、账户余额、列报的相关认定，或发现其中存在错报方面具有相关性和可靠性。相关性和可靠性是审计证据适当性的核心内容，只有相关且可靠的审计证据才是高质量的。

视频：审计证据串讲

（2）相关性和可靠性的比较见表1-23。

表1-23　　相关性和可靠性的比较

项目	相关性	可靠性
概念	证据要有证明力，必须与注册会计师的审计目标相关	证据的可信程度。受其来源和性质的影响，并取决于获取证据的具体环境
考虑因素	①特定的审计程序可能只为某些认定提供相关的证据，而与其他认定无关； ②针对同一项认定可以从不同来源获取证据或获取不同性质的证据； ③只与特定认定相关的证据并不能替代与其他认定相关的证据	①从外部独立来源获取的证据比从其他来源获取的更可靠； ②内部控制有效时的证据更可靠； ③直接获取的证据比间接获取或推论得出的更可靠； ④以文件、记录形式存在的证据比口头形式的更可靠； ⑤从原件获取的证据比从传真件或复印件获取的更可靠
例外情况		①如果该证据是由不知情者或不具备资格者提供，证据也可能是不可靠的； ②如果注册会计师不具备评价证据的专业能力，那么即使是直接获取的证据，也可能不可靠
充分性和适当性的关系	①充分性和适当性是证据的两个重要特征，两者缺一不可，只有充分且适当的证据才是有证明力的； ②需要获取的证据的数量也受证据质量的影响； ③证据质量越高，需要的证据数量可能越少； ④证据的适当性会影响证据的充分性； ⑤如果证据的质量存在缺陷，那么注册会计师仅靠获取更多的证据可能无法弥补其质量上的缺陷	
评价充分性和适当性时的特殊考虑	①对文件记录可靠性的考虑； ②使用被审计单位生成信息时的考虑； ③证据相互矛盾时的考虑； ④获取证据时对成本的考虑	

二、审计程序

审计程序是指注册会计师在审计过程中的某个时间，对将要获取的某类审计证据如何进行收集的详细指令。注册会计师应当根据具体情况设计和实施恰当的审计程序，以获取充分、适当的审计证据。一般来说，可将注册会计师为获取充分、适当的证据而实施的审计程序分为：（1）风险评估程序；（2）控制测试（必要时或决定测试时）；（3）实质性程序。三种审计程序及其关系见表1-24。

表1-24　　风险评估程序、控制测试、实质性程序及三者之间的关系

分类	要求	目的	注意事项
(1) 风险评估程序	注册会计师应实施风险评估程序，以此作为评估财务报表层次和认定层次重大错报风险的基础	①为确定重要性水平、识别需要特别考虑的领域、设计和实施进一步审计程序等工作提供了重要基础； ②有助于合理分配审计资源，获取充分、适当的证据	①并不能识别出所有的重大错报风险，虽然它可作为评估财务报表层次和认定层次重大错报风险的基础，但并不能为发表审计意见提供充分、适当的证据； ②为了获取充分、适当的证据，注册会计师还需要实施进一步审计程序，包括实施控制测试和实质性程序； ③是每次财务报表审计都应实施的必要程序
(2) 控制测试	当存在下列情形之一时，控制测试是必要的： ①在评估认定层次重大错报风险时，预期控制的运行是有效的，注册会计师应实施控制测试以支持评估结果； ②仅实施实质性程序不足以提供有关认定层次的充分、适当的证据时，注册会计师应实施控制测试，以获取内部控制运行有效性的证据	①测试内部控制在防止、发现并纠正认定层次重大错报方面的运行有效性； ②在①的基础上，支持或修正重大错报风险的评估结果，据以确定实质性程序的性质、时间安排和范围	不是必要程序（必要时或决定测试时）
(3) 实质性程序	①注册会计师应计划和实施实质性程序，以应对评估的重大错报风险； ②实质性程序包括对各类交易、账户余额、列报的细节测试以及实质性分析程序	注册会计师应执行实质性程序，以获取充分、适当的证据	每次财务报表审计都应实施的必要程序
三者关系	对重大错报风险的评估是一种判断，可能无法充分识别所有的重大错报风险（风险评估程序），并且由于内部控制存在固有局限性，无论对重大错报风险的评估结果如何（控制测试），注册会计师都应针对所有重大的各类交易、账户余额、列报实施实质性程序		

在实施风险评估程序、控制测试或实质性程序时，注册会计师可根据需要单独或综合运用以下7种具体审计程序，以获取充分、适当的证据，具体内容见表1-25。

视频：进一步审计程序习题讲解

表1-25　　7种具体审计程序种类

种类	含义	认定
1.检查	对被审计单位内部或外部生成的，以纸质、电子或其他介质形式存在的记录或文件进行审查，或对资产进行实物审查	对财务报表所包含或应包含的信息验证正确性认定；但不一定能够为权利和义务或计价认定提供可靠的证据
2.观察	察看相关人员正在从事的活动或执行的程序	存在、完整性、计价、截止；仅限于观察发生的时点，有必要获取其他类型的佐证证据
3.询问	以书面或口头方式，向被审计单位内部或外部的知情人员获取财务信息和非财务信息，并对答复进行评价的过程	为注册会计师提供尚未获悉的信息或佐证证据，也可能提供与已获悉信息存在重大差异的信息；本身不足以发现认定层次存在的重大错报，也不足以测试内部控制运行的有效性，还应实施其他审计程序以获取充分、适当的证据
4.函证	是指注册会计师直接从第三方（被询证者）获取书面答复作为审计证据的过程，书面答复可以采用纸质、电子或其他介质等形式	获取的证据可靠性较高；所有认定
5.重新计算	以人工方式或使用计算机辅助审计技术，对记录或文件中的数据计算的准确性进行核对	准确性
6.重新执行	以人工方式或使用计算机辅助审计技术，重新独立执行作为被审计单位内部控制组成部分的程序或控制	存在、完整性、计价
7.分析程序	通过研究不同财务数据之间以及财务数据与非财务数据之间的内在关系，对财务信息作出评价，还包括调查识别出的、与其他相关信息不一致或与预期数据严重偏离的波动和关系	准确性

案例分析

注册会计师应当根据具体情况设计和实施恰当的审计程序，以获取充分、适当的审计证据。一般来说，可将注册会计师为获取充分、适当的证据而实施的审计程序分为：（1）风险评估程序；（2）控制测试（必要时或决定测试时）；（3）实质性程序。在实施风险评估程序、控制测试或实质性程序时，注册会计师可根据需要单独或综合运用检查、观察、询问、函证、重新计算、重新执行、分析程序等7种具体审计程序。比如，存货审计，尤其是对年末存货余额的测试，通常是审计中最复杂也最费时的部分。对存货存在目标和存货价值的评估常常十分困难。正是由于存货对于企业的重要性、存货间题的复杂性以及存货与其他项目密切的关联度要求注册会计师对存货项目的审计应当予以特别的关注。相应地，要求实施存货项目审计的注册会计师具备较高的专业素质和相关业务知识，分配较多的审计工时，运用多种有针对性的审计程序。存货项目易导致重大错报风险的情况主要有：

（1）存货项目的数量和种类多，原材料和物资供应、在产品、完工产品，特别是长期的制造过程；

（2）制造交易数量一般都很大；

（3）存货项目成本计算的难度；

（4）易移动、运输或很值钱的存货；

（5）遭窃难易度；

（6）受市价影响的商品存货；

（7）固定价格存货；

（8）易过时（服装、高科技产品）、变质（鲜活、易腐蚀商品）；

（9）特殊存货（化学制品、自然资源、农产品、生物制品等）。

与此相对应，存货审计实务中存在的问题主要有：

（1）重实质性程序，轻内部控制研评与风险评估；

（2）重交易余额细节测试，轻分析程序，抓不住审计线索与重点；

（3）重简单的书面资料检查、轻监盘，审计目的性不强；

（4）重数量、轻质量（状况）；

（5）重计价，轻存在、完整性及所有权；

（6）重高估、轻低估（少计存货及债务，多计收入及存货）；

（7）重期末，轻期初、期中；

（8）重形式，轻实质（拿单位盘点表充数）。

通常来说，根据重大错报风险评估结果设计进一步审计程序，见表1–26。

表1–26 根据重大错报风险评估结果设计进一步审计程序

重大错报风险描述	相关财务报表项目及认定	风险程度	是否信赖控制	拟从控制测试中获取的保证程度	拟从实质性程序中获取的保证程度
存货实物可能不存在	存货：存在	特别	是	中	高
存货的单位成本可能存在计算错误	存货：计价和分摊 营业成本：准确性	一般	是	中	低
已销售产品的成本可能没有准确结转至营业成本	存货：计价和分摊 营业成本：准确性	一般	是	中	低
存货的账面价值可能无法实现	存货：计价和分摊	特别	否	无	高

如果存货对财务报表是重要的，注册会计师应当实施下列审计程序，对存货的存在和状况获取充分、适当的审计证据：

（1）在存货盘点现场实施监盘（除非不可行）；

（2）对期末存货记录实施审计程序，以确定其是否准确反映实际的存货盘点结果。

知识拓展

存货监盘

存货监盘是指注册会计师在现场观察被审计单位存货的盘点，并对已盘点存货进行适当检查。存货监盘的含义可从以下几方面理解：

（1）存货监盘是一项复合程序。

（2）存货监盘的目的是获取有关存货数量和状况的审计证据。存货监盘针对的主要是存货的存在认定、完整性认定以及权利和义务认定，存货数量的准确性直接影响到这三项认定。通过存货监盘，注册会计师还会获取到有关存货状况（例如毁损、陈旧等）的审计证据，从而为测试计价认定提供部分审计证据。需要指出的是，注册会计师在测试存货的所有权认定和完整性认定时，可能还需要实施其他审计程序。

（3）存货监盘可以理解为一种双重目的的测试。被审计单位的存货盘点可以理解为一项控制活动。相应地，注册会计师的存货监盘可以理解为一项控制测试，即注册会计师通过观察和检查，确定被审计单位的存货盘点控制能否合理确定存货的数量和状况。

存货监盘也可以理解为一种双重目的的测试。除上述的控制测试功能外，在存货监盘过程中，注册会计师通过检查存货的数量和状况，能够提供存货账面金额是否存在错报的直接审计证据。

在存货监盘过程中，注册会计师的测试目的可能有所侧重。如果注册会计师认为被审计单位的存货盘点能够合理确定存货的数量和状况，存货监盘从性质上讲更多为控制测试。否则，存货监盘从性质上讲则更多为实质性程序。但是无论存货监盘服务于何种目的的测试，在监盘过程中，注册会计师都需要运用检查程序。

同步训练

一、单项选择题（每题只有一个正确答案，请将正确答案填在括号内）

1.注册会计师在对财务报表进行审计时，检查了被审计单位销售发票副本上有关人员的签字，这一程序所属的测试类型是（　　）。

A.控制测试　　B.实质性程序　　C.了解内部控制　　D.双重目的的测试

2.下列有关审计证据的表述不正确的是（　　）。

A.被审计单位财务报表的重大错报风险越高，对审计证据的要求也越高

B.注册会计师在获取审计证据时，必须要考虑获取审计证据的成本

C.如果注册会计师从不同来源获取的不同审计证据相互矛盾，注册会计师应当追加必要的审计程序

D.注册会计师获取的审计证据质量越高，需要的审计证据的数量可能越少

3.下列关于审计证据可靠性的说法正确的是（　　）。

A.直接获取的审计证据比推论得出的证据更可靠

B.口头形式的证据比电子证据更可靠

C.非统计抽样得出的结论比统计抽样得出的结论更可靠

D.实质性分析程序获取的证据比细节测试获取的证据更可靠

4.充分性和适当性是审计证据的两个重要特征，下列关于审计证据的充分性和适当性表述不正确的是（　　）。

A.充分性和适当性两者缺一不可，只有充分且适当的审计证据才是有证明力的

B.审计证据质量越高，需要的审计证据数量可能越少

C.如果审计证据的质量存在缺陷，仅靠获取更多的审计证据可能无法弥补其质量上的缺陷

D.如果审计证据的质量存在缺陷，注册会计师必须收集更多数量的审计证据，否则无法形成审计意见

5.A注册会计师的下列做法正确的是（　　）。

A.设计相关可靠的审计程序，以消除财务报表中存在重大错报的风险

B.在应对认定层次重大错报风险时，优先考虑合理确定审计程序的范围

C.如果将特定重大账户重大错报的风险评估为低水平，且控制测试支持这一评估结果，则不实施实质性程序

D.不因获取审计证据的困难和成本减少不可替代的审计程序

二、多项选择题（每题有两个或两个以上正确答案，请将正确答案填在括号内）

1.下列各项对审计证据充分性和适当性之间的关系表述正确的有（　　）。

A.审计证据的相关性越强，所需审计证据的数量可以减少

B.审计证据的充分性较高，就可以相对降低审计证据的质量

C.通常审计证据的可靠程度较低时，就需要更多的审计证据

D.审计证据的质量越高，可以适当减少审计证据的数量

2.在对短期借款实施相关审计程序后，需对所取得的审计证据进行评价。下列关于短期借款审计证据可靠性的论述正确的有（　　）。

A.从第三方获取的有关短期借款的证据比直接从甲公司获得的相关证据更可靠

B.短期借款的重大错报风险为低水平时产生的会计数据比重大错报风险为高水平时产生的会计数据更可靠

C.短期借款的重大错报风险为高水平时产生的会计数据比重大错报风险为低水平时产生的会计数据更可靠

D.甲公司提供的短期借款合同尽管有借贷双方的签章，但如果没有其他证据佐证，也不可靠

3.下列关于审计证据的表述不正确的有（　　）。

A.注册会计师获取审计证据时，不论是重要的审计项目，还是一般的审计项目，均应考虑成本效益原则

B.审计证据的适当性是指审计证据的相关性和可靠性，相关性是指证据应与审计范围相关

C.从外部独立来源获取的审计证据一定比从其他来源获取的审计证据更可靠

D.注册会计师在考虑审计证据的相关性时，应当考虑的一个方面就是直接获取的审计证据比间接获取或推论得出的审计证据更可靠

4.下列各项中，注册会计师可能不对应收账款实施函证的有（　　）。

A.应收账款金额很小，但交易频繁

B.根据审计重要性原则，有充分证据表明应收账款对财务报表不重要

C.函证费用过高

D.注册会计师认为函证很可能无效

5.评价审计证据适当性时，注册会计师一般考虑的内容有（　　）。

A.审计证据的相关性　　B.审计证据的充分性

C.审计证据的来源　　D.审计证据的可靠性

三、判断题

1.只有审计人员执行审计程序时获得的重要资料，才能作为审计证据。审计人员在审计过程之外获得的资料，不能作为审计证据。（　　）

2.一般来说，审计风险越大，所需的审计证据数量就越少；反之，所需的审计证据数量就越多。（　　）

3.相关性的强弱是指审计证据直接还是间接与审计目标相联系。（　　）

4.审计人员在执行审计程序的过程中，如果发现被审计单位有严重的舞弊行为，为降低审计风险，必须增加所需的审计证据数量。（　　）

5.外部证据是审计机构以外的单位或人士编制的书面证据，因为可信度较高。（　　）

6.凭证对于财务报表是间接证据，而对于账簿是直接证据。（　　）

7.审计人员如果离开了矛盾证据，就无法提出审计意见和审计结论。（　　）

四、案例题

1.注册会计师在对某客户进行审计的过程中，收集到下列四组审计证据：

（1）销售发票副本与购货发票；

（2）审计助理人员监盘存货的记录与客户自编的存货盘点表；

（3）审计人员收回的应收账款函证回函与通过询问客户应收账款负责人得到的记录；

（4）银行存款余额调节表与银行函证的回函。

要求：请分别说明每组审计证据中的哪项审计证据更为可靠。为什么？

2.ABC会计师事务所某审计小组正在举行审计小组讨论会，在会中就审计证据的充分性和适当性的有关问题进行了讨论。甲注册会计师提出一种观点：审计证据的质量越高，需要的审计证据数量越少；审计证据的质量越低，那么需要的审计证据数量也就越多。也就是说审计证据数量可以弥补审计质量上的不足。乙注册会计师也提出了一种观点：审计资源都是有限的，为了使事务所获取更多的利润，对于那些获取审计证据比较困难和成本比较高的程序，在不影响审计质量的前提下，可以采取其他的程序来代替。

要求：针对两位注册会计师的观点，请谈谈您的看法。

小　结

本模块主要知识点归纳总结见表1-27。

表1-27　本模块主要知识点

任务	知识点
任务一　遵守执业准则	中国注册会计师执业准则的历史发展
	中国注册会计师执业准则取得的成就
	中国注册会计师执业准则体系
任务二　运用职业判断	职业判断的概念
	职业判断的特征
	职业判断在审计实务中的应用
	职业判断典型事项
任务三　保持职业怀疑	职业怀疑在审计准则中的相关规定
	职业怀疑在审计过程中的具体体现
任务四　明确审计目标	审计目标的历史演变
	总体总体目标
	具体审计目标
任务五　编制审计计划	初步业务活动
	审计前提条件
	审计业务约定书
	计划审计工作
	“两个”环节的重要性
任务六　搜集审计证据	审计证据
	审计程序

模块二

进行循环审计

【学习目标】

1. 了解风险评估总流程。
2. 掌握如何了解被审计单位及其环境。
3. 熟悉如何从整体层面了解企业内部控制。
4. 熟悉如何从业务流程层面了解企业内部控制。
5. 掌握如何评价企业的内部控制。
6. 掌握评估重大错报风险的审计程序。
7. 能够针对财务报表层次重大错报风险采取总体应对措施，提出拟实施进一步审计程序的总体方案。
8. 掌握函证、监盘、分析程序等审计技能。

【知识点】

风险评估　风险应对　内部控制五要素　重大错报风险　进一步审计程序　控制测试　实质性程序　循环审计

【技能点】

绘制风险评估审计　测试流程　运用风险导向模式实施审计　对各业务循环实施恰当的控制测试　根据控制测试结果确定进一步审计程序方案　对与各业务循环相关的主要交易、账户余额、列报实施细节测试

任务一　风险评估

案例导入

评价E公司销售业务的内部控制

ABC会计师事务所的D注册会计师在编制对E公司财务报表审计项目的审计计划前，需要研究评价E公司销售业务的内部控制。

资料一：

E公司为扩大销售渠道，在宁波地区设立了一家销售网点，委派当地人员B担任该网点的经理，网点的会计则由公司本部直接委派财务人员A前往担任。为满足经营需要，E公司　在中国工商银行宁波分行开设了专门账户，供该销售网点支付相关费用。

公司规定，销售网点的支票由会计人员A保管，财务章由B掌管。使用支票支付费用须由A和B共同签发，并指定A持签发的支票到银行办理支取手续。作为会计人员，A除登记银行存款日记账外，每月还必须按时从银行取得对账单进行核对。支票存根、作废支票、银行对账单等均由A保管。A每月必须编制现金支出报告送交公司总部。

资料二：

经了解相关内部控制后，D注册会计师决定将开具销售发票这一环节作为控制测试的重点。这一环节具体包括填制连续编号的销售发票。

要求：通过分析资料，请判断E公司现金支出内部控制是否存在缺陷？对于开具销售发票这一环节，注册会计师主要应关心哪些问题？这些问题分别与管理层对销售业务的何种认定相对应？为了降低开具销售发票过程中出现重复、遗漏、错误计价或其他差错，E公司应设立哪些控制程序？

资料来源：清华娇子. 第十五章：销售与收款循环审计［EB/OL］.［2019-12-10］. http：//www.docin.com/p-104331204.html.

知识准备

随着经济全球化进程的加快，我国经济的快速发展以及企业经营环境的急速变化，我国审计准则建设面临许多挑战，为此，出台了审计风险准则，以提高审计质量，降低行业风险。审计风险准则的特点见表2-1。

一、了解被审计单位及其环境

（一）了解被审计单位及其环境的必要性

《中国注册会计师审计准则第1211号——通过了解被审计单位及其环境识别和评估重大错报风险》作为专门规范风险评估的准则，规定注册会计师应当了解被审计单位及其环境，以充分识别和评估财务报表重大错报风险，设计和实施进一步审计程序。

表2-1 审计风险准则的特点

对注册会计师的要求	具体内容
(1) 要求对被审计单位及其环境进行了解	应实施程序，更广、更深地了解被审计单位及其环境的各个方面，包括了解内部控制，为识别财务报表层次，以及认定层次重大错报风险提供更好的基础
(2) 要求在审计的所有阶段都要实施风险评估程序	应将识别的风险与认定层次可能发生错报的领域相联系，实施更为严格的风险评估程序，不得未经过风险评估，直接将风险设定为高水平
(3) 要求将识别和评估的风险与实施的审计程序挂钩	在设计和实施进一步审计程序（控制测试和实质性程序）时，应将审计程序的性质、时间安排和范围与识别、评估的风险相联系，以防止机械利用程序表从形式上迎合准则对程序的要求
(4) 要求针对重大的各类交易、账户余额、列报实施实质性程序	对重大错报风险评估是一种判断，被审计单位内部控制存在固有限制，无论评估的重大错报风险结果如何，应针对重大的各类交易、账户余额、列报实施实质性程序，不得将实质性程序只集中在例外事项上
(5) 要求将识别、评估和应对风险的关键程序形成审计工作记录	保证执业质量，明确执业责任

了解被审计单位及其环境是必要程序，特别是为注册会计师在下列关键环节作出职业判断提供重要基础：

(1) 确定重要性水平，并随着审计工作的进程评估对重要性水平的判断是否仍然适当；

(2) 考虑会计政策的选择和运用是否恰当，以及财务报表的列报是否适当；

(3) 识别需要特别考虑的领域，包括关联方交易、管理层运用持续经营假设的合理性，或交易是否具有合理的商业目的等；

(4) 确定在实施分析程序时所使用的预期值；

(5) 设计和实施进一步审计程序，以将审计风险降至可接受的低水平；

(6) 评价所获取审计证据的充分性和适当性。

了解被审计单位及其环境是一个连续和动态地收集、更新与分析信息的过程，贯穿于整个审计过程的始终。注册会计师应当运用职业判断确定需要了解被审计单位及其环境的程度。

评价对被审计单位及其环境了解的程度是否恰当，关键是看注册会计师对被审计单位及其环境的了解是否足以识别和评估财务报表的重大错报风险。如果了解被审计单位及其环境获得的信息足以识别和评估财务报表的重大错报风险，设计和实施进一步审计程序，那么，了解的程度就是恰当的。当然，要求注册会计师对被审计单位及其环境了解的程度，要低于管理层为经营管理企业而对被审计单位及其环境需要了解的程度。

（二）了解被审计单位及其环境的具体内容

注册会计师应当从下列方面了解被审计单位及其环境：

(1) 行业状况、法律环境与监管环境以及其他外部因素；

(2) 被审计单位的性质；

（3）被审计单位对会计政策的选择和运用；
（4）被审计单位的目标、战略以及相关经营风险；
（5）被审计单位对财务业绩的衡量和评价；
（6）内部控制。

上述第（1）项是被审计单位的外部因素，第（2）、（3）、（4）项及第（6）项是被审计单位的内部因素，第（5）项则既有外部因素也有内部因素。

值得注意的是，被审计单位及其环境的各个方面可能会互相影响。例如，被审计单位的行业状况、法律环境与监管环境以及其他外部因素可能影响到被审计单位的目标、战略以及相关经营风险，而被审计单位的性质、目标、战略以及相关经营风险可能影响到被审计单位对会计政策的选择和运用，以及对内部控制的设计和执行。因此，注册会计师在对被审计单位及其环境的各个方面进行了解和评估时，需要考虑各因素之间的相互关系。

注册会计师针对上述六个方面实施的风险评估程序的性质、时间安排和范围取决于审计业务的具体情况，如被审计单位的规模和复杂程度，以及注册会计师的相关审计经验，包括以前对被审计单位提供审计和相关服务的经验和类似行业、类似企业的审计经验。此外，识别被审计单位及其环境在上述各方面与以前期间相比发生的重大变化，对于充分了解被审计单位及其环境，以识别和评估重大错报风险尤为重要。

1.行业状况、法律环境与监管环境以及其他外部因素

行业状况、法律环境与监管环境以及其他外部因素对被审计单位的经营活动乃至财务报表产生影响。因此，注册会计师应对这些外部因素进行了解。具体内容见表2-2。

表2-2　　行业状况、法律环境与监管环境以及其他外部因素

因素	主要内容	可能需要了解情况
1.行业状况	（1）所处行业的市场供求与竞争状况； （2）生产经营的季节性和周期性； （3）产品生产技术的变化； （4）能源供应与成本； （5）行业的关键指标和统计数据	（1）被审计单位所处行业的总体发展趋势是什么？ （2）处于哪一个发展阶段，如起步、快速成长、成熟/产生现金流入或衰退阶段？ （3）所处市场的需求、市场容量和价格竞争如何？ （4）该行业是否受经济周期波动的影响，以及采取了什么行动使波动产生的影响最小化？ （5）该行业受技术发展影响的程度如何？ （6）是否开发了新的技术？ （7）谁是被审计单位最重要的竞争者，以及它们所占的市场份额是多少？ （8）被审计单位及其竞争者主要的竞争优势是什么？ （9）被审计单位业务的增长率和总体的财务业绩与行业的平均水平及主要竞争者相比如何，以及存在重大差异的原因是什么？ （10）竞争者是否采取了某些行动，如购并活动、降低销售价格、开发新技术等，从而对被审计单位的经营活动产生影响

续表

因素	主要内容	可能需要了解情况
2.法律环境及监管环境	（1）适用的会计准则、会计制度和行业特定惯例； （2）对经营活动产生重大影响的法律法规及监管活动； （3）对开展业务产生重大影响的政府政策，包括货币、财政、税收和贸易等政策； （4）与被审计单位所处行业和所从事经营活动相关的环保要求	（1）国家对于某行业的企业是否有特殊的监管要求（如对银行、保险等行业的特殊监管要求）？ （2）是否存在新出台的法律法规（如新出台的有关产品责任、劳动安全或环境保护的法律法规等），对被审计单位有何影响？ （3）国家货币、财政、税收和贸易等方面政策的变化是否会对被审计单位的经营活动产生影响？ （4）与被审计单位相关的税务法规是否发生变化
3.其他外部因素	（1）宏观经济的景气度； （2）利率和资金供求状况； （3）通货膨胀水平及币值变动； （4）国际经济环境和汇率变动	（1）当前的宏观经济状况以及未来的发展趋势如何？ （2）目前国内或本地区的经济状况（如增长率、通货膨胀、失业率、利率等）怎样影响被审计单位的经营活动？ （3）被审计单位的经营活动是否受到外币汇率波动或全球市场力量的影响

注册会计师对行业状况、法律环境与监管环境以及其他外部因素了解的范围和程度会因被审计单位所处行业、规模以及其他因素（如在市场中的地位）的不同而不同。注册会计师应考虑将了解的重点放在对被审计单位的经营活动可能产生重要影响的关键外部因素以及与前期相比发生的重大变化上。注册会计师应考虑被审计单位所处行业的业务性质或监管程度是否可能导致特定的重大错报风险。

2.被审计单位的性质

了解被审计单位的性质有助于注册会计师理解预期在财务报表中反映的各类交易、账户余额、列报。注册会计师应主要从下列方面了解被审计单位的性质，见表2-3。

表2-3　被审计单位的性质

性质	目的	内容
1.所有权结构	有助于注册会计师识别关联方关系并了解被审计单位的决策过程	（1）所有权结构以及所有者与其他人员或单位之间的关系； （2）考虑关联方关系是否已经得到识别； （3）关联方交易是否得到恰当核算
2.治理结构	良好的治理结构可以对被审计单位的经营和财务运作实施有效的监督，从而降低财务报表发生重大错报的风险	（1）董事会的构成情况、内部是否有独立董事，治理结构中是否设有审计委员会或监事会及其运作情况； （2）治理层是否能够在独立于管理层的情况下对被审计单位事务（包括财务报告）作出客观判断
3.组织结构	识别复杂的组织结构可能导致的某些特定的重大错报风险	考虑复杂组织结构可能导致的重大错报风险，包括财务报表合并、商誉摊销和减值、长期股权投资核算以及特殊目的实体核算等问题

续表

性质	目的	内容
4.经营活动	有助于注册会计师识别预期将在财务报表中反映的主要交易类别、重要账户余额和列报	(1) 主营业务的性质； (2) 与生产产品或提供劳务相关的市场信息； (3) 业务的开展情况； (4) 联盟、合营与外包情况； (5) 从事电子商务的情况； (6) 地区与行业分布； (7) 生产设施、仓库的地理位置及办公地点； (8) 关键客户； (9) 重要供应商； (10) 劳动用工情况； (11) 研究与开发活动及其支出； (12) 关联方交易
5.投资活动	有助于注册会计师关注被审计单位在经营策略和方向上的重大变化	(1) 近期拟实施或已实施的并购活动与资产处置情况，包括业务重组或某些业务的终止； (2) 证券投资、委托贷款的发生与处置； (3) 资本性投资活动，包括固定资产和无形资产投资，近期发生或计划发生的变动，以及重大的资本承诺等； (4) 不纳入合并范围的投资
6.筹资活动	有助于注册会计师评估被审计单位在融资方面的压力，并进一步考虑被审计单位在可预见未来的持续经营能力	(1) 债务结构和相关条款，包括担保情况及表外融资； (2) 固定资产的租赁； (3) 关联方融资； (4) 实际受益股东； (5) 衍生金融工具的运用

3.被审计单位对会计政策的选择和运用

在了解被审计单位对会计政策的选择和运用是否适当时，注册会计师应关注的事项见表2-4。

表2-4　　判断被审计单位对会计政策的选择和运用是否适当时应关注的事项

会计政策的选择和运用	案例
1.重要项目的会计政策和行业惯例	(1) 重要的会计政策包括收入确认、存货的计价方法、投资的核算、固定资产的折旧方法、坏账准备、存货跌价准备和其他资产减值准备的确定、借款费用资本化方法、合并财务报表的编制方法等。 (2) 除会计政策以外，某些行业可能还存在一些行业惯例，注册会计师应熟悉这些行业惯例。当被审计单位采用与行业惯例不同的会计处理方法时，注册会计师应对此予以重点关注
2.重大和异常交易的会计处理方法	(1) 本期发生的企业合并的会计处理方法； (2) 某些企业可能存在与其所处行业相关的重大交易

续表

会计政策的选择和运用	案例
3.在新领域和缺乏权威性标准或共识的领域，采用重要会计政策产生的影响	对于互联网上的收入确认问题，在有关会计处理缺乏权威性的标准或共识时，注册会计师应关注被审计单位选用了哪些会计政策，为什么选用这些会计政策以及选用这些会计政策产生的影响
4.会计政策的变更	（1）如果被审计单位变更了重要的会计政策，注册会计师应考虑会计政策变更的原因及其适当性，即①会计政策的变更是否符合法律、行政法规或者适用的会计准则和相关会计制度的规定；②会计政策的变更能否提供更可靠、更相关的会计信息。 （2）注册会计师还应关注会计政策的变更是否得到恰当披露
5.被审计单位何时采用以及如何采用新颁布的会计准则和相关会计制度	新的企业会计准则自2007年1月1日起在上市公司施行，并鼓励其他企业执行。注册会计师应考虑被审计的上市公司是否已按照新会计准则的要求，做好衔接调整工作，并收集执行新会计准则需要的信息资料

除上述与会计政策的选择和运用相关的事项外，注册会计师还应对被审计单位下列与会计政策运用相关的情况予以关注：（1）是否采用激进的会计政策、方法、估计和判断；（2）财会人员是否拥有足够的运用会计准则的知识、经验和能力；（3）是否拥有足够的资源支持会计政策的运用，如人力资源及培训、内部系统、信息技术的采用、数据和信息的采集等。

注册会计师应考虑被审计单位是否按照适用的会计准则和相关会计制度的规定恰当地进行了列报，并披露了重要事项。注册会计师应考虑被审计单位是否已对特定事项作了适当的列报和披露。

4.被审计单位的目标、战略以及相关经营风险

注册会计师应了解被审计单位的目标和战略，以及可能导致财务报表重大错报的相关经营风险。

（1）目标、战略与经营风险。注册会计师应了解被审计单位是否存在与下列方面有关的目标和战略，并考虑相应的经营风险：①行业发展，及其可能导致的被审计单位不具备足以应对行业变化的人力资源和业务专长等风险；②开发新产品或提供新服务，及其可能导致的被审计单位产品责任增加等风险；③业务扩张，及其可能导致的被审计单位对市场需求的估计不准确等风险；④新颁布的会计法规，及其可能导致的被审计单位执行法规不当或不完整，或会计处理成本增加等风险；⑤监管要求，及其可能导致的被审计单位法律责任增加等风险；⑥本期及未来的融资条件，及其可能导致的被审计单位由于无法满足融资条件而失去融资机会等风险；⑦信息技术的运用，及其可能导致的被审计单位信息系统与业务流程难以融合等风险。

（2）经营风险对重大错报风险的影响。经营风险与财务报表重大错报风险是既有联系又相互区别的两个概念。前者比后者范围更广。注册会计师了解被审计单位的经营风险有助于其识别财务报表重大错报风险。然而注册会计师没有责任识别或评估所有经营风险。多数经营风险最终都会产生财务后果，从而影响财务报表。但并非所有经营风险都会导致重大错报风险。经营风险可能给各类交易、账户余额以及列报认定层次或财务报表整体层次带来直接影响。

（3）被审计单位的风险评估过程。管理层通常制定识别和应对经营风险的策略，注册会计师应了解被审计单位的风险评估过程。此类风险评估过程是被审计单位内部控制的组成部分。

5.被审计单位对财务业绩的衡量和评价

被审计单位管理层经常复核关键业绩指标（包括财务和非财务的）、预算及差异分析、分部信息和分支机构、部门或其他层次的业绩报告以及与竞争对手的业绩比较。此外，外部机构也会衡量和评价被审计单位的财务业绩，如分析师的报告和信用评级机构的报告。被审计单位内部或外部对财务业绩的衡量和评价可能对管理层产生压力，促使其采取行动改善财务业绩或歪曲财务报表。注册会计师应了解被审计单位对财务业绩的衡量和评价情况，考虑这种压力是否可能导致管理层采取行动，以至于增加财务报表发生重大错报的风险。

（1）了解的主要方面。在了解被审计单位对财务业绩衡量和评价情况时，注册会计师应关注下列信息：①关键业绩指标；②业绩趋势；③预测、预算和差异分析；④管理层和员工业绩考核与激励性报酬政策；⑤分部信息与不同层次部门的业绩报告；⑥与竞争对手的业绩比较；⑦外部机构提出的报告。

（2）关注内部财务业绩衡量的结果。注册会计师应关注被审计单位内部财务业绩衡量所显示的未预期到的结果或趋势、管理层的调查结果和纠正措施，以及相关信息是否显示财务报表可能存在重大错报。

（3）考虑财务业绩衡量指标的可靠性。如果拟利用被审计单位内部信息系统生成的财务业绩衡量指标，注册会计师应考虑相关信息是否可靠，以及利用这些信息是否足以实现审计目标。

需要强调的是，注册会计师了解的目标是，考虑管理层是否面临实现某些关键财务业绩指标的压力。这些压力既可能源于需要达到市场分析师或股东的预期，也可能产生于达到获得股票期权或管理层和员工奖金的目标。受压力影响的人员可能是高级管理人员（包括董事会）或可以操纵财务报表的其他经理人员，如子公司或分支机构管理层可能为达到奖金目标操纵财务报表。

在评价管理层是否存在歪曲财务报表的动机和压力时，注册会计师还应当考虑可能存在的其他情形。例如，企业或企业的一个主要组成部分是否有可能被出售；管理层是否希望维持或增加企业的股价或盈利走势而热衷于采用过度激进的会计方法；基于纳税的考虑，股东或管理层是否有意采取不适当的方法使盈利最小化；企业是否持续增长和接近财务资源的最大限度；企业的业绩是否急剧下降，可能存在终止上市的风险；企业是否具备足够的可分配利润或现金流量以维持目前的利润分配水平；如果公布欠佳的财务业绩，对重大未决交易（如企业合并或新业务合同的签订）是否可能产生不利影响；企业是否过度依赖银行借款，而财务业绩又可能达不到借款合同对财务指标的要求。这些情况都显示管理层在重大压力下可能粉饰财务业绩，发生舞弊风险。

（三）了解被审计单位及其环境的必要风险评估程序

注册会计师应当实施下列风险评估程序，以了解被审计单位及其环境：（1）询问被审计单位管理层和内部其他相关人员；（2）分析程序；（3）观察和检查。三种风险评估程序如图2-1所示。

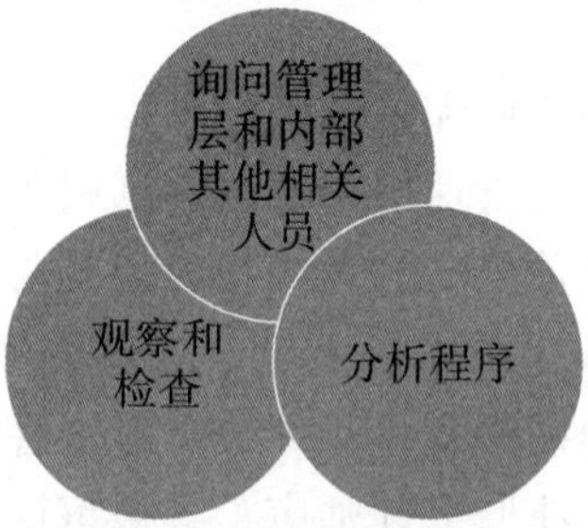

图2-1　风险评估程序

注册会计师在审计过程中应当实施上述审计程序，但是在了解被审计单位及其环境的每一方面时无须实施上述所有程序。

1.询问被审计单位管理层和内部其他相关人员

询问被审计单位管理层和内部其他相关人员是注册会计师了解被审计单位及其环境的一个重要信息来源。注册会计师可以考虑向管理层和财务负责人询问下列事项：

（1）管理层所关注的主要问题。如新的竞争对手、主要客户和供应商的流失、新的税收法规的实施以及经营目标或战略的变化等。

（2）被审计单位最近的财务状况、经营成果和现金流量。

（3）可能影响财务报告的交易和事项，或者目前发生的重大会计处理问题。如重大的购并事宜等。

（4）被审计单位发生的其他重要变化。如所有权结构、组织结构的变化，以及内部控制的变化等。

尽管注册会计师通过询问管理层和财务负责人可获取大部分信息，但是询问被审计单位内部的其他相关人士可能为注册会计师提供不同的信息，有助于识别重大错报风险。因此，注册会计师除了询问管理层和对财务报告负有责任的人员外，还应当考虑询问内部审计人员、采购人员、生产人员、销售人员等其他相关人员，并考虑询问不同级别的员工，以获取对识别重大错报风险有用的信息。

在确定向被审计单位的哪些人员进行询问以及询问哪些问题时，注册会计师应当考虑何种信息有助于其识别和评估重大错报风险。例如：（1）询问治理层，有助于注册会计师理解财务报表编制的环境；（2）询问内部审计人员，有助于注册会计师了解其针对被审计单位内部控制设计和运行有效性而实施的工作，以及管理层对内部审计发现的问题是否采取适当的措施；（3）询问参与生成、处理或记录复杂或异常交易的员工，有助于注册会计师评估被审计单位选择和运用某项会计政策的适当性；（4）询问内部法律顾问，有助于注册会计师了解有关法律法规的遵循情况、产品保证和售后责任、与业务合作伙伴（如合营企业）的安排、合同条款的含义以及诉讼情况等；（5）询问营销或销售人员，有助于注册会计师了解被审计单位的营销策略及其变化、销售趋势以及与客户的合同安排；（6）询问采购人员和生产人员，有助于注册会计师了解被审计单位的原材料采购和产品生产等情况；（7）询问仓库人员，有助于注册会计师了解原材料、产成品等存货的进出、保管和盘点等情况。

2.实施分析程序

分析程序是指注册会计师通过研究不同财务数据之间以及财务数据与非财务数据之间的内在关系，对财务信息作出评价。分析程序还包括调查识别出的、与其他相关信息不一致或与预期数据严重偏离的波动和关系。

分析程序既可用作风险评估程序和实质性程序，也可用于对财务报表的总体复核。注册会计师实施分析程序有助于识别异常的交易或事项，以及对财务报表审计产生影响的金额、比率和趋势。在实施分析程序时，注册会计师应当预期可能存在的合理关系，并与被审计单位记录的金额、依据记录金额计算的比率或趋势相比较；如果发现异常或未预期到的关系，注册会计师应当在识别重大错报风险时考虑这些比较结果。

如果使用了高度汇总的数据，实施分析程序的结果仅可能初步显示财务报表存在重大错报风险，注册会计师应当将分析结果连同识别重大错报风险时获取的其他信息一并考虑。例如，被审计单位存在很多产品系列，各个产品系列的毛利率存在一定差异。对总体毛利率实施分析程序的结果仅可能初步显示销售成本存在重大错报风险，注册会计师需要实施更为详细的分析程序。比如，对每一产品系列进行毛利率分析，或者将总体毛利率分析的结果连同其他信息一并考虑。

3.观察和检查

观察和检查程序可以印证对管理层和其他相关人员询问的结果，并可提供有关被审计单位及其环境的信息，注册会计师应当实施下列观察和检查程序：

（1）观察被审计单位的生产经营活动。例如，观察被审计单位人员正在从事的生产活动和内部控制活动，增加注册会计师对被审计单位人员如何进行生产经营活动及实施内部控制的了解。

（2）检查文件、记录和内部控制手册。例如，检查被审计单位的章程，与其他单位签订的合同、协议，各业务流程操作指引和内部控制手册等；了解被审计单位组织结构和内部控制制度的建立健全情况。

（3）阅读由管理层和治理层编制的报告。例如，阅读被审计单位年度和中期财务报告，股东大会、董事会会议、高级管理层会议的会议记录或纪要，管理层的讨论和分析资料，经营计划和战略，对重要经营环节和外部因素的评价，被审计单位内部管理报告以及其他特殊目的的报告（如新投资项目的可行性分析报告）等；了解自上一期审计结束至本期审计期间被审计单位发生的重大事项。

（4）实地察看被审计单位的生产经营场所和设备。通过现场访问和实地察看被审计单位的生产经营场所和设备，可以帮助注册会计师了解被审计单位的性质及其经营活动。在实地察看被审计单位的厂房和办公场所的过程中，注册会计师有机会与被审计单位管理层和担任不同职责的员工进行交流，可以增强注册会计师对被审计单位的经营活动及其重大影响因素的了解。

（5）追踪交易在财务报告信息系统中的处理过程（穿行测试）。这是注册会计师了解被审计单位业务流程及其相关控制时经常使用的审计程序。通过追踪某笔或某几笔交易在业务流程中如何生成、记录、处理和报告，以及相

视频：了解被审计单位及其环境

关控制如何执行，注册会计师可以确定被审计单位的交易流程和相关控制是否与之前通过其他程序所获得的了解一致，并确定相关控制是否得到执行。

（四）其他审计程序和信息来源

1.其他审计程序

除了采用上述程序从被审计单位内部获取信息以外，如果根据职业判断认为从被审计单位外部获取的信息有助于识别重大错报风险，注册会计师应当实施其他审计程序以获取这些信息。例如，询问被审计单位聘请的外部法律顾问、专业评估师、投资顾问和财务顾问等。

阅读外部信息也可能有助于注册会计师了解被审计单位及其环境。外部信息包括证券分析师、银行、评级机构出具的有关被审计单位及其所处行业的经济或市场环境等状况的报告，贸易与经济方面的报纸期刊，法规或金融出版物，以及政府部门或民间组织发布的行业报告和统计数据等。

2.其他信息来源

注册会计师应当考虑在承接客户或续约过程中获取的信息，以及向被审计单位提供其他服务所获得的经验是否有助于识别重大错报风险。通常，对新的审计业务，注册会计师应在业务承接阶段对被审计单位及其环境有一个初步的了解，以确定是否承接该业务。而对连续审计业务，也应在每年的续约过程中对上年审计作总体评价，并更新对被审计单位的了解和风险评估结果，以确定是否续约。注册会计师还应当考虑向被审计单位提供其他服务（如执行中期财务报表审阅业务）所获得的经验是否有助于识别重大错报风险。

对于连续审计业务，如果拟利用在以前期间获取的信息，注册会计师应当确定被审计单位及其环境是否已发生变化，以及该变化是否可能影响以前期间获取的信息在本期审计中的相关性。例如，通过前期审计获取的有关被审计单位组织结构、生产经营活动和内部控制的审计证据，以及有关以往的错报和错报是否得到及时更正的信息，可以帮助注册会计师评估本期财务报表的重大错报风险。但值得注意的是，被审计单位或其环境的变化可能导致此类信息在本期审计中已不具有相关性。例如，注册会计师前期已经了解内部控制的设计和执行情况，但被审计单位及其环境可能在本期发生变化，导致内部控制也发生相应变化。在这种情况下，注册会计师需要实施询问和其他适当的审计程序（如穿行测试），以确定该变化是否可能影响此类信息在本期审计中的相关性。

需要说明的是，注册会计师无须在了解每个方面时都实施以上所有的风险评估程序。例如，在了解内部控制时通常不用分析程序。但是，在对被审计单位及其环境获取了解的整个过程中，注册会计师通常会实施上述所有的风险评估程序。

二、了解被审计单位的内部控制

内部控制是被审计单位为了合理保证财务报告的可靠性、经营的效率和效果以及对法律法规的遵守，由治理层、管理层和其他人员设计和执行的政策和程序。可以从以下几方面理解内部控制：

（1）内部控制的目标是合理保证：①财务报告的可靠性，这一目标与治理层和管理层履行财务报告编制责任密切相关；②经营的效率和效果，即经济有效地使用企业资源，以最优方式实现企业的目标；③在经营活动中不违反法律法规的要求，即在法律法规的框架下经营。之所以是合理保证，而不是绝对保证，参见本章内部控制的局限性。从这几方面的目标来看，内部控制是企业风险管理的一部分。

（2）设计和实施内部控制的责任主体是治理层、管理层和其他人员，组织中的每一个人都对内部控制负有责任。

（3）实现内部控制目标的手段是设计和执行控制政策和程序。

（4）内部控制五要素及相互关系。内部控制的重要基础——控制环境；内部控制的重要环节——风险评估；内部控制的重要手段——控制活动；内部控制的重要条件——信息系统与沟通；内部控制的重要保证——对控制的监督。内部控制包括上述五个要素，如图2-2所示。

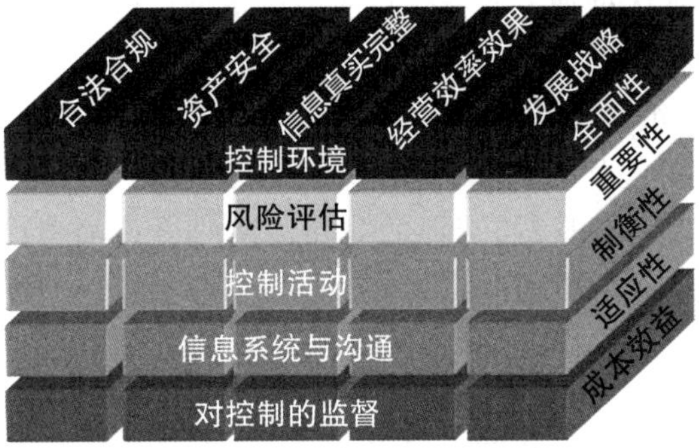

图2-2　内部控制五要素

（一）内部控制的重要基础——控制环境

控制环境包括治理职能和管理职能，以及治理层和管理层对内部控制及其重要性的态度、认识和措施。

控制环境设定了被审计单位的内部控制基调，影响员工对内部控制的认识和态度。良好的控制环境是实施有效内部控制的基础，注册会计师应了解控制环境。

防止或发现并纠正舞弊和错误是被审计单位治理层和管理层的责任。在评价控制环境的设计和实施情况时，注册会计师应了解管理层在治理层的监督下，是否营造并保持了诚实守信和合乎道德的文化，以及是否建立了防止或发现并纠正舞弊和错误的恰当控制。实际上，在审计业务承接阶段，注册会计师就需要对控制环境作出初步了解和评价。

在评价控制环境的设计时，注册会计师应考虑构成控制环境的下列要素，以及这些要素如何被纳入被审计单位业务流程。

（1）对诚信和道德价值观念的沟通与落实。诚信和道德价值观念的地位是控制环境的重要组成部分，影响到重要业务流程的设计和运行。

（2）对胜任能力的重视。胜任能力是指具备完成某一职位的工作所应有的知识和能力。管理层对胜任能力的重视包括对于特定工作所需的胜任能力水平的设定，以及对达到该水平所必需的知识和能力的要求。

注册会计师在就被审计单位对胜任能力的重视情况进行了解和评估时，主要考虑：财会人员以及信息管理人员是否具备与被审计单位业务性质和复杂程度相称的足够的胜任能力和培训，在发生错误时，是否通过调整人员或系统来加以处理；管理层是否配备足够的财会人员以适应业务发展和有关方面的需要；财会人员是否具备理解和运用会计准则所需的技能。

（3）治理层的参与程度。被审计单位的控制环境在很大程度上受治理层的影响。治理层的职责应在被审计单位的章程和政策中予以规定。治理层的职责还包括监督用于复核内部控制有效性的政策和程序设计是否合理，执行是否有效。

（4）管理层的理念和经营风格。①管理层的理念和经营风格对内部控制的影响；②管理层的理念及其衡量；③管理层的经营风格；④了解和评估被审计单位管理层的理念和经营风格。

（5）组织结构及职权与责任的分配。被审计单位的组织结构为计划、运作、控制及监督经营活动提供了一个整体框架。通过集权或分权决策，可在不同部门间进行适当的职责划分、建立适当层次的报告体系。组织结构将影响权利、责任和工作任务在组织成员中的分配。被审计单位的组织结构将在一定程度上取决于被审计单位的规模和经营活动的性质。

了解和评估组织结构和职权与责任的分配，注册会计师考虑的主要因素可能包括：①在被审计单位内部是否有明确的职责划分，是否将业务授权、业务记录、资产保管和维护，以及业务执行的责任尽可能地分离；②数据的所有权划分是否合理；③是否已针对授权交易建立适当的政策和程序。

（6）人力资源政策与程序。政策与程序（包括内部控制）的有效性，通常取决于执行人。因此，被审计单位员工的能力与诚信是控制环境中不可缺少的因素。人力资源政策与程序涉及招聘、培训、考核、晋升和薪酬等方面。

了解和评估人力资源政策与程序，注册会计师考虑的主要因素可能包括：①被审计单位在招聘、培训、考核、晋升、薪酬、调动和辞退员工方面是否都有适当的政策和程序（特别是在会计、财务和信息系统方面）；②是否有书面的员工岗位职责手册，或者在没有书面文件的情况下，对于工作职责和期望是否作了适当的沟通和交流；③人力资源政策与程序是否清晰，并且定期发布和更新；④是否对分散在各地区和海外的经营人员建立和沟通人力资源政策与程序。

（二）内部控制的重要环节——风险评估

1.含义

任何经济组织在经营活动中都会面临各种各样的风险，风险对其生存和竞争能力产生影响。很多风险并不为经济组织所控制，但管理层应确定可以承受的风险水平，识别这些风险并采取一定的应对措施。可能产生风险的事项和情形包括：监管及经营环境的变化，新员工的加入，新信息系统的使用或对原系统进行升级，业务快速发展，新技术，新生产型号、产品和业务活动，企业重组，发展海外经营，新的会计准则等。

2.风险评估过程

风险评估过程的作用是，识别、评估和管理影响被审计单位实现经营目标能力的各种风险。而针对财务报告目标的风险评估过程则包括：

（1）识别与财务报告目标相关的经营风险；

（2）估计风险的重要性；

（3）评估风险发生的可能性；

（4）决定应对这些风险的措施。

被审计单位的风险评估过程包括识别与财务报告相关的经营风险，以及针对这些风险所采取的措施。注册会计师应了解被审计单位的风险评估过程和结果。

3.对风险评估过程的了解

（1）目的。在评价被审计单位风险评估过程的设计和执行时，注册会计师应确定管理层如何识别与财务报告相关的经营风险，如何估计该风险的重要性，如何评估风险发生的可能性，以及如何采取措施管理这些风险。如果被审计单位的风险评估过程符合其具体情况，了解被审计单位的风险评估过程和结果有助于注册会计师识别财务报表重大错报风险。

（2）整体层面的风险评估过程考虑因素。注册会计师在对被审计单位整体层面的风险评估过程进行了解和评估时，考虑的主要因素可能包括：①是否已建立并沟通其整体目标，并辅以具体策略和业务流程层面的计划；②是否已建立风险评估过程；③是否已建立某种机制，识别和应对可能对被审计单位产生重大且普遍影响的变化；④会计部门是否建立了某种流程，以识别会计准则的重大变化；⑤当被审计单位业务操作发生变化并影响交易记录的流程时，是否存在沟通渠道以通知会计部门；⑥风险管理部门是否建立了某种流程，以识别经营环境（包括监管环境）发生的重大变化。

（3）对风险评估过程的了解方法。①注册会计师可以通过了解被审计单位及其环境的其他方面信息，评价被审计单位风险评估过程的有效性。在对业务流程的了解中，注册会计师还可能进一步地获得被审计单位有关业务流程的风险评估过程的信息。②注册会计师应询问管理层识别出的经营风险，并考虑这些风险是否可能导致重大错报。

在审计过程中，如果发现与财务报表有关的风险因素，注册会计师可通过向管理层询问和检查有关文件确定被审计单位的风险评估过程是否也发现了该风险。在审计过程中，如果识别出管理层未能识别的重大错报风险，注册会计师应考虑被审计单位的风险评估过程为何没有识别出这些风险，以及评估过程是否适合于具体环境。

（三）内部控制的重要手段——控制活动

1.相关的控制活动的含义

（1）控制活动的内容。控制活动是指有助于确保管理层的指令得以执行的政策和程序，包括与授权、业绩评价、信息处理、实物控制和职责分离等相关的活动。相关的控制活动的内容见表2-5。

（2）不相容职责分离。内部控制的核心是不相容职责分离，其体现在钱、账、物三分管，一项业务从开始到结束不能由一个人和一个部门包办。在实际工作中，不相容职责分离的情形见表2-6。

2.对控制活动的了解

注册会计师应当了解与审计相关的控制活动。与审计相关的控制活动，是注册会计师为评估认定层次重大错报风险并设计进一步审计程序应对评估的风险而认为有必要了解的控制活动。审计并不要求了解与财务报表中每类重大交易、账户余额、列报或与其每项认定相关的所有控制活动。

表2-5 控制活动的内容

控制活动	内容、案例
授权 	保证交易在管理层授权范围内进行。一般授权是指管理层制定的要求组织内部遵守的普遍适用于某类交易或活动的政策。特别授权是指管理层针对特定类别的交易或活动逐一设置的授权，如重大资本支出和股票发行等
业绩评价 	包括被审计单位分析评价实际业绩与预算（或预测、前期业绩）的差异，综合分析财务数据与经营数据的内在关系，将内部数据与外部信息来源相比较，评价职能部门、分支机构或项目活动的业绩，以及对发现的异常差异或关系采取必要的调查与纠正措施
信息处理 	信息技术一般控制是指与多个应用系统有关的政策和程序，有助于保证信息系统持续恰当地运行（包括信息的完整性和数据的安全性），支持应用控制作用的有效发挥，通常包括数据中心和网络运行控制，系统软件的购置、修改及维护控制，接触或访问权限控制，应用系统的购置、开发及维护控制； 信息技术应用控制是指主要在业务流程层次运行的人工或自动化程序，与用于生成、记录、处理、报告交易或其他财务数据的程序相关，通常包括检查数据计算的准确性，审核账户和试算平衡表，设置对输入数据和数字序号的自动检查，以及对例外报告进行人工干预
实物控制 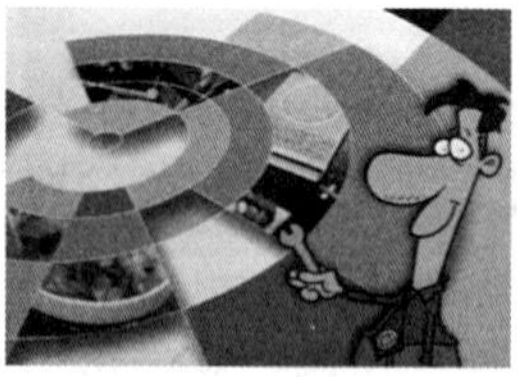	对资产和记录采取适当的安全保护措施，对访问计算机程序和数据文件设置授权，以及定期盘点并将盘点记录与会计记录相核对
职责分离 	了解被审计单位如何将交易授权、交易记录以及资产保管等职责分配给不同员工，以防范同一员工在履行多项职责时可能发生的舞弊或错误。当信息技术运用于信息系统时，职责分离可以通过设置安全控制来实现

表2-6　不相容职责分离

不相容职责	不相容职责
授权	执行
授权	记录
授权	保管
执行	记录
执行	保管
记录	保管
总账	明细账
总账	日记账
开支票	编制银行存款调节表
授权	核对
执行	核对
记录	核对
保管	核对
⋮	⋮

在了解被审计单位控制活动时，注册会计师应当了解被审计单位如何应对信息技术导致的风险。

（四）内部控制的重要条件——信息系统与沟通

注册会计师应当从下列方面了解与财务报告相关的信息系统（包括相关业务流程）：

（1）在被审计单位经营过程中，对财务报表具有重大影响的各类交易；

（2）在信息技术和人工系统中，对被审计单位的交易生成、记录、处理、必要的更正、结转至总账以及在财务报表中报告的程序；

（3）用以生成、记录、处理和报告（包括纠正不正确的信息以及信息如何结转至总账）被审计单位交易的会计记录、支持性信息和财务报表中的特定账户；

（4）被审计单位的信息系统如何获取除交易以外的对财务报表重大的事项和情况；

（5）用于编制被审计单位财务报表（包括作出的重大会计估计和披露）的财务报告过程；

（6）与会计分录相关的控制，这些分录包括用以记录非经常性的、异常的交易或调整的非标准会计分录。

与财务报告相关的信息系统所生成信息的质量，对管理层能否作出恰当的经营管理决策以及编制可靠的财务报告具有重大影响。与财务报告相关的信息系统通常包括下列职能：

①识别与记录所有的有效交易（完整性认定）；②及时、详细地描述交易，以便在财务报告中对交易进行恰当分类（分类认定）；③恰当计量交易，以便在财务报告中对交易的金额作出准确记录（准确性认定）；④恰当确定交易生成的会计期间（截止认定）；⑤在财务报表中恰当列报交易（列报认定）。

注册会计师应当了解被审计单位如何沟通与财务报告相关的人员的角色和职责以及与财务报告相关的重大事项。这种沟通包括：

（1）管理层与治理层之间的沟通；

（2）外部沟通，如与监管机构的沟通。

（五）内部控制的重要保证——对控制的监督

1.含义

监督是由适当的人员，在适当、及时的基础上，评估控制的设计和运行情况的过程。

2.方法

（1）持续监督与专门评价。通常，被审计单位通过持续的监督活动、专门的评价活动或两者相结合，来实现对控制的监督。

（2）内部评价。内部审计人员或具有类似职能的人员对内部控制的设计和执行进行专门的评价，以找出内部控制的优点和不足，并提出改进建议。

3.注意事项

上述用于监督活动的很多信息都由被审计单位的信息系统产生，这些信息可能会存在错报，从而导致管理层从监督活动中得出错误的结论。因此，注册会计师应了解与被审计单位监督活动相关的信息来源，以及管理层认为信息具有可靠性的依据。如果拟利用被审计单位监督活动使用的信息（包括内部审计报告），注册会计师应考虑该信息是否具有可靠的基础，是否足以实现审计目标。

4.了解对内部控制的监督

注册会计师在对被审计单位整体层面的监督进行了解和评估时，主要考虑：

（1）是否定期评价内部控制；

（2）人员在履行正常职责时，能够在多大程度上获得内部控制是否有效运行的证据；

（3）与外部的沟通能够在多大程度上证实内部产生的信息或者指出存在的问题；

（4）管理层是否采纳内部审计人员和注册会计师有关内部控制的建议；

（5）管理层是否及时纠正控制运行中的偏差；

（6）管理层根据监管机构的报告及建议是否及时采取纠正措施；

（7）是否存在协助管理层监督内部控制的职能部门（如内部审计部门）。

（六）小型企业内部控制的特点

小型企业是指资产总额或营业额较小，职工人数较少，所有权和管理权集中于少数人，并具备下列一项或多项特征的企业：（1）收入来源单一；（2）会计记录简单；（3）内部控制有限。存在管理层凌驾于内部控制之上的可能性较大。小型企业可能使用非正式和简单的程序和方法实现内部控制目标。小型企业内部控制的特点见表2-7。

表2-7　　小型企业内部控制的特点

要素	特点
1.控制环境	(1) 可能产生凌驾于内部控制之上的风险。治理层可能不包括独立董事。如果除业主（经理）外，企业不存在其他所有者，治理职责直接由业主（经理）承担，控制环境的性质可能影响其他控制的重要性。 (2) 可能无法获取以文件形式存在的有关控制环境要素的审计证据，在管理层和其他人员之间的沟通采取非正式方式时尤其如此。 (3) CPA应重点了解管理层对内部控制设计的态度、认识和措施
2.风险评估过程	(1) 可能没有正式的风险评估过程，管理层可能通过直接参与经营活动识别风险。 (2) CPA应询问管理层已识别的风险以及管理层如何应对风险
3.信息系统与沟通	(1) 与财务报告相关的信息系统及相关的业务流程可能不如其他企业正式和复杂，但其作用却非常重要。业主亲自参与管理的小型企业可能不需要制定书面政策，或对会计程序作出详细说明。 (2) 了解企业的系统和程序相对简单，更多地依靠询问，而不是对记录的检查
4.控制活动	(1) 运行的正式程度与大企业有所不同。 (2) 某些控制活动可能由于管理层直接实施的控制而变得不再相关。 (3) 与小型企业审计相关的控制活动，可能与主要的业务流程相关
5.对控制的监督	管理层对控制的监督通常通过管理层或业主密切参与经营活动实现，管理层或业主可以识别实际情况与预期的重大差异和不正确的财务数据，从而采取纠正措施

（七）内部控制的人工和自动化成分

内部控制的人工和自动化成分见表2-8。

表2-8　　内部控制的人工和自动化成分

内部控制成分	内部控制	影响
人工	内部控制一般包括批准和复核业务活动，编制调节表并对调节项目进行跟踪	(1) 被审计单位的性质和经营的复杂程度。 (2) 内部控制的人工成分在处理下列需要主观判断或酌情处理的情形时可能更为适当：①存在大额、异常或偶发的交易；②存在难以定义、防范或预见的错误；③为应对情况的变化，需要对现有的自动化控制进行调整；④监督自动化控制的有效性。 (3) 特定风险：①人工控制可能更容易被规避、忽视或凌驾；②人工控制可能不具有一贯性；③人工控制可能更容易产生简单错误或失误。相对于自动化控制，人工控制的可靠性较差。 (4) 人工控制在下列情形中可能是不适当的：①存在大量或重复发生的交易；②事先可预见的错误能够通过自动化控制得以防范或发现；③控制活动可得到适当设计和自动化处理。内部控制风险的程度和性质受被审计单位信息系统的性质和特征的影响

续表

内部控制成分	内部控制	影响
自动化	信息技术系统中的控制可能既有自动化控制（如嵌入计算机程序的控制），又有人工控制	（1）被审计单位的性质和经营的复杂程度。 （2）信息技术通常在下列方面提高被审计单位内部控制的效率和效果：①在处理大量的交易或数据时，一贯运用事先确定的业务规则，并进行复杂运算；②提高信息的及时性、可获得性及准确性；③有助于对信息的深入分析；④加强对被审计单位政策和程序执行情况的监督；⑤降低控制被规避的风险；⑥通过对操作系统、应用程序系统和数据库系统实施安全控制，提高不相容职务分离的有效性。 （3）信息技术也可能对内部控制产生特定风险：①系统或程序未能正确处理数据，或处理了不正确的数据，或两种情况并存；②在未得到授权的情况下访问数据，可能导致数据的毁损或对数据进行不恰当的修改，包括记录未经授权或不存在的交易，或不正确地记录了交易；③信息技术人员可能获得超越其履行职责以外的数据访问权限，破坏了系统应有的职责分工；④未经授权改变主文档的数据；⑤未经授权改变系统或程序；⑥未能对系统或程序作出必要的修改；⑦不恰当的人为干预；⑧数据丢失的风险或不能访问所需要的数据

（八）内部控制的局限性

内部控制存在固有局限性，无论如何设计和执行，只能对财务报告的可靠性提供合理的保证。内部控制存在的固有局限性见表2-9。

表2-9 内部控制存在的固有局限性

固有局限性	案例
1.在决策时人为判断可能出现错误和由于人为失误而导致的内部控制失效	（1）被审计单位信息技术工作人员没有完全理解系统如何处理销售交易，为使系统能够处理新型产品的销售，可能错误地对系统进行更改。 （2）对系统的更改是正确的，但是程序员没能把更改转化为正确的程序代码
2.可能由于两个或更多的人员进行串通或管理层凌驾于内部控制之上而被规避	（1）管理层可能与客户签订背后协议，对标准的销售合同作出变动，从而导致确认收入发生错误。 （2）软件中的编辑控制旨在发现和报告超过赊销信用额度的交易，但这一控制可能被逾越或规避
3.行使控制职能的人员素质	如果被审计单位内部行使控制职能的人员素质不适应岗位要求，也会影响内部控制功能的正常发挥
4.实施内部控制的成本效益	被审计单位实施内部控制的成本效益问题也会影响其职能，当实施某项控制成本大于控制效果而发生损失时，就没有必要设置控制环节或控制措施
5.出现不经常发生或未预计到的业务	内部控制一般都是针对经常而重复发生的业务而设置的，如果出现不经常发生或未预计到的业务，原有控制就可能不适用

（九）对内部控制了解和评估的总结

内部控制控制环境要素更多地对被审计单位整体层面产生影响，而其他要素（如信息系统和沟通、控制活动）则可能更多地与特定业务流程相关。往往从被审计单位整体层面和业务流程层面分别了解和评价被审计单位的内部控制。在整体层面对内部控制了解，如图2-3所示。

视频：内部控制缺陷和改进措施案例讲解

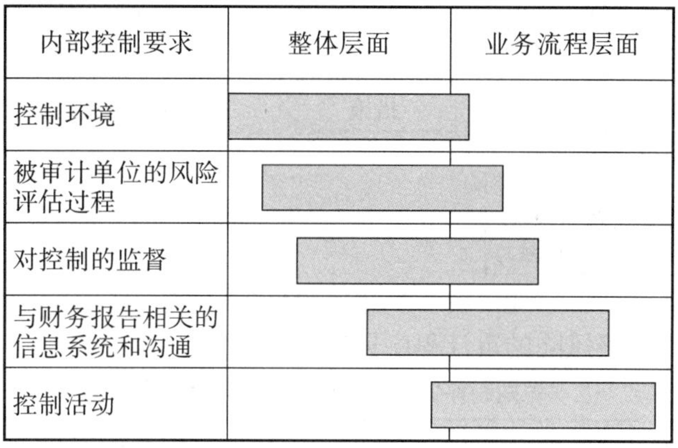

图2-3　在整体层面了解内部控制

在重要业务流程层面了解内部控制，如图2-4所示。

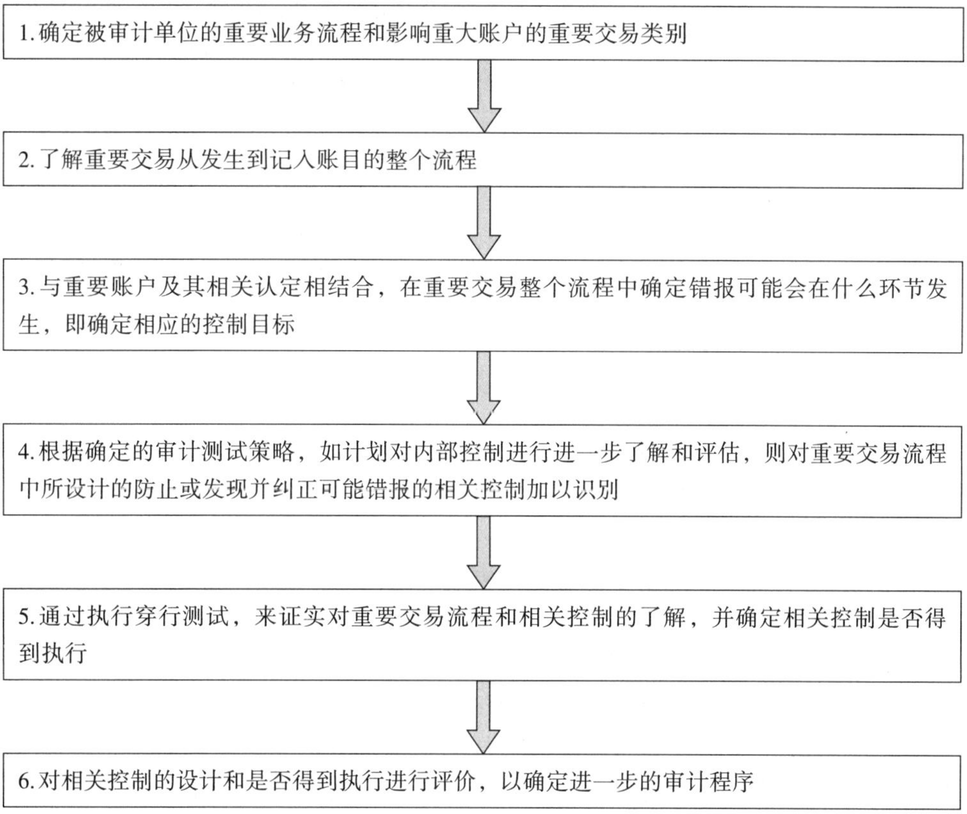

图2-4　在业务流程层面了解内部控制

三、识别和评估重大错报风险

注册会计师应识别和评估财务报表层次以及各类交易、账户余额、列报认定层次的重大错报风险。评估重大错报风险流程如图2-5所示。

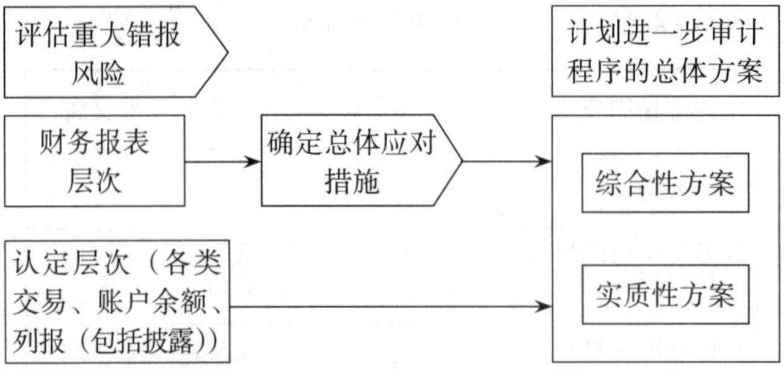

图2-5　评估重大错报风险流程

识别和评估重大错报风险的审计程序见表2-10。

表2-10　识别和评估重大错报风险的审计程序

审计程序	案例
（1）在风险评估的整个过程中识别风险，并将识别的风险与各类交易、账户余额、列报相联系	因相关环境法规的实施需要更新设备，将导致对原有设备提取减值准备；宏观经济的低迷可能预示应收账款的回收存在问题；竞争者开发的新产品上市，可能导致被审计单位的主要产品在短期内过时，预示将出现存货跌价和长期资产的减值
（2）将识别的风险与认定层次可能发生错报的领域相联系	销售困难使产品的市场价格下降，可能导致年末存货减值而需计提存货跌价准备，这显示存货的计价认定可能发生错报
（3）考虑识别的风险是否重大	除考虑产品市场价格下降因素外，还应考虑产品市场价格下降的幅度、该产品在企业产品中的比重等，以确定识别的风险对财务报表的影响是否重大
（4）考虑识别的风险导致财务报表发生重大错报的可能性	考虑存货的账面余额是否重大，是否已适当计提存货跌价准备等

注册会计师应充分关注可能表明被审计单位存在重大错报风险的下述事项和情况，并考虑由于这些事项和情况导致的风险是否重大，以及该风险导致财务报表发生重大错报的可能性：

（1）开展业务方面。在经济不稳定的国家或地区，高度波动的市场，严厉、复杂的监管环境中开展业务。

（2）持续经营和资产流动性方面。这包括重要客户流失、行业环境、供应链、信息技术环境发生变化、开发新产品或提供新服务，或进入新的业务领域、开辟新的经营场所、安装新的与财务报告有关的重大信息技术系统；融资能力受到限制，运用表外融资、特殊目的实体以及其他复杂的融资协议，发生重大收购、重组、复杂的联营或合资，拟出售分支机构或业务分部，重大的关联方交易或其他非经常性事项，发生重大的非常规交易。

（3）管理层方面。缺乏具备胜任能力的会计人员、关键人员变动、会计计量过程复杂、应用新颁布的会计准则或相关会计制度；内部控制薄弱、按照管理层特定意图记录的交易；信息技术战略与经营战略不协调；经营活动或财务报告受到监管机构的调查；以往存在重大错报或本期期末出现重大会计调整、事项或交易在计量时存在重大不确定性、存在未决诉讼和或有负债等等。

视频：了解被审计单位内部控制

注册会计师应利用实施风险评估程序获取的信息，包括在评价控制设计和确定其是否得到执行时获取的审计证据，作为支持风险评估结果的审计证据。注册会计师应根据风险评估结果，确定实施进一步审计程序的性质、时间安排和范围。

视频：内部控制习题精讲

（一）识别和评估认定层次的重大错报风险

在对重大错报风险进行识别和评估后，应确定识别的重大错报风险是与特定的某类交易、账户余额、列报的认定相关，还是与财务报表整体广泛相关，进而影响多项认定。具体做法见表2-11。

表2-11　具体做法

（1）已识别的风险是什么？	
财务报表层次	源于薄弱的被审计单位整体层次内部控制或信息技术一般控制； 特别风险； 与管理层凌驾和舞弊相关的风险因素； 管理层愿意接受的风险，例如小企业因缺乏职责分工导致的风险
认定层次	与完整性、准确性、存在或计价相关的特定风险： 收入、费用和其他交易 ——账户余额 ——财务报表披露 可能产生多重错报的风险
相关内部控制程序	特别风险； 用于预防、发现或减轻已识别风险的恰当设计并执行的内部控制程序； 仅通过执行控制测试应对的风险
（2）错报（金额影响）可能发生的规模有多大？	
财务报表层次	什么事项可能导致财务报表重大错报？考虑管理层凌驾、舞弊、未预期事件和以往经验
认定层次	交易、账户余额、列报的固有性质； 日常和例外事件； 以往经验
（3）事件（风险）发生的可能性有多大？	
财务报表层次	“来自高层的声音”； 管理层风险管理的方法； 使用的政策和程序； 以往经验
认定层次	相关的内部控制活动； 以往经验
相关内部控制程序	识别对于降低事件发生可能性非常关键的管理层风险应对要素

财务报表层次的重大错报风险很可能源于薄弱的控制环境。薄弱的控制环境带来的风险可能对财务报表产生广泛影响，难以限于某类交易、账户余额、列报，注册会计师应采取总体应对措施。

（二）需要特别考虑的重大错报风险

作为风险评估的一部分，注册会计师应运用职业判断，确定识别的风险哪些是需要特别考虑的重大错报风险（以下简称特别风险）。

在确定哪些风险是特别风险时，注册会计师应在考虑识别出的控制对相关风险的抵销效果前，根据风险的性质、潜在错报的重要程度（包括该风险是否可能导致多项错报）和发生的可能性，判断风险是否属于特别风险。

在确定风险的性质时，注册会计师应考虑：（1）风险是否属于舞弊风险；（2）风险是否与近期经济环境、会计处理方法和其他方面的重大变化有关；（3）交易的复杂程度；（4）风险是否涉及重大的关联方交易；（5）财务信息计量的主观程度，特别是对不确定事项的计量存在较大区间；（6）风险是否涉及异常或超出正常经营过程的重大交易。特别风险如图2-6所示。

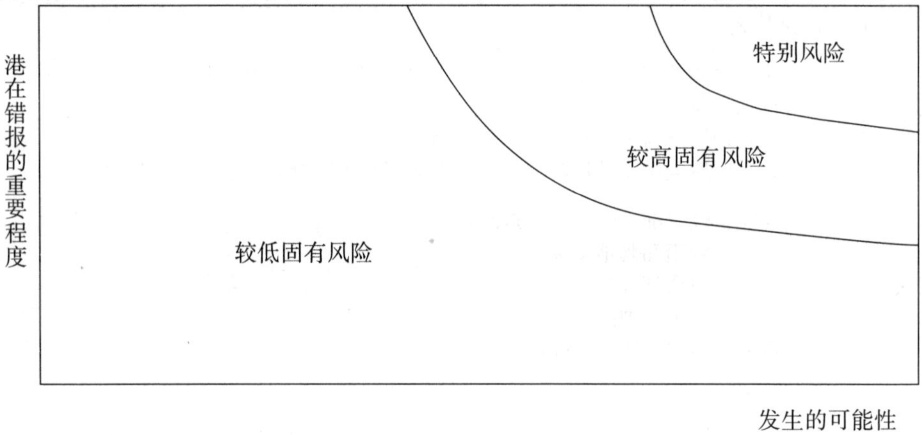

图2-6 特别风险

1.非常规交易和判断事项导致的特别风险

日常的、不复杂的、经正规处理的交易不太可能产生特别风险。特别风险通常与重大的非常规交易和判断事项有关。

（1）非常规交易导致的。非常规交易是指由于金额或性质异常而不经常发生的交易。

（2）判断事项导致的。判断事项通常包括作出的会计估计。

2.考虑与特别风险相关的控制

对特别风险，注册会计师应评价相关控制的设计情况，并确定其是否已经得到执行。由于与重大非常规交易或判断事项相关的风险很少受到日常控制的约束，注册会计师应了解被审计单位是否针对该特别风险设计和实施了控制。

重大非常规交易，特别是临近会计期末发生的、在作出“实质重于形式”判断方面存在困难的重大非常规交易，为被审计单位编制虚假财务报告提供了机会。被审计单位从事交易的目的可能是对财务信息作出虚假陈述或掩盖侵占资产的行为。

（1）重大非常规交易的概念。重大非常规交易是注册会计师在审计工作中发现的被审计单位超出正常经营过程的重大交易，或基于对被审计单位及其环境的了解以及在审计过程中获取的其他信息，认为显得异常的重大交易。重大非常规交易的例子包括但不限于：

①复杂的股权交易，如公司重组或收购；

②与处于公司法制不健全的国家或地区的境外实体之间的交易；

③对外提供厂房租赁或管理服务，而没有收取对价；

④具有异常大额折扣或退货的销售业务；

⑤循环交易；

⑥在合同期限届满之前变更条款的交易；

⑦采用特殊交易模式或创新交易模式；

⑧交易标的对被审计单位或交易对手而言不具有合理用途；

⑨交易价格明显偏离正常市场价格；

⑩非经营所需的、名义金额重大的衍生金融工具交易；

⑪不属于正常经营业务范围的、金额重大且没有实物流的交易。

视频：风险评估习题讲解

视频：W公司风险评估案例讲解

（2）如何应对与重大非常规交易相关的重大错报风险。注册会计师应当针对评估的财务报表层次重大错报风险设计和实施总体应对措施，并针对评估的认定层次重大错报风险设计和实施进一步审计程序，包括审计程序的性质、时间安排和范围。鉴于舞弊的性质，注册会计师在收集和评价审计证据，应对与重大非常规交易相关的舞弊风险时，保持职业怀疑非常重要。

案例分析

本案例中：

（1）财务人员A同时拥有管账（银行存款日记账）、管钱（银行存款的支取）、管物（支票、支票存根、作废支票）以及账实核对（银行存款对账单的取得及核对）的职权，严重违反了不相容职责分离的基本控制原则，极易造成贪污银行存款的情况发生。

具体地说，A可以利用支付费用时由B签发的支票取得银行存款而加以贪污，同时向B声称支票作废而另行签发。因作废支票由A保管，B无法察觉此种舞弊行为；对银行存款对账单的核对及对银行存款余额的调节均由A进行，致使这种舞弊不能通过与银行的核对而察觉；交公司总部的支出报告亦由A编写及呈送，又必然导致公司总部对A的失察。

可见，由于A集各种不相容职责于一身，通常赖以发现舞弊的内部控制，包括日记账与支票存根的核对、日记账与对账单的核对、拨入金额与支付金额的核对等关键内部控制均名存实亡。

建议：作废的支票必须由B签字，并注以明显的作废标记；银行对账单中列支的每一笔费用均须得到B的确认；公司总部财务部门定期核对向该销售网点的拨款金额、由B签发的支付金额、对该网点银行存款余额进行核对。

（2）①D注册会计师主要应关心以下与开具销售发票相关的主要问题：

a.是否对所有装运的货物都开具了销售发票？这涉及管理层对销售业务的“完整性”认定。

b.是否在货物发出后才开具账单？有无重复开具销售发票或虚构交易？这涉及管理层对销售交易的“发生”认定。

c.是否按已授权批准的商品价目表所列价格开具销售发票？这一问题涉及管理层对销售交易的“计价和分摊”认定。

②为了降低开具销售发票过程中出现重复、遗漏、错误计价或其他差错，E公司应设立如下控制程序：

a.在开具每张销售发票之前，开票人员应独立检查是否存在装运凭证和相应的经批准的销售单。

b.应依据已授权的商品价目表和装运凭证上的商品数量编制销售发票。

c.独立检查销售发票的计价和计算的正确性。

d.将装运凭证上的商品总数与相对应的销售发票上的商品总数进行比较。

知识拓展

穿行测试

穿行测试是指追踪交易在财务报告信息系统中的处理过程。为了解各类重要交易在业务流程中发生、处理和记录的过程，注册会计师通常每年都会执行穿行测试。执行穿行测试可获得下列方面的证据：（1）确认对业务流程的了解；（2）确认对重要交易的了解是完整的，即在交易流程中所有与财务报表认定相关的可能发生错报的环节都已识别；（3）确认所获取的有关流程中的预防性控制和检查性控制信息的准确性；（4）评估控制设计的有效性；（5）确认控制是否得到执行；（6）确认之前所作的书面记录的准确性。

需要注意的是，如果不打算信赖内部控制，注册会计师仍需要执行穿行测试以确认以前对业务流程及可能发生错报环节的了解的准确性和完整性。

对于重要的业务流程，不管是人工控制还是自动化控制，注册会计师都要对整个流程执行穿行测试，涵盖交易从发生到记账的过程。

当某重要业务流程有显著变化时，注册会计师应当根据变化的性质，及其对相关账户发生重大错报的影响程度，考虑是否需要对变化前后的业务都执行穿行测试。

在执行穿行测试的过程中，注册会计师应当在每一个规定要执行处理程序或控制的环节上，询问被审计单位的员工，以了解他们对岗位职责的理解，并设法判断处理程序和控制是否得到执行。

同步训练

一、单项选择题（每题只有一个正确答案，请将正确答案填在括号内）

1.了解被审计单位及其环境一般（　　）。

A.在承接客户或续约时进行

B.在制订审计计划时进行

C.在期中审计时进行

D.贯穿整个审计过程的始终

2.了解被审计单位财务业绩衡量和评价的最重要的目的是（　　）。

A.了解被审计单位的业绩趋势

B.确定被审计单位的业绩是否达到预算

C.识别是否存在舞弊风险

D.将被审计单位的业绩与同行业作比较

3.在了解甲公司的内部控制时，下列各项中注册会计师最应当关注的是（　　）。

A.内部控制是否按照管理层的意图，实现了经营效率

B.内部控制是否能够防止或发现并纠正错误或舞弊

C.内部控制是否明确区分控制要素

D.内部控制是否没有因串通而失效

4.下列各项中注册会计师没有义务实施的程序是（　　）。

A.查找丙公司内部控制运行中的所有重大缺陷

B.了解丙公司情况及其环境

C.实施审计程序，以了解丙公司内部控制的设计

D.实施穿行测试，以确定丙公司相关控制活动是否得到执行

5.下列与审计相关的内部控制的说法中，正确的是（　　）。

A.与财务报告相关的内部控制与审计相关

B.与审计相关的内部控制并非均与财务报告相关

C.与经营目标相关的内部控制与审计无关

D.与合规目标相关的内部控制与审计无关

6.在确定控制活动是否能够防止或发现并纠正重大错报时，下列审计程序中可能无法实现这一目的的是（　　）。

A.询问员工执行控制活动的情况

B.使用高度汇总的数据实施分析程序

C.观察员工执行的控制活动

D.检查文件和记录

二、多项选择题（每题有两个或两个以上正确答案，请将正确答案填在括号内）

1.在了解被审计单位财务业绩的衡量和评价时，下列各项中，注册会计师可以考虑的信息有（　　）。

A.经营统计数据

B.信用评级机构报告

C.证券研究机构的分析报告

D.员工业绩考核与激励性报酬政策

2.就了解被审计单位及其环境并评估重大错报风险来说，应形成审计工作记录的内容

包括（　　）。

A.项目组对由舞弊或错误导致财务报表发生重大错报的可能性进行的讨论，以及得出的重要结论

B.注册会计师对被审计单位及其环境各个方面的了解要点、信息来源以及实施的风险评估程序

C.注册会计师在财务报表层次和认定层次识别、评估出的重大错报风险

D.注册会计师识别出的特别风险和仅通过实质性程序无法应对的重大错报风险

3.“观察和检查”是注册会计师了解被审计单位及其环境而必须执行的程序，它不仅可以印证注册会计师对管理层和其他相关人员的询问结果，而且可提供有关被审计单位及其环境的信息。注册会计师应当实施的观察和检查程序包括（　　）。

A.将预期的结果与被审计单位记录的金额，依据金额计算的比率、趋势进行比较

B.检查文件、记录和内部控制手册，阅读由管理层和治理层编制的报告

C.追踪交易在财务报告信息系统中的处理过程，实施穿行测试

D.实地察看被审计单位的生产经营场所和设备

4.在了解控制环境时，注册会计师应当关注的内容有（　　）。

A.公司治理层相对于管理层的独立性

B.公司管理层的理念和经营风格

C.公司员工整体的道德价值观

D.公司对控制的监督

5.内部控制的人工控制在处理一些情形时可能更为适当，包括（　　）。

A.存在大量或重复发生的交易

B.存在难以定义、防范或预见的错误

C.为应对情况的变化，需要对现有的自动化控制进行调整

D.监督自动化控制的有效性

6.下列各项中，与公司财务报表层次重大错报风险评估不相关的有（　　）。

A.公司应收账款周转率呈明显下降趋势

B.公司持有大量高价值且易被盗窃的资产

C.公司的生产成本计算过程相当复杂

D.公司控制环节薄弱

三、判断题

1.注册会计师无须了解被审计单位的所有内部控制，而只需要了解与审计相关的内部控制。（　　）

2.了解被审计单位及其环境一般只需在承接客户和续约时进行。（　　）

3.当被审计单位业务量大，经济业务复杂时出具虚假财务报告的可能性极大。（　　）

4.审计人员应当识别和评估财务报表层次以及各类交易、账户余额、列报认定层次的重大错报风险。（　　）

四、案例题

某企业财务科有三位会计人员，他们要完成如下7项会计工作：

（1）记录总账；

（2）记录应付账款明细账；

（3）记录应收账款明细账；

（4）开具支票，以便主管人员签章，并记载库存现金日记账；

（5）开具退货拒付通知书；

（6）调节银行对账单；

（7）处理并送存所收入的现金。

要求：现已知这三人均具有相当的能力，除了调节银行对账单、签发拒付通知书工作量较小外，其他各项会计工作量基本相等，如何将上述工作分配给三人，使会计工作起到较好的内控作用，并使三人的工作量基本相等？

任务二　风险应对

案例导入

舞弊铁三角

舞弊行为的发生一般都同时具备三项风险因素，见表2-12。

表2-12　舞弊风险因素

因素	概念	例解
动机或压力	舞弊者实施舞弊是有动机或压力的。首要条件	（1）动机。侵吞、挪用资产的动机可能是个人生活入不敷出，或是为了满足对奢华物质生活的贪欲。 （2）压力。对财务信息作出虚假报告，可能是因为管理层出于被审计单位外部或内部实现特定利润目标（有可能是不切实际的目标）的压力，特别是当没有实现特定的财务目标将会对管理层产生重大不利后果（如影响到管理层个人的经济利益或职务升迁）时
机会	存在着舞弊者得以实施舞弊行为的机会	如果内控可以被处于关键管理职位或熟知内控的某个薄弱环节的人员所凌驾或规避，那么就存在着对财务信息作出虚假报告或挪用资产的机会
借口	舞弊者可能会为舞弊行为寻求貌似合理的借口，以求得内心的平衡或解脱	当某人侵占资产时，其内心可能认为其所在的组织未能向其提供应有的待遇或补偿；编制虚假财务报告者可能认为不是出于个人私利，而是为了公司利益。这些貌似合理的借口，往往与舞弊者特定的性格特征和价值取向有关

上述风险因素也被称为“舞弊铁三角”，如图2-7所示。除了具有理论特征描述的功

能外，也为注册会计师在实务工作中识别与评估舞弊导致的财务报表重大错报风险提供了多个思考维度和视角，更加有助于实务操作。

Albrecht et.al提出的舞弊铁三角

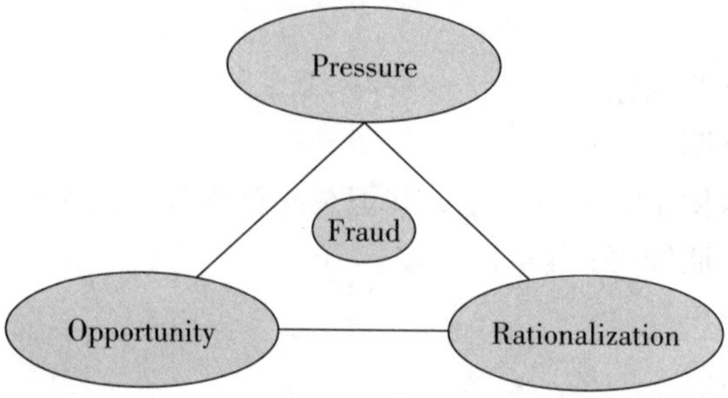

图2-7 舞弊铁三角

分析针对评估的舞弊导致的财务报表层次重大错报风险的总体应对措施有哪些？

资料来源：王生根. 审计实务［M］. 2版. 北京：高等教育出版社，2015.

知识准备

一、财务报表层次重大错报风险与总体应对措施

《中国注册会计师审计准则第1101号——注册会计师的总体目标和审计工作的基本要求》规定，注册会计师在审计过程中应贯彻风险导向审计的理念，围绕重大错报风险的识别、评估和应对，计划和实施审计工作。注册会计师针对已评估的重大错报风险确定总体应对措施，设计和实施进一步审计程序，具体业务流程如图2-8所示。

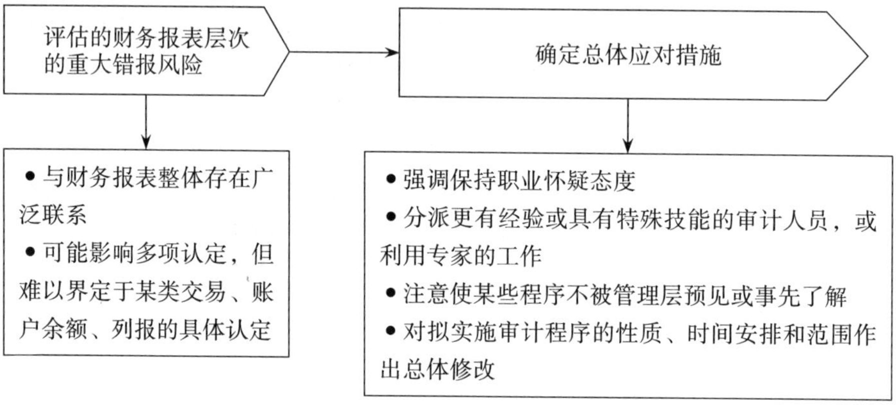

图2-8 总体应对措施

在风险评估过程中，注册会计师应确定，识别的重大错报风险是与哪个层次相关，进而影响认定。如果是与财务报表整体广泛相关，则属于财务报表层次的重大错报风险。

针对评估的财务报表层次重大错报风险确定的总体应对措施见表2-13。

表2-13　　针对评估的财务报表层次重大错报风险确定的总体应对措施

总体应对措施	具体安排
1.向项目组强调在收集和评价审计证据过程中保持职业怀疑态度的必要性	参见《中国注册会计师审计准则第1101号——注册会计师的总体目标和审计工作的基本要求》应用指南
2.分派更有经验或具有特殊技能的审计人员，或利用专家的工作	（1）审计项目组成员中应有一定比例的人员曾经参与过被审计单位以前年度的审计； （2）或具有被审计单位所处特定行业的相关审计经验； （3）必要时，考虑利用专家的工作
3.提供更多的督导	对于重大错报风险较高的审计项目，项目组的高级别成员，对其他成员提供更详细、更经常、更及时的指导和监督并加强项目质量控制复核
4.在选择进一步审计程序时，应注意使某些程序不被管理层预见或事先了解	（1）对某些未测试过的低于设定的重要性水平或风险较小的账户余额和认定实施实质性程序； （2）调整实施审计程序的时间安排，使被审计单位不可预见； （3）采取不同的审计抽样方法，使当期抽取的测试样本与以前有所不同； （4）选取不同的地点实施审计程序，或预先不告知被审计单位所选定的测试地点
5.对拟实施审计程序的性质、时间安排和范围作出总体修改	（1）在期末而非期中实施更多的审计程序； （2）主要依赖实质性程序获取审计证据； （3）修改审计程序的性质，获取更具说服力的证据； （4）扩大审计程序的范围

（一）增加审计程序不可预见性的方法

为避免被审计单位规避原有审计套路，避免既定思维对计划审计工作的限制，避免对审计效果的人为干涉，通过巧妙设计实施审计程序的性质、时间安排和范围，进一步增加审计程序的不可预见性，使得审计程序具体操作不被审计单位预见或事先了解，取得较好的审计效果。

注册会计师可以通过增加审计程序提高审计程序的不可预见性，见表2-14。

表2-14　　通过增加审计程序提高审计程序的不可预见性

增加审计程序	不可预见性
1.对某些以前未测试的低于设定的重要性水平或风险较小的账户余额和认定实施实质性程序	关注以前未曾关注过的审计领域，尽管这些领域的重要程度可能比较低；如果这些领域有可能被用于掩盖舞弊行为，注册会计师就要针对这些领域实施一些具有不可预见性的测试
2.调整实施审计程序的时间安排，使其超出被审计单位的预期	如果注册会计师在以前年度的大多数审计工作都围绕着12月或在年底前后进行，注册会计师可以考虑调整实施审计程序时测试项目的时间，从测试12月的项目调整到测试其他月份
3.采取不同的审计抽样方法	使当年抽取的测试样本与以前有所不同
4.选取不同的地点实施审计程序，或预先不告知被审计单位所选定的测试地点	在存货监盘程序中，可以到未事先通知被审计单位的盘点现场进行监盘，使被审计单位没有机会事先清理现场，隐藏一些不想让注册会计师知道的情况

（二）增加审计程序不可预见性的实施要点

（1）注册会计师需要与被审计单位的高层管理人员事先沟通，要求实施具有不可预见性的审计程序，但不能告知其具体内容。注册会计师可以在签订审计业务约定书时明确提出这一要求。

（2）虽然对于不可预见程度没有量化的规定，但审计项目组可根据对舞弊风险的评估等确定具有不可预见性的审计程序。审计项目组可以汇总那些具有不可预见性的审计程序，并记录在审计工作底稿中。

（3）项目合伙人需要安排项目组成员有效地实施具有不可预见性的审计程序，但同时要避免使项目组成员处于困难境地。

（三）增加审计程序不可预见性的示例

表2-15举例说明了一些具有不可预见性的审计程序。

表2-15　　审计程序的不可预见性示例

审计领域	一些可能适用的具有不可预见性的审计程序
存货	向以前审计过程中接触不多的被审计单位员工询问，如采购、销售、生产人员等
	在不事先通知被审计单位的情况下，选择一些以前未曾到过的盘点地点进行存货监盘
销售和应收账款	向以前审计过程中接触不多或未曾接触过的被审计单位员工询问，如负责处理大客户账户的销售部人员
	改变实施实质性分析程序的对象，如对收入按细类进行分析
	针对销售和销售退回延长截止测试期间
	实施以前未曾考虑过的审计程序，例如： ①函证确认销售条款或者选定销售额较不重要、以前未曾关注的销售交易，例如，对出口销售实施实质性程序。 ②实施更细致的分析程序，例如，使用计算机辅助审计技术复核销售及客户账户。 ③测试以前未曾函证过的账户余额，如金额为负或是零的账户，或者余额低于以前设定的重要性水平的账户。 ④改变函证日期，即把所函证账户的截止日期提前或者推迟。 ⑤对关联公司销售和相关账户余额，除了进行函证外，再实施其他审计程序进行验证
采购和应付账款	如果以前未曾对应付账款余额普遍进行函证，可考虑直接向供应商函证确认余额。如果经常采用函证方式，可考虑改变函证的范围或者时间
	对以前由于低于设定的重要性水平而未曾测试过的采购项目，进行细节测试
	使用计算机辅助审计技术审阅采购和付款账户，以发现一些特殊项目，例如，是否有不同的供应商使用相同的银行账户
库存现金和银行存款	多选几个月的银行存款余额调节表进行测试
	对有大量银行账户的，考虑改变抽样方法
固定资产	对以前由于公共开支设定的重要性水平而未曾测试过的国有资产进行测试，例如，考虑实地盘查一些价值较低的固定资产，如汽车和其他设备等
	修改分支机构审计工作范围或者区域（如增加某些较次要分支机构的审计工作量，或实地去分支机构开展审计工作）

（四）总体应对措施对拟实施进一步审计程序的总体方案的影响

财务报表层次重大错报风险难以限于某类交易、账户余额、列报的特点，意味着此类风险可能对财务报表的多项认定产生广泛影响，并相应增加对认定层次重大错报风险的评估难度。因此，评估的财务报表层次重大错报风险以及采取的总体应对措施，对拟实施进一步审计程序的总体方案具有重大影响。计划进一步审计程序的总体方案如图2-9所示。

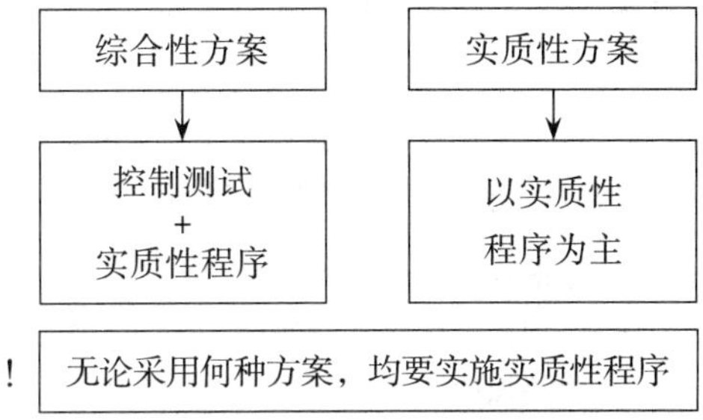

图2-9　计划进一步审计程序的总体方案

当评估的财务报表层次重大错报风险属于高风险水平（并相应采取更强调审计程序不可预见性，重视调整审计程序的性质、时间安排和范围等总体应对措施）时，拟实施进一步审计程序的总体方案往往更倾向于实质性方案。注册会计师应根据对认定层次重大错报风险的评估结果，恰当选用实质性方案或综合性方案。还需要特别说明的是，注册会计师对重大错报风险的评估毕竟是一种主观判断，可能无法充分识别所有的重大错报风险，同时内部控制存在固有局限性（特别是存在管理层凌驾于内部控制之上的可能性），因此，无论选择何种方案，注册会计师都应对所有重大的各类交易、账户余额、列报设计和实施实质性程序。

二、针对认定层次重大错报风险的进一步审计程序

（一）进一步审计程序的含义和要求

进一步审计程序，是指注册会计师针对评估的各类交易、账户余额、列报认定层次重大错报风险实施的审计程序，包括控制测试和实质性程序。设计进一步审计程序应考虑的因素和要求见表2-16。

表2-16　设计进一步审计程序应考虑的因素与要求

因素	要求
（1）风险的重要性	是指风险造成的后果的严重程度。风险造成的后果越严重，就越需要关注和重视，越需要精心设计有针对性的进一步审计程序
（2）重大错报发生的可能性	重大错报发生的可能性越大，同样越需要精心设计进一步审计程序
（3）涉及的各类交易、账户余额、列报的特征	不同的交易、账户余额、列报，产生的认定层次的重大错报风险也会存在差异，适用的审计程序也有差别，需要区别对待，并设计有针对性的进一步审计程序予以应对

续表

因素	要求
(4) 采用的特定控制的性质	不同性质的控制(无论是人工控制还是自动化控制)对设计进一步的审计程序都具有重要影响
(5) 注册会计师是否拟获取审计证据,以确定内部控制在防止或发现并纠正重大错报方面的有效性	如果在风险评估时预期内部控制运行有效,随后拟实施的进一步审计程序就必须包括控制测试,且实质性程序自然会受到之前控制测试结果的影响
(6) 成本效益	可以采用综合性方案设计进一步审计程序,即将测试控制运行的有效性与实质性程序结合使用
(7) 方案的选择	①但在某些情况下(如仅通过实质性程序无法应对重大错报风险),必须通过实施控制测试,才可能有效应对评估出的某一认定的重大错报风险;②而在另一些情况下(如风险评估程序未能识别出与认定相关的任何控制,或认为控制测试很可能不符合成本效益原则),可能认为仅实施实质性程序就是适当的
(8) 小型企业	可能不存在能够被注册会计师识别的控制活动,注册会计师实施的进一步审计程序可能主要是实质性程序。但应意识到在缺乏控制的情况下,仅通过实施实质性程序是否能够获取充分、适当的审计证据

(二)进一步审计程序的性质

进一步审计程序的性质是指进一步审计程序的目的和类型。其中:进一步审计程序的目的包括通过实施控制测试以确定内部控制运行的有效性,通过实施实质性程序以发现认定层次的重大错报;进一步审计程序的类型包括检查、观察、询问、函证、重新计算、重新执行和分析程序。

在应对评估的风险时,合理确定审计程序的性质是最重要的。如对于与收入完整性认定相关的重大错报风险,控制测试通常更能有效应对;对于与收入发生认定相关的重大错报风险,实质性程序通常更能有效应对。进一步审计程序的性质的选择步骤见表2-17。

表2-17 进一步审计程序的性质的选择步骤

选择步骤	考虑因素	影响	举例
第一步:在确定进一步审计程序的性质时	从总体上把握认定层次重大错报风险的评估结果	评估的认定层次重大错报风险越高,对通过实质性程序获取的审计证据的相关性和可靠性的要求越高,从而可能影响进一步审计程序的类型及其综合运用	当注册会计师判断某类交易协议的完整性存在更高的重大错报风险时,除了检查文件以外,注册会计师还可能决定向第三方询问或函证协议条款的完整性

续表

选择步骤	考虑因素	影响	举例
第二步：在确定拟实施的审计程序时	评估的认定层次重大错报风险产生的原因，包括考虑各类交易、账户余额、列报的具体特征以及内部控制	综合性方案或实质性方案	（1）可能判断某特定类别的交易即使在不存在相关控制的情况下发生重大错报的风险仍较低，此时注册会计师可能认为仅实施实质性程序就可以获取充分、适当的审计证据；（2）对于经被审计单位信息系统日常处理和控制的某类交易，如果注册会计师预期此类交易在内部控制运行有效的情况下发生重大错报的风险较低，且拟在控制运行有效的基础上设计实质性程序，就会决定先实施控制测试
如果在实施进一步审计程序时拟利用被审计单位信息系统生成的信息	就信息的准确性和完整性获取审计证据	综合性方案或实质性方案	（1）在实施实质性分析程序时，使用了被审计单位生成的非财务信息或预算数据；（2）在对被审计单位的存货期末余额实施实质性程序时，拟利用被审计单位信息系统生成的各个存货存放地点及其余额清单，注册会计师应获取关于这些信息的准确性和完整性的审计证据

（三）进一步审计程序的时间安排

进一步审计程序的时间安排包括：（1）注册会计师何时实施进一步审计程序；（2）审计证据适用的期间或时点。在某些情况下指的是审计程序的实施时间，在另一些情况下是指需要获取的审计证据适用的期间或时点。进一步审计程序时间安排的选择见表2-18。

表2-18　　进一步审计程序时间安排的选择

重大错报风险	性质	时间	范围
高	实质性程序	（1）期末或接近期末； （2）采用不通知的方式； （3）在管理层不能预见的时间	较大样本、较多证据
中	实质性方案或综合性方案	期中	适中样本、适量证据
低	综合性方案	期中或期末	较小样本、较少证据

1.期中实施进一步审计程序的局限性

（1）注册会计师往往难以仅凭在期中实施的进一步审计程序获取有关期中以前的充分、适当的审计证据；

（2）即使注册会计师在期中实施的进一步审计程序能够获取有关期中以前的充分、适当的审计证据，但从期中到期末这段剩余期间还往往会发生重大的交易或事项，从而对所审计期间的财务报表认定产生重大影响；

（3）被审计单位管理层也完全有可能在注册会计师于期中实施了进一步审计程序之后对期中以前的相关会计记录作出调整甚至篡改，注册会计师在期中实施了进一步审计程序所获取的审计证据已经发生了变化。

2. 注册会计师在确定何时实施审计程序时应考虑的因素

注册会计师在确定何时实施审计程序时应考虑的因素见表2-19。

表2-19　注册会计师在确定何时实施审计程序时应考虑的因素

因素	要求及案例
控制环境	良好的控制环境可以抵销在期中实施进一步审计程序的局限性，使注册会计师在确定实施进一步审计程序的时间安排时有更大的灵活度
何时能得到相关信息	某些控制活动可能仅在期中（或期中以前）发生，而之后可能难以再被观察到
错报风险的性质	注册会计师需要考虑在期末这个特定时点获取被审计单位截至期末所能提供的所有销售合同及相关资料，以防范被审计单位在资产负债表日后伪造销售合同虚增收入的做法
审计证据适用的期间或时点	注册会计师应根据需要获取的特定审计证据确定何时实施进一步审计程序
一些限制选择的情况	（1）某些审计程序只能在期末或期末以后实施； （2）如果被审计单位在期末或接近期末发生了重大交易，或重大交易在期末尚未完成，注册会计师应考虑交易的发生或截止等认定可能存在的重大错报风险，并在期末或期末以后检查此类交易

（四）进一步审计程序的范围

进一步审计程序的范围是指实施进一步审计程序的数量，包括抽取的样本量，对某项控制活动的观察次数等。确定进一步审计程序的范围时应考虑的因素见表2-20。

表2-20　确定进一步审计程序的范围时应考虑的因素

因素	影响
（1）确定的重要性水平	重要性水平越低，范围越广
（2）评估的重大错报风险	重大错报风险越高，范围越广
（3）计划获取的保证程度	保证程度越高，范围越广
（4）可容忍错报	可容忍错报与样本规模是反向变动关系
（5）随着重大错报风险的增加	应考虑扩大审计程序的范围；只有当审计程序本身与特定风险相关时，扩大审计程序的范围才是有效的
（6）计算机辅助审计技术	对电子化的交易和账户文档进行更广泛的测试

鉴于进一步审计程序的范围往往是通过一定的抽样方法加以确定的，因此，注册会计师需要慎重考虑抽样过程对审计程序范围的影响是否能够有效实现审计目的。注册会计师使用恰当的抽样方法通常可以得出有效结论。但如果存在下列情形，注册会计师依据样本得出的结论可能与对总体实施同样的审计程序得出的结论不同，出现不可接受的风险：①从总体中选择的样本量过小；②选择的抽样方法对实现特定目标不适当；③未对发现的例外事项进行恰当的追查。

（五）评价审计证据

在就财务报表与所了解的被审计单位的情况是否一致形成总体结论时，注册会计师应当评价在临近审计结束时实施的分析程序，是否表明存在此前尚未识别的由于舞弊导致的重大错报风险。确定哪些特定趋势和关系可能表明存在由于舞弊导致的重大错报风险，需要运用职业判断；涉及期末收入和利润的异常关系尤其值得关注。这些趋势和关系可能包括：在报告期的最后几周内记录了不寻常的大额收入或异常交易，或收入与经营活动产生的现金流量趋势不一致。

如果识别出某项错报，注册会计师应当评价该项错报是否表明存在舞弊。如果存在舞弊的迹象，由于舞弊涉及实施舞弊的动机或压力、机会或借口，因为一个舞弊事项不太可能是孤立发生的事项，注册会计师应当评价该项错报对审计工作其他方面的影响，特别是对管理层声明可靠性的影响。

如果识别出某项错报，并有理由认为该项错报是或可能是由于舞弊导致的，且涉及管理层，特别是涉及较高层级的管理层，无论该项错报是否重大，注册会计师都应当重新评价对由于舞弊导致的重大错报风险的评估结果，以及该结果对旨在应对评估的风险的审计程序的性质、时间安排和范围的影响。

在重新考虑此前获取的审计证据的可靠性时，注册会计师还应当考虑相关的情形是否表明可能存在涉及员工、管理层或第三方的串通舞弊。

如果确认财务报表存在由于舞弊导致的重大错报，或无法确定财务报表是否存在由于舞弊导致的重大错报，注册会计师应当评价这两种情况对审计的影响。

三、控制测试

（一）控制测试的含义和要求

1.控制测试的含义

控制测试，是指用于评价内部控制在防止或发现并纠正认定层次重大错报方面的运行有效性的审计程序。这一概念需与了解内部控制加以比较，两者之间的区别见表2-21。

表2-21 控制测试与了解内部控制的区别

区别	了解内部控制	控制测试
目的不同	（1）评价控制的设计（哪里来?） （2）确定控制是否得到执行（用不用?）	测试控制运行的有效性（好不好?）
重点不同	控制得到执行	控制运行的有效性
过程不同	风险评估程序时	进一步审计程序时
证据质量不同	（1）某项控制是否存在（有没有?） （2）被审计单位正在使用（用不用?）	从下面几个方面判断控制是否能够在各个不同时点按照既定设计得以一贯执行： （1）控制在所审计期间的不同时点是如何运行的； （2）控制是否得到一贯执行； （3）控制由谁执行； （4）控制以何种方式运行

续表

区别	了解内部控制	控制测试
证据数量不同	（1）只需抽取少量的交易进行检查； （2）观察某几个时点	（1）需要抽取足够数量的交易进行检查； （2）对多个不同时点进行观察
性质不同	（1）询问被审计单位的人员； （2）观察特定控制的运用； （3）检查文件和报告； （4）穿行测试	（1）询问以获取与内部控制运行情况相关的信息； （2）观察以获取控制（如职责分离）的运行情况； （3）检查以获取控制的运行情况； （4）穿行测试； （5）重新执行
要求不同	必要程序	必要时或决定测试时

2.控制测试的要求

作为进一步审计程序的类型之一，控制测试并非在任何情况下都需要实施。

（1）在评估认定层次重大错报风险时，预期控制的运行是有效的。如果在评估认定层次重大错报风险时预期控制的运行是有效的，注册会计师应实施控制测试，就控制在相关期间或时点的运行有效性获取充分、适当的审计证据。

（2）仅实施实质性程序不足以提供认定层次充分、适当的审计证据。如果认为仅实施实质性程序获取的审计证据无法将认定层次重大错报风险降至可接受的低水平，注册会计师应实施相关的控制测试，以获取控制运行有效性的审计证据。

（3）分期控制测试。被审计单位在所审计期间内可能由于技术更新或组织管理变更而更换了信息系统，从而导致在不同时期使用了不同的控制。如果被审计单位在所审计期间内的不同时期使用了不同的控制，注册会计师应考虑不同时期控制运行的有效性。

（二）控制测试的性质

控制测试的性质是指控制测试所使用的审计程序的类型及其组合。计划从控制测试中获取的保证水平是决定控制测试性质的主要因素之一。注册会计师应选择适当类型的审计程序以获取有关控制运行有效性的保证。计划的保证水平越高，对有关控制运行有效性的审计证据的可靠性要求越高。当拟实施的进一步审计程序主要以控制测试为主，尤其是仅实施实质性程序获取的审计证据无法将认定层次重大错报风险降至可接受的低水平时，注册会计师应获取有关控制运行有效性的更高的保证水平。

虽然控制测试与了解内部控制的目的不同，但两者采用审计程序的类型通常相同，包括询问、观察、检查和穿行测试。此外，控制测试的程序还包括重新执行。具体运用及组合见表2-22。

视频：控制测试的性质

确定控制测试的性质时的要求见表2-23。

表2-22　控制测试程序的具体运用

类型	运用	注意事项
询问	向被审计单位适当员工询问，获取与内部控制运行情况相关的信息	(1) 本身并不足以测试控制运行的有效性； (2) 注册会计师应将询问与其他审计程序结合使用，以获取有关控制运行有效性的审计证据； (3) 在询问过程中，注册会计师应保持职业怀疑态度
观察	测试不留下书面记录的控制（如职责分离）的运行情况的有效方法	(1) 观察提供的证据仅限于观察发生的时点； (2) 本身也不足以测试控制运行的有效性； (3) 观察也可运用于实物控制，如查看仓库门是否锁好，或空白支票是否妥善保管； (4) 通常情况下，注册会计师通过观察直接获取的证据比间接获取的证据更可靠； (5) 还要考虑其所观察到的控制，在注册会计师不在场时可能未被执行的情况
检查	对运行情况留有书面证据的控制，检查非常适用	书面说明、复核时留下的记号，或其他记录在偏差报告中的标志都可以被当做控制运行情况的证据
重新执行	通常只有当询问、观察和检查程序结合在一起仍无法获得充分的证据时，注册会计师才考虑通过重新执行来证实控制是否有效运行	(1) 为了合理保证计价认定的准确性，被审计单位的一项控制是由复核人员核对销售发票上的价格与统一价格单上的价格是否一致。但是，要检查复核人员有没有认真执行核对，仅仅检查复核人员是否在相关文件上签字是不够的，注册会计师还需要自己选取一部分销售发票进行核对。 (2) 如果需要进行大量的重新执行，注册会计师就要考虑通过实施控制测试以缩小实质性程序的范围是否有效率。 (3) 将询问与检查或重新执行结合使用，通常能够比仅实施询问和观察获取更高的保证
穿行测试	更多地在了解内部控制时运用；是通过追踪交易在财务报告信息系统中的处理过程，来证实注册会计师对控制的了解、评价控制设计的有效性以及确定控制是否得到执行	(1) 在执行穿行测试时，注册会计师可能获取部分控制运行有效性的审计证据； (2) 穿行测试不是单独的一种程序，而是将多种程序按特定审计需要进行结合运用的方法

表2-23 确定控制测试的性质时的要求

要求	运用
1.考虑特定控制的性质	根据特定控制的性质选择所需实施审计程序的类型： （1）某些控制可能存在反映控制运行有效性的文件记录，在这种情况下，注册会计师可以检查这些文件记录以获取控制运行有效的审计证据； （2）某些控制可能不存在文件记录，或文件记录与能否证实控制运行有效性不相关，注册会计师应考虑实施检查以外的其他审计程序（如询问和观察）或借助计算机辅助审计技术，以获取有关控制运行有效性的审计证据
2.考虑测试与认定直接相关和间接相关的控制	（1）与认定直接相关的控制，被审计单位可能针对超出信用额度的例外赊销交易设置报告和审核制度，以获取支持控制运行有效性的审计证据； （2）与认定间接相关的控制，考虑与例外赊销报告中信息准确性有关的控制是否有效运行
3.自动化的应用控制	可以利用该项控制得以执行的审计证据和信息技术一般控制（特别是对系统变动的控制）运行有效性的审计证据，作为支持该项控制在相关期间运行有效性的重要审计证据

如果通过实施实质性程序未发现某项认定存在错报，这本身并不能说明与该认定有关的控制是有效运行的；但如果通过实施实质性程序发现某项认定存在错报，注册会计师应在评价相关控制的运行有效性时予以考虑。因此，注册会计师应考虑实施实质性程序发现的错报对评价相关控制运行有效性的影响：①如降低对相关控制的信赖程度；②调整实质性程序的性质；③扩大实质性程序的范围等。

（三）控制测试的时间安排

控制测试的时间安排包含两层含义：一是何时实施控制测试；二是测试所针对的控制适用的时点或期间。因此，注册会计师应根据控制测试的目的确定控制测试的时间安排，并确定拟信赖的相关控制的时点或期间。（1）如果仅需要测试控制在特定时点的运行有效性，注册会计师只需要获取该时点的审计证据。（2）如果需要获取控制在某一期间有效运行的审计证据，仅获取与时点相关的审计证据是不充分的，注册会计师应辅以其他控制测试，包括测试被审计单位对控制的监督。（3）注意事项。关于控制在多个不同时点的运行有效性的审计证据的简单累加并不能构成控制在某期间的运行有效性的充分、适当的审计证据。（4）“其他控制测试”应具备的功能是，能提供相关控制在所有相关时点都运行有效的审计证据。

1.对期中审计证据的考虑

如果已获取有关控制在期中运行有效性的审计证据，并拟利用该证据，注册会计师应实施下列审计程序：（1）获取这些控制在剩余期间变化情况的审计证据。（2）确定针对剩余期间还需获取的补充审计证据。

注册会计师针对期中证据以外的、剩余期间的补充证据应考虑因素，见表2-24。

表2-24　　针对期中证据以外的、剩余期间的补充证据应考虑因素

因素	影响
(1) 评估的认定层次重大错报风险的重大程度	评估的重大错报风险对财务报表的影响越大，获取的剩余期间的补充证据越多
(2) 在期中测试的特定控制	对自动化运行的控制，注册会计师更可能测试信息系统一般控制的运行有效性，以获取控制在剩余期间运行有效性的审计证据
(3) 在期中对有关控制运行有效性获取的审计证据的程度	如果在期中对有关控制运行有效性获取的审计证据比较充分，可适当减少需要获取的剩余期间的补充证据
(4) 剩余期间的长度	剩余期间越长，补充证据越多
(5) 在信赖控制的基础上拟减少进一步实质性程序的范围	对相关控制的信赖程度越高，拟减少进一步实质性程序的范围就越大，获取的剩余期间的补充证据越多
(6) 控制环境	在总体上拟信赖控制的前提下，控制环境越薄弱（或把握程度越低），获取的剩余期间的补充证据越多
(7) 测试被审计单位对控制的监督	以便更有把握地将控制在期中运行有效性的审计证据延伸至期末，通过测试剩余期间控制的运行有效性或测试被审计单位对控制的监督，获取补充审计证据

2.对以前审计获取的审计证据的考虑

如果拟信赖以前审计获取的有关控制运行有效性的审计证据，注册会计师应通过实施询问并结合观察或检查程序，获取这些控制是否已经发生变化的审计证据。注册会计师可能面临两种结果：控制在本期发生变化；控制在本期没有发生变化。具体做法见表2-25。

视频：控制测试的时间

表2-25　　控制情形和要求

控制情形	要求
在本期发生变化	(1) 考虑以前审计获取的有关控制运行有效性的审计证据是否与本期审计相关。 (2) 在本期审计中测试这些控制的运行有效性
在本期未发生变化	如果拟信赖的控制自上次测试后未发生变化，且不属于旨在减轻特别风险的控制。 (1) 运用职业判断确定是否在本期审计中测试其运行有效性。 (2) 以及本次测试与上次测试的时间间隔，但两次测试的时间间隔不得超过2年。 (3) 在确定利用以前审计获取的有关控制运行有效性的审计证据是否适当以及再次测试控制的时间间隔时，应考虑：①内部控制其他要素的有效性；②控制特征产生的风险；③信息技术一般控制的有效性；④控制设计及其运行的有效性；⑤由于环境发生变化而特定控制缺乏相应变化导致的风险；⑥重大错报的风险和对控制的拟信赖程度，如重大错报风险较大或对控制的拟信赖程度较高，应缩短再次测试控制的时间间隔或完全不信赖以前审计获取的审计证据

对于特别风险，不论该控制在本期是否发生变化，都不应依赖以前审计获取的证据，注册会计师应在每次审计中都测试这类控制。

（四）控制测试的范围

控制测试的范围是指某项控制活动的测试次数。

1.确定控制测试范围应考虑的因素

确定控制测试范围应考虑的因素见表2-26。

表2-26 确定控制测试范围应考虑因素

因素	影响
（1）在整个拟信赖的期间执行控制的频率	控制执行的频率越高，范围越大
（2）在所审计期间拟信赖控制运行有效性的时间长度	拟信赖期间越长，范围越大
（3）为证实控制能够防止或发现并纠正认定层次重大错报，所需获取审计证据的相关性和可靠性	对审计证据的相关性和可靠性要求越高，范围越大
（4）通过测试与认定相关的其他控制获取的审计证据的范围	当针对其他控制获取审计证据的充分性和适当性较高时，测试该控制的范围可适当缩小
（5）在风险评估时拟信赖控制运行有效性的程度	拟信赖程度越高，范围越大
（6）控制的预期偏差	控制的预期偏差率越高，范围越大； 如果控制的预期偏差率过高，应考虑控制可能不足以将认定层次的重大错报风险降至可接受的低水平，从而针对某一认定实施的控制测试可能是无效的

2.对自动化控制的测试范围的特别考虑

视频：控制测试的范围

除非系统（包括系统使用的表格、文档或其他永久性数据）发生变动，注册会计师通常不需要增加自动化控制的测试范围。但需要考虑执行下列测试以确定该控制持续有效运行：

（1）测试与该应用控制有关的一般控制的运行有效性；

（2）确定系统是否发生变动，如果发生变动，是否存在适当的系统变动控制；

（3）确定对交易的处理是否使用授权批准的软件版本。

四、实质性程序

实质性程序，是指用于发现认定层次重大错报的审计程序。实质性程序包括下列两类程序：①对各类交易、账户余额、列报的细节测试；②实质性分析程序。

无论评估的重大错报风险结果如何，注册会计师都应针对所有重大的各类交易、账户余额、列报实施实质性程序。

（一）针对特别风险实施的实质性程序

（1）专门程序。如果认为评估的认定层次重大错报风险是特别风险，注册会计师应专门针对该风险实施实质性程序。

（2）组合程序。如果针对特别风险仅实施实质性程序，注册会计师应使用细节测试，或将细节测试和实质性分析程序结合使用，以获取充分、适当的审计证据。

（二）实质性程序的性质

实质性程序的性质见表2-27。

表2-27　实质性程序的性质

类型	含义	目的	适用性	要求
细节测试	对各类交易、账户余额、列报的具体细节进行测试	直接识别财务报表认定是否存在错报	对各类交易、账户余额、列报认定的测试，尤其是对存在或发生、计价认定的测试	根据不同的认定层次的重大错报风险设计有针对性的细节测试
实质性分析程序	技术特征仍然是分析程序，主要是通过研究数据间关系评价信息，只是将该技术方法用作实质性程序	用以识别各类交易、账户余额、列报及相关认定是否存在错报	（1）对在一个时期内存在可预期关系的大量交易，注册会计师可以考虑实施实质性分析程序； （2）考虑到数据及分析的可靠性，当实施实质性分析程序时，如果使用被审计单位编制的信息，应考虑测试与信息编制相关的控制，以及这些信息是否在本期或前期经过审计	（1）考虑对特定认定使用实质性分析程序的适当性； （2）考虑对已记录的金额或比率作出预期时，所依据的内部或外部数据的可靠性； （3）考虑作出预期的准确程度是否足以在计划的保证水平上识别重大错报； （4）考虑已记录金额与预期值之间可接受的差异额

（三）实质性程序的时间安排

1.实质性程序的时间安排的选择

实质性程序的时间安排的选择见表2-28。

表2-28　实质性程序的时间安排的选择

时间	考虑因素
如何考虑是否在期中实施实质性程序	是否在期中实施实质性程序时应考虑： （1）控制环境和其他相关的控制； （2）实施审计程序所需信息在期中之后的可获得性； （3）实质性程序的目标； （4）评估的重大错报风险； （5）各类交易或账户余额以及相关认定的性质； （6）针对剩余期间，能否通过实施实质性程序或将实质性程序与控制测试相结合，降低期末存在错报而未被发现的风险

续表

时间	考虑因素
如何考虑期中审计证据	(1) 针对剩余期间实施进一步的实质性程序，或将实质性程序和控制测试结合使用，以将期中测试得出的结论合理延伸至期末。有两种选择：其一是针对剩余期间实施进一步的实质性程序；其二是将实质性程序和控制测试结合使用。 (2) 如果拟将期中测试得出的结论延伸至期末，注册会计师应考虑针对剩余期间仅实施实质性程序是否足够。如果认为实施实质性程序本身不充分，注册会计师还应测试剩余期间相关控制运行的有效性或针对期末实施实质性程序。 (3) 对于舞弊导致的重大错报风险，被审计单位存在故意错报或操纵的可能性，那么更应慎重考虑能否将期中测试得出的结论延伸至期末。如果已识别出由于舞弊导致的重大错报风险，为将期中得出的结论延伸至期末而实施的审计程序通常是无效的，注册会计师应考虑在期末或者接近期末实施实质性程序
如何考虑以前审计获取的审计证据	(1) 在以前审计中实施实质性程序获取的审计证据，通常对本期只有很弱的证据效力或没有证据效力，不足以应对本期的重大错报风险； (2) 只有当以前获取的审计证据及其相关事项未发生重大变动时，以前获取的审计证据才可能用作本期的有效审计证据； (3) 如果拟利用以前审计中实施实质性程序获取的审计证据，注册会计师应在本期实施审计程序，以确定这些审计证据是否具有持续相关性

2.实质性程序的时间安排的选择与控制测试的时间安排的选择的比较

实质性程序的时间安排的选择与控制测试的时间安排的选择的比较，见表2-29。

表2-29　实质性程序的时间安排的选择与控制测试的时间安排的选择的比较

时间	控制测试	实质性程序
期中	获取期中关于控制运行有效性审计证据的做法更具有一种“常态”	目的在于更直接地发现重大错报，在期中实施实质性程序时更需要对成本效益进行权衡
以前	拟信赖以前审计获取的有关控制运行有效性的审计证据，已经受到了很大的限制	对于以前审计中通过实质性程序获取的审计证据，则采取了更加慎重的态度和更严格的限制
共同点	两类程序都面临着对期中审计证据和对以前审计获取的审计证据的考虑	

（四）实质性程序的范围

1.重要考虑因素

（1）评估的认定层次重大错报风险；

（2）实施控制测试的结果。

2.确定范围的原则

（1）注册会计师评估的认定层次的重大错报风险越高，需要实施实质性程序的范围越广。

（2）如果对控制测试结果不满意，注册会计师应考虑扩大实质性程序的范围。

（3）细节测试范围。在设计细节测试时，注册会计师除了从样本量的角度考虑测试范围外，还要考虑选样方法的有效性等因素。例如，从总体中选取大额或异常项目，而不是进行代表性抽样或分层抽样。

（4）实质性分析程序的范围。

五、财务报表审计的循环法

对财务报表的每个账户余额单独进行审计，此法称为账户法（account approach）（分项审计方法）。将财务报表分成几大块进行审计，即把紧密联系的交易种类（含事项）和账户余额归入同一块中，此法称为循环法（cycle approach）（循环审计方法）。比如，销售、销售退回、收现及坏账冲销是导致应收账款增减的四种交易，把这四种交易及应收账款划入“销售与收款循环”进行审计。循环法不仅使审计工作更便于管理，而且有助于更好地对审计小组的不同成员分派任务。通过考察交易被记录于各种记账凭证乃至汇总到总账和财务报表的方式，可以发现使用循环法具有逻辑合理性，以更有效地安排审计工作。业务循环与主要财务报表项目对照见表2-30。

表2-30 业务循环与主要财务报表项目对照

业务循环	各循环包括的记账凭证的主要种类	各循环包括的总账项目举例	
		资产负债表项目	利润表项目
销售与收款	收款、转账	应收账款、应收票据、长期应收款、预收款项、应交税费	营业收入、税金及附加、销售费用
采购与付款	付款、转账	预付款项、应付账款、长期应付款、应付票据、固定资产、在建工程、无形资产、开发支出、商誉、长期待摊费用	管理费用
生产与存货	转账、付款	存货类（包括材料采购或在途物资、原材料、材料成本差异、库存商品、发出商品、商品进销差价、委托加工物资、委托代销商品、受托代销商品、周转材料、生产成本、制造费用、劳务成本、存货跌价准备等科目）	营业成本
人力资源与工薪		应付职工薪酬	
投资与筹资	转账、收款、付款	投资性房地产、持有至到期投资、可供出售金融资产、长期股权投资、长期股权投资减值准备、实收资本（或股本）、资本公积、盈余公积、未分配利润、库存股、其他应收款、其他非流动资产、其他流动资产、其他非流动负债、专项应付款、预计负债、递延所得税资产、递延所得税负债、交易性金融负债	财务费用、资产减值损失、公允价值变动收益、营业外收入、营业外支出、所得税费用、投资收益

各业务循环之间的关系如图2-10所示。

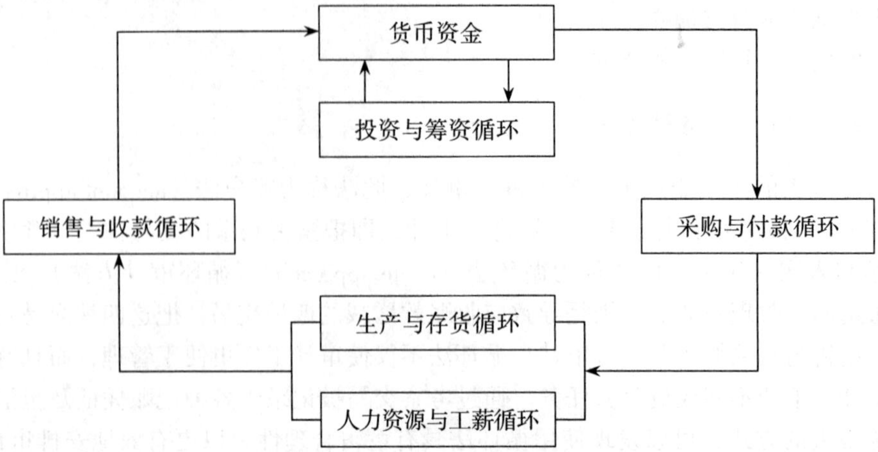

图2-10 各业务循环之间的关系

各业务循环所涉及的主要凭证与会计记录见表2-31。

表2-31 各业务循环所涉及的主要凭证与会计记录

序号	销售与收款	采购与付款	生产与存货	人力资源与工薪	筹资	投资	货币资金
1	客户订购单	请购单	生产指令	人事和雇用记录	公司债券	债券投资凭证	库存现金盘点表
2	销售单	订购单	领发料凭证	工时记录和工薪表	股本凭证	股票投资凭证	×
3	发运凭证	验收单	产量和工时记录	支付工薪记录	债券契约	股票证书	银存存款余额调节表
4	销售发票	卖方发票	工薪汇总表及工薪费用分配表	个人所得税纳税申报表	股东名册	长期股权投资协议	×
5	商品价目表	付款凭单	材料费用分配表	×	公司债券存根簿	股利收取凭证	×
6	贷项通知单	×	制造费用分配汇总表	×	承销或包销协议	投资协议	×
7	应收账款账龄分析表/明细账	应付账款明细账	存货明细账	×	借款合同或协议	投资总分类账	有关会计账簿
8	主营业务收入明细账	×	成本计算单	×	×	投资明细分类账	×
9	折扣与折让明细账	×	×	×	×	×	×

续表

序号	销售与收款	采购与付款	生产与存货	人力资源与工薪	筹资	投资	货币资金
10	汇款通知书	×	×	×	×	×	×
11	库存现金和银行存款日记账	库存现金和银行存款日记账	×	×	×	×	×
12	坏账审批表	×	×	×	×	×	×
13	顾客月末对账单	供应商对账单	×	×	×	×	银行对账单
14	转账凭证	转账凭证	×	×	×	×	有关科目记账凭证
15	收款凭证	付款凭证	×	×	×	×	×

各业务循环所涉及的主要业务活动见表2-32。

表2-32 各业务循环所涉及的主要业务活动

序号	销售与收款		采购与付款		生产与存货	
	活动	认定	活动	认定	活动	认定
1	接受顾客订单	发生	请购商品劳务	发生	计划和安排生产	×
2	批准赊销信用	准确性/计价和分摊	编制订购单	完整性	发出原材料	×
3	按销售单供货	×	验收商品	发生/完整性	生产产品	×
4	按销售单装运货物	发生/完整性	储存已验收商品	发生	核算产品成本	×
5	向顾客开具账单	准确性/计价和分摊/发生/完整性	编制付款凭单	准确性/计价和分摊/发生/完整性	储存产成品	×
6	记录销售	准确性/计价和分摊/发生/完整性	确认与记录负债	×	发出产成品	×
7	办理和记录库存现金、银行存款收入	×	付款	准确性/计价和分摊/发生/完整性		
8	办理和记录销售退回、折扣与折让	×	记录库存现金、银行存款支出	×		
9	注销坏账	×				
10	提取坏账准备	×				

（一）各业务循环交易的控制目标、控制测试和实质性程序

1.销售交易

销售交易的控制目标、关键内部控制和测试见表2-33。

表2-33 销售交易的控制目标、关键内部控制和测试

内部控制目标	关键内部控制	常用的控制测试	常用的实质性程序
登记入账的销售交易确系已经发货给真实的顾客（发生）	（1）销售交易是以经过审核的发运凭证及经过批准的顾客订货单为依据登记入账的	检查销售发票副联是否附有发运凭证（或提货单）及顾客订货单	（1）复核主营业务收入总账、明细账以及应收账款明细账中的大额或异常项目； （2）追查主营业务收入明细账中的分录至销售单、销售发票副联及发运凭证； （3）将发运凭证与存货永续记录中的发运分录进行核对； （4）将主营业务收入明细账中的分录与销售单中的赊销审批和发运审批进行核对
	（2）在发货前，顾客的赊购已经被授权批准	检查顾客的赊购是否经授权批准	
	（3）销售发票均经事先编号，并已恰当地登记入账	检查销售发票连续编号的完整性	
	（4）每月向顾客寄送对账单，对顾客提出的意见作专门追查	观察是否寄发对账单，并检查顾客回函档案	
所有销售交易均已登记入账（完整性）	（1）发运凭证（或提货单）均经事先编号并已经登记入账	检查发运凭证连续编号的完整性	将发运凭证与相关的销售发票和主营业务收入明细账及应收账款明细账中的分录进行核对
	（2）销售发票均经事先编号，并已登记入账	检查销售发票连续编号的完整性	
登记入账的销售数量确系已发货的数量，已正确开具账单并登记入账（准确性、计价和分摊）	（1）销售价格、付款条件、运费和销售折扣的确定已经适当的授权批准	检查销售发票是否经适当的授权批准	（1）复算销售发票上的数据，追查主营业务收入明细账中的分录至销售发票； （2）追查销售发票上的详细信息至发运凭证、经批准的商品价目表和顾客订货单
	（2）由独立人员对销售发票的编制作内部核查	检查有关凭证上的内部核查标记	
销售交易的分类恰当（分类）	（1）采用适当的会计科目表	检查会计科目表是否适当	检查证明销售交易分类正确的原始证据
	（2）内部复核和核查	检查有关凭证上内部复核和核查的标记	
销售交易的记录及时（完整性）	（1）采用尽量能在销售发生时开具收款账单和登记入账的控制方法	检查尚未开具收款账单的发货和尚未登记入账的销售交易	将销售交易登记入账的日期与发运凭证的日期比较核对
	（2）内部核查	检查有关凭证上内部核查的标记	
销售交易已经正确地记入明细账，并经正确汇总（准确性、计价和分摊）	（1）每月定期给顾客寄送对账单	观察对账单是否已经寄出	将主营业务收入明细账加总，追查至总账的过账
	（2）由独立人员对应收账款明细账作内部核查	检查内部核查标记	
	（3）将应收款明细账余额合计数与其总账余额进行比较	检查将应收账款明细账余额合计数与其总账余额进行比较的标记	

2.收款交易

收款交易的控制目标、关键内部控制和测试见表2-34。

表2-34　收款交易的控制目标、关键内部控制和测试

内部控制目标	关键内部控制	常用的控制测试	常用的实质性程序
登记入账的现金收入确实为企业已经实际收到的库存现金（存在或发生）	现金折扣必须经过适当的审批手续	（1）观察； （2）检查现金折扣是否经过恰当的审批	检查现金收入的日记账、总账和应收账款明细账的大额项目与异常项目
收到的现金收入已全部登记入账（完整性）	（1）现金出纳与现金记账的职责分离； （2）每日及时记录现金收入； （3）定期向客户寄送对账单； （4）现金收入记录的内部复核	（1）观察； （2）检查是否存在未入账的现金收入； （3）检查是否向客户寄送对账单，了解是否定期进行； （4）检查复核标记	（1）现金收入的截止测试； （2）抽查客户对账单并与账面金额核对
已经收到的现金确实为企业所有（权利和义务）	定期盘点库存现金并与账面余额核对	检查是否定期盘点，检查盘点记录	盘点库存现金，如与账面数额存在差异，分析差异原因
每月核对实际收到的现金和登记入账的现金相符（计价与分摊）	（1）定期取得银行对账单； （2）编制银行存款余额调节表	（1）检查银行对账单； （2）检查银行存款余额调节表	检查调节表中未达账项的真实性以及资产负债表日后的进展情况
现金收入在资产负债表上的披露正确（列报）	库存现金日记账与总账的登记职责分离	观察	

3.采购交易

采购交易的控制目标、关键内部控制和测试见表2-35。

表2-35　采购交易的控制目标、关键内部控制和测试

内部控制目标	关键内部控制	常用的控制测试	常用的实质性程序
所记录的采购都确已收到物品或已接受劳务，并符合采购方的最大利益（存在）	（1）请购单、订货单、验收单和卖方发票一应俱全，并附在付款凭单后	查验付款凭单后是否附有单据	（1）复核采购明细账、总账及应付账款明细账，注意是否有大额或不正常的金额； （2）检查卖方发票、验收单、订货单和请购单的合理性和真实性； （3）追查存货的采购至存货永续盘存记录； （4）检查取得的固定资产
	（2）采购按正确的级别批准	检查批准采购标记	
	（3）注销凭证以防止重复使用	检查注销凭证的标记	
	（4）对卖方发票、验收单、订货单和请购单作内部核查	检查内部核查的标记	

续表

内部控制目标	关键内部控制	常用的控制测试	常用的实质性程序
已发生的采购交易均已记录（完整性）	（1）订货单均经事先编号并已登记入账	检查订货单连续编号的完整性	（1）从验收单追查至采购明细账； （2）从卖方发票追查至采购明细账
	（2）验收单均经事先编号并已登记入账	检查验收单连续编号的完整性	
	（3）卖方发票均经事先编号并已登记入账	检查卖方发票连续编号的完整性	
所记录的采购交易估价正确（准确性、计价和分摊）	（1）计算和金额的内部核查	检查内部核查的标记	（1）将采购明细账中记录的交易同卖方发票、验收单和其他证明文件比较； （2）复算包括折扣和运费在内的卖方发票的准确性
	（2）采购价格和折扣的批准	审核批准采购价格和折扣的标记	
采购交易的分类正确（分类）	（1）采用适当的会计科目表	检查工作手册和会计科目表	参照卖方发票，与会计科目表上的分类进行比较
	（2）分类的内部核查	检查有关凭证上内部核查的标记	
采购交易按正确的日期记录（截止）	（1）要求收到商品或接受劳务后及时记录采购交易	检查工作手册并观察有无未记录的卖方发票存在	将验收单和卖方发票上的日期与采购明细账中的日期核对
	（2）内部核查	检查内部核查的标记	
采购交易被正确记入应付账款和存货等明细账中，并被正确汇总（准确性、计价和分摊）	应付账款明细账内容的内部核查	检查内部核查的标记	通过加计采购明细账，追查过入采购总账和应付账款、存货明细账的数额是否正确，以测试过账和汇总的正确性

4.付款交易

采购与付款循环包括采购和付款两个方面。在内部控制健全的企业，与采购相关的付款交易同样有其内部控制目标和内部控制，应针对每个具体的内部控制目标确定关键的内部控制，并对此实施相应的控制测试和交易的实质性程序。付款交易中的控制测试的性质取决于内部控制的性质，而付款交易的实质性程序的实施范围，在一定程度上取决于关键内部控制是否存在以及控制测试的结果。由于采购和付款交易同属一个交易循环，联系紧密，因此，对付款交易的部分测试可与采购交易测试一并实施。

5.固定资产

固定资产的内部控制、控制要点和控制测试见表2-36。

表2-36 固定资产的内部控制、控制要点和控制测试

内部控制	控制要点	主要控制测试程序
(1) 预算制度	固定资产增减应编制预算（固定资产内部控制中最重要的部分；大企业要有年度预算，小企业要有计划）	检查固定资产的取得与处置是否依据预算，对实际支出与预算之间的差异以及未列入预算的特殊事项，检查其是否履行特别的审批手续（发生、准确性、计价和分摊）
(2) 授权批准制度	企业的资本性支出预算只有经过董事会等高层管理机构批准方可生效；所有固定资产的取得和处置均需经企业管理层的书面认可	不仅要检查授权批准制度本身是否完善，还要关注授权批准制度是否得到切实执行（发生、准确性、计价和分摊）
(3) 账簿记录制度	设置总账、明细账、固定资产登记卡；按类别、使用部门、每项固定资产进行明细分类核算；增减变化均有原始凭证	检查明细账与登记卡设置的完善性，固定资产增减变化时原始凭证的充分性（发生、准确性、计价和分摊、完整）
(4) 职责分工制度	对固定资产的取得、记录、保管、使用、维修、处置（不相容职责）等，均应明确划分，由专门部门和专人负责	检查与观察分工的恰当性（发生、准确性、计价和分摊、完整性）
(5) 资本性支出和收益性支出的区分制度	书面标准：区分资本性支出和收益性支出；明确资本性支出的范围和最低金额；凡不属于资本性支出的范围、金额低于下限的任何支出，均应列作费用并抵减当期收益	检查标准制定的合理性与执行的有效性（准确性、计价和分摊）
(6) 处置制度	投资转出、报废、出售等均要有一定的申请报批程序	检查报批程序的合理性与执行的有效性（发生、准确性、计价和分摊）
(7) 定期盘点制度	确定数量、存放地点、使用状况；定期盘点制度的作用：①验证账面各项固定资产是否真实（发生）；②了解固定资产的放置地点和使用状况（发生）；③发现是否存在未入账的固定资产（完整性）	注册会计师应了解和评价企业固定资产盘点制度，并注意查询盘盈、盘亏固定资产的处理情况（发生、完整性）
(8) 维护保养制度	建立日常维护、定期检修制度	检查制度的合理性与实际执行情况（发生、准确性、计价和分摊）

（二）认定、审计目标和审计程序三者之间的对应关系

注册会计师应详细运用各类交易、账户余额、列报认定，作为评估重大错报风险以及设计和实施进一步审计程序的基础。应针对各类交易、账户余额、列报的认定设定审计目标，并根据审计目标设计审计程序。但审计目标与审计程序并非一一对应，一个审计目标可能有一项或多项审计程序与之对应，一项审计程序也可能实现一个或多个审计目标。

1.报表项目的审计目标与认定的对应关系

（1）资产负债表项目的审计目标与认定的对应关系，见表2-37。

表2-37 资产负债表项目的审计目标与认定的对应关系

审计目标	财务报表认定				
	存在	完整性	权利和义务	计价和分摊	列报
A.确定资产负债表中列示的项目是否存在	√				
B.确定应在资产负债表中列示的项目是否均已列示		√			
C.确定列示的资产是否由被审计单位拥有或控制、列示的负债是否是被审计单位应履行的偿还义务			√		
D.确定该项目是否以恰当的金额包括在财务报表中，与之相关的计价或分摊调整是否已恰当记录				√	
E.确定该项目是否已按照企业会计准则的规定在财务报表中恰当列报					√

注：在具体财务报表项目的实质性审计程序表中，以英文字母代替相应的审计目标。

（2）利润表项目的审计目标与认定的对应关系，见表2-38。

表2-38 利润表项目的审计目标与认定的对应关系

审计目标	财务报表认定					
	发生	完整性	准确性	截止	分类	列报
A.确定利润表中列示的项目是否已发生，且与被审计单位有关	√					
B.确定应在利润表中列示的项目是否均已列示		√				
C.确定与该项目有关的金额及其他数据是否已恰当记录			√			
D.确定该项目是否已记录于正确的会计期间				√		
E.确定该项目是否已记录于恰当的账户					√	
F.确定该项目是否已按照企业会计准则的规定在财务报表中恰当列报						√

（3）需从实质性程序获取的保证程度。评估的各类交易、账户余额、列报认定的重大错报风险水平应根据实施风险评估程序的结果确定为“高”、“中”或“低”，并与计划矩阵中的结果保持一致。在评估各项认定重大错报风险水平时，如果预期内部控制运行是有效的，或者认为仅实施实质性程序不足以提供认定层次充分、适当的审计证据，应实施控制测试以支持认定层次重大错报风险的评估结果。如果控制测试的结果表明内部控制在拟依赖期间运行无效，注册会计师需要修正重大错报风险水平。

（4）关于如何确定实质性程序的性质、时间安排和范围。在确定拟实施的实质性程序时，注册会计师应围绕审计目标，结合审计准则的要求，特别是针对某项认定需从实质性程序中获取的保证程度和项目本身的重要性，有针对性地选择实质性程序并确定拟实施审计程序的时间安排和范围。

①实质性程序的性质。在选择拟实施的实质性程序时，如果针对某项认定需从实质性程序中获取的保证程度为“高”，则应选择能够提供最相关、最可靠的审计证据的实质性程序或实质性程序的组合。如果针对某项认定需从实质性程序中获取的保证程度为“中”“低”，或财务报表项目本身并不重要，则可适当减少实质性程序。

②实质性程序的时间安排。在确定拟实施的实质性程序的时间时，如果针对某项认定需从实质性程序中获取的保证程度为“高”，则应考虑在期末或接近期末实施实质性程序，或在管理层不能预见的时间实施审计程序。

③实质性程序的范围。在确定拟实施的实质性程序的范围时，可以使用的方法包括选取全部项目、选取特定项目和审计抽样；可以根据具体情况，单独或综合使用选取测试项目的三种方法。

视频：销售收入内部控制和销售收入发生认定是否相关案例讲解

2.具体项目认定、审计目标和审计程序之间的对应关系

（1）营业收入。

①“营业收入”认定与审计目标的对应关系，见表2-39。

表2-39　“营业收入”认定与审计目标的对应关系

审计目标	财务报表认定					
	发生	完整性	准确性	截止	分类	列报
A.利润表中记录的营业收入已发生，且与被审计单位有关	√					
B.所有应记录的营业收入均已记录		√				
C.与营业收入有关的金额及其他数据已恰当记录			√			
D.营业收入已记录于正确的会计期间				√		
E.营业收入已记录于恰当的账户					√	
F.营业收入已按照企业会计准则的规定在财务报表中作出恰当的列报						√

②“营业收入”审计目标与审计程序的对应关系，见表2-40。

表2-40 “营业收入”审计目标与审计程序的对应关系

审计目标	可供选择的审计程序	索引号
（一）主营业务收入		
C	1.获取或编制主营业务收入明细表： （1）复核加计是否正确，并与总账数和明细账合计数核对是否相符，结合“其他业务收入”科目，与报表数核对是否相符； （2）检查以非记账本位币结算的主营业务收入的折算汇率及折算是否正确	略
ABC	2.实质性分析程序（必要时）： （1）针对已识别需要运用实质性分析程序的有关项目，并基于对被审计单位及其环境的了解，通过进行以下比较，同时考虑有关数据间关系的影响，以建立有关数据的期望值： ①将本期的主营业务收入与上期的主营业务收入进行比较，分析产品销售的结构和价格变动是否异常，并分析异常变动的原因； ②计算本期重要产品的毛利率，与上期比较，检查是否存在异常，各期之间是否存在重大波动，查明原因； ③比较本期各月各类主营业务收入的波动情况，分析其变动趋势是否正常，是否符合被审计单位季节性、周期性的经营规律，查明异常现象和重大波动的原因； ④将本期重要产品的毛利率与同行业企业进行对比分析，检查是否存在异常； ⑤根据增值税专用发票申报表或普通发票，估算全年收入，与实际收入金额比较。 （2）确定可接受的差异额。 （3）将实际的情况与期望值相比较，识别需要进一步调查的差异。 （4）如果其差额超过可接受的差异额，调查并获取充分的解释和恰当的佐证审计证据（如检查相关的凭证等）。 （5）评估实质性分析程序的测试结果	
ABCD	3.检查主营业务收入的确认条件、方法是否符合企业会计准则，前后期是否一致；关注周期性、偶然性的收入是否符合既定的收入确认原则、方法	
C	4.获取产品价格目录，抽查售价是否符合价格政策，并注意销售给关联方或关系密切的重要客户的产品价格是否合理，有无以低价或高价结算的方法，相互之间有无转移利润的现象	
ABCD	5.抽取____张发货单，审查出库日期、品名、数量等是否与发票、销售合同、记账凭证等一致	
ACD	6.抽取____张记账凭证，审查入账日期、品名、数量、单价、金额等是否与发票、发货单、销售合同等一致	
AC	7.结合对应收账款的审计，选择主要客户函证本期销售额	
A	8.对于出口销售，应将销售记录与出口报关单、货运提单、销售发票等出口销售单据进行核对，必要时向海关函证	

续表

审计目标	可供选择的审计程序	索引号
D	9.销售的截止测试： (1) 通过测试资产负债表日前后N天且金额大于M的发货单据，将应收账款和收入明细账进行核对；同时，从应收账款和收入明细账选取在资产负债表日前后____天且金额大于____元的凭证，与发货单据核对，以确定销售是否存在跨期现象； (2) 复核资产负债表日前后销售和发货水平，确定业务活动水平是否异常（如与正常水平相比），并考虑是否有必要追加截止程序； (3) 取得资产负债表日后所有的销售退回记录，检查是否存在提前确认收入的情况； (4) 结合对资产负债表日应收账款的函证程序，检查有无未取得对方认可的大额销售； (5) 调整重大跨期销售	
A	10.存在销售退回的，检查手续是否符合规定，结合原始销售凭证检查其会计处理是否正确。结合存货项目审计关注其真实性	
C	11.销售折扣与折让： (1) 获取或编制折扣与折让明细表，复核加计是否正确，并与明细账合计数核对是否相符； (2) 取得被审计单位有关折扣与折让的具体规定和其他文件资料，并抽查较大的折扣与折让发生额的授权批准情况，与实际执行情况进行核对，检查其是否经授权批准，是否合法、真实； (3) 销售折让与折扣是否及时足额提交对方，有无虚设中介、转移收入、私设账外“小金库”等情况； (4) 检查折扣与折让的会计处理是否正确	
ABCDE	12.检查有无特殊的销售行为，如委托代销、分期收款销售、商品需要安装和检验的销售、附有退回条件的销售、售后租回、售后回购、以旧换新、出口销售等，选择恰当的审计程序进行审核	
AC	13.调查向关联方销售的情况，记录其交易品种、价格、数量、金额和比例，并记录占总销售收入的比例。对于合并范围内的销售活动，记录应予合并抵销的金额	
AC	14.调查集团内部销售的情况，记录其交易价格、数量和金额，并追查在编制合并财务报表时是否已予以抵销	
	15.根据评估的舞弊风险等因素增加的审计程序	
（二）其他业务收入		
C	16.获取或编制其他业务收入明细表，复核加计是否正确，并与总账数和明细账合计数核对是否相符，结合“主营业务收入”科目，与营业收入报表数核对是否相符	
ABCDE	17.检查原始凭证等相关资料，分析交易的实质，确定其是否符合收入确认的条件，并检查其会计处理是否正确	
AC	18.用材料进行资产交换的，应确定其是否具有商业实质且公允价值能否可靠计量	
	19.根据评估的舞弊风险等因素增加的审计程序	
（三）列报		
F	20.检查营业收入是否已按照企业会计准则的规定在财务报表中作出恰当列报	

（2）应收账款。

①“应收账款”审计目标与认定的对应关系，见表2-41。

表2-41 “应收账款”审计目标与认定的对应关系

审计目标	财务报表认定				
	存在	完整性	权利和义务	计价和分摊	列报
A.资产负债表中记录的应收账款是存在的	√				
B.所有应记录的应收账款均已记录		√			
C.记录的应收账款由被审计单位拥有或控制			√		
D.应收账款以恰当的金额包括在财务报表中，与之相关的计价调整已恰当记录				√	
E.应收账款已按照企业会计准则的规定在财务报表中作出恰当列报					√

②“应收账款”审计目标与审计程序的对应关系，见表2-42。

表2-42 “应收账款”审计目标与审计程序的对应关系

审计目标	可供选择的审计程序	索引号
D	1.获取或编制应收账款明细表： （1）复核加计是否正确，并与总账数和明细账合计数核对是否相符；结合“坏账准备”科目，与报表数核对是否相符。 （2）检查非记账本位币应收账款的折算汇率及折算是否正确。 （3）分析有贷方余额的项目，查明原因，必要时，作重分类调整。 （4）结合其他应收款、预收账款等往来项目的明细余额，调查有无同一客户多处挂账、异常余额或与销售无关的其他款项（如代销账户、关联方账户或雇员账户）。如有，应作出记录，必要时作调整。 （5）标识重要的欠款单位，计算其欠款合计数占应收账款余额的比例	
ABD	2.检查涉及应收账款的相关财务指标： （1）复核应收账款借方累计发生额与主营业务收入是否配比，并将当期应收账款借方发生额占销售收入净额的百分比与管理层考核指标比较，如存在差异应查明原因； （2）计算应收账款周转率、应收账款周转天数等指标，并与被审计单位以前年度指标、同行业同期相关指标对比分析，检查是否存在重大异常	
D	3.获取或编制应收账款账龄分析表： （1）测试计算的准确性； （2）将加总数与应收账款总分类账余额相比较，并调查重大调节项目； （3）检查原始凭证，如销售发票、运输记录等，测试账龄核算的准确性； （4）请被审计单位协助，在应收账款明细表上标出至审计时已收回的应收账款金额，对已收回金额较大的款项进行常规检查，如核对收款凭证、银行对账单、销售发票等，并注意凭证发生日期的合理性，分析收款时间是否与合同相关要素一致	

续表

审计目标	可供选择的审计程序	索引号
ACD	4.对应收账款进行函证： (除非有充分证据表明应收账款对财务报表不重要或函证很可能无效，否则，应对应收账款进行函证。如果不对应收账款进行函证，应在工作底稿中说明理由。如果认为函证很可能无效，应实施替代审计程序获取充分、适当的审计证据) （1）选取函证项目。 （2）对函证实施过程进行控制：核对询证函是否由注册会计师直接收发；被询证者以传真、电子邮件等方式回函的，应要求被询证者寄回询证函原件；如果未能收到积极式函证回函，应考虑与被询证者联系，要求对方作出回应或再次寄发询证函。 （3）编制“应收账款函证结果汇总表”，对函证结果进行评价。核对回函内容与被审计单位账面记录是否一致，如不一致，分析不符事项的原因，检查销售合同、发运单等相关原始单据，分析被审计单位对于回函与账面记录之间差异的解释是否合理，编制“应收账款函证结果调节表”，并检查支持性凭证；如果不符事项构成错报，应重新考虑所实施审计程序的性质、时间安排和范围。 （4）针对最终未回函的账户实施替代审计程序（如实施期后收款测试、检查运输记录、销售合同等相关原始资料及询问被审计单位有关部门等）	
A	5.对未函证应收账款实施替代审计程序。抽查有关原始凭据，如销售合同、销售订单、销售发票副本、发运凭证及回款单据等，以验证与其相关的应收账款的真实性	
A	6.抽查有无不属于结算业务的债权：抽查应收账款明细账，并追查至有关原始凭证，查证被审计单位有无不属于结算业务的债权。如有，应建议被审计单位作适当调整	
A	7.通过检查自资产负债表日至____日止被审计单位授予欠款单位的、金额大于____元的减免应收账款凭证以测试其准确性。检查资产负债表日前后销售退回和赊销水平，确定是否存在异常迹象（如与正常水平相比），并考虑是否有必要追加审计程序	
D	8.评价坏账准备计提的适当性： （1）取得或编制坏账准备计算表，复核加计是否正确，与坏账准备总账数、明细账合计数核对是否相符。将应收账款坏账准备本期计提数与资产减值损失相应明细项目的发生额核对是否相符。 （2）检查应收账款坏账准备计提和核销的批准程序，取得书面报告等证明文件。评价计提坏账准备所依据的资料、假设及方法；复核应收账款坏账准备是否按经股东（大）会或董事会批准的既定方法和比例提取，其计算和会计处理是否正确。 （3）在账龄分析表中，选取金额大于____元的账户，逾期超过____天的账户，以及认为必要的其他账户（如有收款问题记录的账户，收款问题行业集中的账户）。复核并测试所选取账户期后收款情况。针对所选取的账户，与授信部门经理或其他负责人员讨论其可收回性，并复核往来函件或其他相关信息，以支持被审计单位就此作出的声明。针对坏账准备计提不足情况进行调整。 （4）实际发生坏账损失的，检查转销依据是否符合有关规定，会计处理是否正确。 （5）已经确认并转销的坏账重新收回的，检查其会计处理是否正确。 （6）通过比较前期坏账准备计提数和实际发生数，以及检查期后事项，评价应收账款坏账准备计提的合理性	

续表

审计目标	可供选择的审计程序	索引号
A	9.复核应收账款和相关总分类账、明细分类账和库存现金日记账，调查异常项目。对大额或异常及关联方应收账款，即使回函相符，仍应抽查其原始凭证	
A	10.检查应收账款的减少有无异常	
D	11.检查应收账款中是否存在债务人破产或者死亡，以其破产财产或者遗产清偿后仍无法收回，或者债务人长期未履行偿债义务的情况，如果是，应提请被审计单位处理	
ABCD	12.标明应收关联方［包括持股5%以上（含5%）股东］的款项，执行关联方及其交易审计程序，并注明合并报表时应予抵销的金额；对关联方企业、有密切关系的主要客户的交易事项作专门核查： （1）了解交易事项目的、价格和条件，作比较分析； （2）检查销售合同、销售发票、货运单证等相关文件资料； （3）检查收款凭证等货款结算单据； （4）向关联方、有密切关系的主要客户或其他注册会计师函询，以确认交易的真实性、合理性	
C	13.检查银行存款和银行贷款等询证函的回函、会议纪要、借款协议和其他文件，确定应收账款是否已被质押或出售	
	14.根据评估的舞弊风险等因素增加的审计程序	
E	15.检查应收账款是否已按照企业会计准则的规定在财务报表中作出恰当列报	

（3）应付账款。

①“应付账款”认定与审计目标的对应关系，见表2-43。

表2-43　“应付账款”认定与审计目标的对应关系

审计目标	财务报表认定				
	存在	完整性	权利和义务	计价和分摊	列报
A.资产负债表中记录的应付账款是存在的	√				
B.所有应记录的应付账款均已记录		√			
C.资产负债表中记录的应付账款是被审计单位应履行的现时义务			√		
D.应付账款以恰当的金额包括在财务报表中，与之相关的计价调整已恰当记录				√	
E.应付账款已按照企业会计准则的规定在财务报表中作出恰当的列报					√

②“应付账款”审计目标与审计程序的对应关系，见表2-44。

表2-44　“应付账款”审计目标与审计程序的对应关系

审计目标	可供选择的审计程序	索引号
D	1.获取或编制应付账款明细表： （1）复核加计是否正确，并与报表数、总账数和明细账合计数核对是否相符； （2）检查非记账本位币应付账款的折算汇率及折算是否正确； （3）分析出现借方余额的项目，查明原因，必要时，作重分类调整； （4）结合预付账款等往来项目的明细余额，调查有无同挂的项目、异常余额或与购货无关的其他款项（如关联方账户或雇员账户），如有，应作出记录，必要时作调整	
BD	2.获取被审计单位与其供应商之间的对账单（应从非财务部门，如采购部门获取），并将对账单和被审计单位财务记录之间的差异进行调节（如在途款项、在途货物、付款折扣、未记录的负债等），查找有无未入账的应付账款，确定应付账款金额的准确性	
BD	3.检查债务形成的相关原始凭证，如供应商发票、验收报告或入库单等，查找有无未及时入账的应付账款，确定应付账款金额的准确性	
AE	4.检查应付账款长期挂账的原因并作出记录，注意其是否可能无须支付；对确实无须支付的应付款的会计处理是否正确，依据是否充分；关注账龄超过3年的大额应付账款在资产负债表日后是否偿还，检查偿还记录及单据，并披露	
B	5.针对资产负债表日后付款项目，检查银行对账单及有关付款凭证（如银行划款通知、供应商收据等），询问被审计单位内部或外部的知情人员，查找有无未及时入账的应付账款	
B	6.复核截止审计现场工作日的全部未处理的供应商发票，并询问是否存在其他未处理的供应商发票，确认所有的负债都记录在正确的会计期间内	
AC	7.选择应付账款的重要项目（包括零账户）函证其余额和交易条款，对未回函的再次发函或实施替代的检查程序（检查原始凭单，如合同、发票、验收单，核实应付账款的真实性）	
B	8.针对已偿付的应付账款，追查至银行对账单、银行付款单据和其他原始凭证，检查其是否在资产负债表日前真实偿付	
AB	9.检查资产负债表日后应付账款明细账贷方发生额的相应凭证，关注其购货发票的日期，确认其入账时间是否合理	
BA	10.结合存货监盘程序，检查被审计单位在资产负债日前后的存货入库资料（验收报告或入库单），检查是否有大额料到单未到的情况，确认相关负债是否计入了正确的会计期间	
AB	11.针对异常或大额交易及重大调整事项（如大额的购货折扣或退回，会计处理异常的交易，未经授权的交易，或缺乏支持性凭证的交易等），检查相关原始凭证和会计记录，以分析交易的真实性、合理性	
D	12.检查带有现金折扣的应付账款是否按发票上记载的全部应付金额入账，在实际获得现金折扣时再冲减财务费用	
ABCD	13.被审计单位与债权人进行债务重组的，检查不同债务重组方式下的会计处理是否正确	
ABCD	14.检查应付关联方款项的真实性、完整性	
	15.根据评估的舞弊风险等因素增加的审计程序	
E	16.检查应付账款是否已按照企业会计准则的规定在财务报表中作出恰当列报	

（4）固定资产。

①“固定资产”审计目标与认定的对应关系，见表2-45。

表2-45 “固定资产”审计目标与认定的对应关系

审计目标	财务报表认定				
	存在	完整性	权利和义务	计价和分摊	列报
A.资产负债表中记录的固定资产是存在的	√				
B.所有应记录的固定资产均已记录		√			
C.记录的固定资产由被审计单位拥有或控制			√		
D.固定资产以恰当的金额包括在财务报表中，与之相关的计价或分摊已恰当记录				√	
E.固定资产已按照企业会计准则的规定在财务报表中作出恰当列报					√

②“固定资产”审计目标与审计程序的对应关系，见表2-46。

表2-46 “固定资产”审计目标与审计程序的对应关系

审计目标	可供选择的审计程序	索引号
D	1.获取或编制固定资产明细表，复核加计是否正确，并与总账数和明细账合计数核对是否相符，结合累计折旧和固定资产减值准备，与报表数核对是否相符	
ABD	2.实质性分析程序： （1）基于对被审计单位及其环境的了解，通过进行以下比较，并考虑有关数据间关系的影响，建立有关数据的期望值： ①分类计算本期计提折旧额与固定资产原值的比率，并与上期比较； ②计算固定资产修理及维护费用占固定资产原值的比例，并进行本期各月、本期与以前各期的比较。 （2）确定可接受的差异额； （3）将实际情况与期望值相比较，识别需要进一步调查的差异； （4）如果其差额超过可接受的差异额，调查并获取充分的解释和恰当的佐证审计证据（如检查相关的凭证）； （5）评估实质性分析程序的测试结果	
A	3.实地检查重要固定资产（如为首次接受审计，应适当扩大检查范围），确定其是否存在，关注是否存在已报废但仍未核销的固定资产	
C	4.检查固定资产的所有权或控制权： （1）对外购的机器设备等固定资产，审核采购发票、采购合同等； （2）对于房地产类固定资产，查阅有关的合同、产权证明、财产税单、抵押借款的还款凭据、保险单等书面文件； （3）对融资租入的固定资产，检查有关融资租赁合同； （4）对汽车等运输设备，检查有关运营证件等；对受留置权限制的固定资产，结合有关负债项目进行检查	

续表

审计目标	可供选择的审计程序	索引号
ABDC	5.检查本期固定资产的增加： (1) 询问管理层当年固定资产的增加情况，并与获取或编制的固定资产明细表进行核对。 (2) 检查本年度增加固定资产的计价是否正确，手续是否齐备，会计处理是否正确： ①对于外购的固定资产，通过核对采购合同、发票、保险单、发运凭证等资料，抽查测试其入账价值是否正确，授权批准手续是否齐备，会计处理是否正确；如果购买的是房屋建筑物，还应检查契税的会计处理是否正确；检查分期付款购买固定资产入账价值及会计处理是否正确。 ②对于在建工程转入的固定资产，应检查固定资产确认时点是否符合会计准则的规定，入账价值与在建工程的相关记录是否核对相符，是否与竣工决算、验收和移交报告等一致；对已经达到预定可使用状态，但尚未办理竣工决算手续的固定资产，检查其是否已按估计价值入账，并按规定计提折旧。 ③对于投资者投入的固定资产，检查投资者投入的固定资产是否按投资各方确认的价值入账，并检查确认价值是否公允，交接手续是否齐全；涉及国有资产的，是否有评估报告并经国有资产管理部门评审备案或核准确认。 ④对于更新改造增加的固定资产，检查通过更新改造而增加的固定资产，增加的原值是否符合资本化条件，是否真实，会计处理是否正确；重新确定的剩余折旧年限是否恰当。 ⑤对于融资租赁增加的固定资产，获取融资租入固定资产的相关证明文件，检查融资租赁合同的主要内容，并结合“长期应付款”“未确认融资费用”科目，检查相关的会计处理是否正确。 ⑥对于企业合并、债务重组和非货币性资产交换增加的固定资产，检查产权过户手续是否齐备，检查固定资产入账价值及确认的损益和负债是否符合规定。 ⑦如果被审计单位为外商投资企业，检查其采购国产设备退还增值税的会计处理是否正确。 ⑧对于通过其他途径增加的固定资产，应检查增加固定资产的原始凭证，核对其计价及会计处理是否正确，法律手续是否齐全。 (3) 检查固定资产是否存在弃置费用，如果存在弃置费用，检查弃置费用的估计方法和弃置费用现值的计算是否合理，会计处理是否正确	
ABD	6.检查本期固定资产的减少： (1) 结合“固定资产清理”科目，抽查固定资产账面转销额是否正确； (2) 检查出售、盘亏、转让、报废或毁损的固定资产是否经授权批准，会计处理是否正确； (3) 检查因修理、更新改造而停止使用的固定资产的会计处理是否正确； (4) 检查投资转出固定资产的会计处理是否正确； (5) 检查债务重组或非货币性资产交换转出固定资产的会计处理是否正确； (6) 检查其他减少固定资产的会计处理是否正确	

续表

审计目标	可供选择的审计程序	索引号
AB	7.检查固定资产的后续支出： 检查固定资产的后续支出是否满足资产确认条件；如不满足，检查该支出是否在该后续支出发生时计入当期损益	
ABCD	8.检查固定资产的租赁： (1) 固定资产的租赁是否签订了合同、租约，手续是否完备，合同内容是否符合国家的规定，是否经相关管理部门的审批。 (2) 租入的固定资产是否确属企业必需，或出租的固定资产是否确属企业多余、闲置不用的。 (3) 租金收取是否签有合同，有无多收、少收租金现象。 (4) 租入固定资产有无久占不用、浪费损坏的现象；租出的固定资产有无长期不收租金、无人过问，是否有变相馈赠、转让等情况。 (5) 租入固定资产是否已登记备查簿。 (6) 如果被审计单位的固定资产中融资租赁占有相当大的比例，复核新增加的租赁协议，检查租赁是否符合融资租赁的条件，会计处理是否正确（资产的入账价值、折旧、相关负债）。检查以下内容： ①复核租赁的折现率是否合理； ②检查租赁相关税费、保险费、维修费等费用的会计处理是否符合企业会计准则的规定； ③检查融资租入固定资产的折旧方法是否合理； ④检查租赁付款情况； ⑤检查租入固定资产的成新程度； (7) 向出租人函证租赁合同及执行情况。 (8) 租入固定资产改良支出的核算是否符合规定	
D	9.获取暂时闲置固定资产的相关证明文件，并观察其实际状况，检查是否已按规定计提折旧，相关的会计处理是否正确	
D	10.获取已提足折旧仍继续使用固定资产的相关证明文件，并作相应记录	
A	11.获取持有待售固定资产的相关证明文件，并作相应记录，检查对其预计净残值调整是否正确、会计处理是否正确	
B	12.检查固定资产保险情况，复核保险范围是否足够	
ABD	13.检查有无与关联方的固定资产购售活动，是否经适当授权，交易价格是否公允。对于合并范围内的购售活动，记录应予合并抵销的金额	
D	14.对应计入固定资产价值的借款费用，根据企业会计准则的规定，结合对长短期借款、应付债券或长期应付款的审计，检查借款费用资本化的计算方法和资本化金额，以及会计处理是否正确	
DE	15.检查购置固定资产时是否存在与资本性支出有关的财务承诺	

续表

审计目标	可供选择的审计程序	索引号
CE	16.检查固定资产的抵押、担保情况。结合对银行借款等的检查，了解固定资产是否存在重大的抵押、担保情况。如存在，应取证，并作相应的记录，同时提请被审计单位作恰当披露	
D	17.检查累计折旧： (1) 获取或编制累计折旧分类汇总表，复核加计是否正确，并与总账数和明细账合计数核对。 (2) 检查被审计单位制定的折旧政策和方法是否符合相关会计准则的规定，确定其所采用的折旧方法能否在固定资产预计使用寿命内合理分摊其成本，前后期是否一致，预计使用寿命和预计净残值是否合理。 (3) 复核本期折旧费用的计提和分配： ①了解被审计单位的折旧政策是否符合规定，计提折旧的范围是否正确，确定使用寿命、预计净残值和折旧方法是否合理；如采用加速折旧法，是否取得批准文件。 ②检查被审计单位折旧政策前后期是否一致。 ③复核本期折旧费用的计提是否正确，尤其关注已计提减值准备的固定资产的折旧。 ④检查折旧费用的分配方法是否合理，是否与上期一致；分配计入各项目的金额占本期全部折旧计提额的比例与上期比较是否有重大差异。 ⑤注意固定资产增减变动时，有关折旧的会计处理是否符合规定，查明通过更新改造、接受捐赠或融资租入而增加的固定资产的折旧费用计算是否正确。 (4) 将“累计折旧”账户贷方的本期计提折旧额与相应的成本费用中的折旧费用明细账户的借方相比较，检查本期所计提折旧金额是否已全部摊入本期产品成本或费用。若存在差异，应追查原因，并考虑是否应建议作适当调整。 (5) 检查累计折旧的减少是否合理、会计处理是否正确	
D	18.检查固定资产的减值准备： (1) 获取或编制固定资产减值准备明细表，复核加计是否正确，并与总账数和明细账合计数核对是否相符； (2) 检查被审计单位计提固定资产减值准备的依据是否充分，会计处理是否正确； (3) 检查资产组的认定是否恰当，计提固定资产减值准备的依据是否充分，会计处理是否正确； (4) 计算本期期末固定资产减值准备占期末固定资产原值的比率，并与期初该比率比较，分析固定资产的质量状况； (5) 检查被审计单位处置固定资产时原计提的减值准备是否同时结转，会计处理是否正确； (6) 检查是否存在转回固定资产减值准备的情况，确定减值准备在以后会计期间没有转回	
	19.根据评估的舞弊风险等因素增加的审计程序	
E	20.检查固定资产是否已按照企业会计准则的规定在财务报表中作出恰当列报： (1) 固定资产的确认条件、分类、计量基础和折旧方法； (2) 各类固定资产的使用寿命、预计净残值和折旧率； (3) 各类固定资产的期初和期末原价、累计折旧额及固定资产减值准备累计金额； (4) 当期确认的折旧费用； (5) 对固定资产所有权的限制及其金额和用于担保的固定资产账面价值； (6) 准备处置的固定资产名称、账面价值、公允价值、预计处置费用和预计处置时间等	

（5）生产与存货。

①“存货”审计目标与认定的对应关系，见表2-47。

表2-47 “存货”审计目标与认定的对应关系

审计目标	财务报表认定				
	存在	完整性	权利和义务	计价和分摊	列报
A.资产负债表中记录的存货是存在的	√				
B.所有应记录的存货均已记录		√			
C.记录的存货由被审计单位拥有或控制			√		
D.存货以恰当的金额包括在财务报表中，与之相关的计价调整已恰当记录				√	
E.存货已按照企业会计准则的规定在财务报表中作出恰当列报					√

②“存货”审计目标与审计程序的对应关系，见表2-48。

表2-48 “存货”审计目标与审计程序的对应关系

审计目标	可供选择的审计程序	索引号
（一）材料采购（在途物资）		
D	1.获取或编制材料采购（在途物资）的明细表，复核加计是否正确，并与总账数、明细账合计数核对是否相符	
ACD	2.检查材料采购或在途物资： （1）对大额材料采购或在途物资，追查至相关的购货合同及购货发票，复核采购成本的正确性，并抽查期后入库情况，必要时发函询证； （2）检查期末材料采购或在途物资，核对有关凭证，查看是否存在不属于材料采购（在途物资）核算的交易或事项； （3）检查月末转入“原材料”等科目的会计处理是否正确	
BA	3.查阅资产负债表日前后____天材料采购（在途物资）增减变动的有关账簿记录和收料报告单等资料，检查有无跨期现象，如有，则应作出记录，必要时作调整	
D	4.如采用计划成本核算，审核材料采购账项有关材料成本差异发生额的计算是否正确	
A	5.检查材料采购是否存在长期挂账事项，如有，应查明原因，必要时提出建议调整	
	6.根据评估的舞弊风险等因素增加的审计程序	

续表

审计目标	可供选择的审计程序	索引号
（二）原材料		
D	7.获取或编制原材料的明细表，复核加计是否正确，并与总账数、明细账合计数核对是否相符	
ABD	8.实质性分析程序（必要时）： （1）针对已识别需要运用分析程序的有关项目，并基于对被审计单位及其环境的了解，通过进行以下比较，同时考虑有关数据间关系的影响，以建立注册会计师对有关数据的期望值： ①比较当年度及以前年度原材料成本占生产成本百分比的变动，并对异常情况作出解释； ②比较原材料的实际用量与预算用量的差异，并分析其合理性； ③核对仓库记录的原材料领用量与生产部门记录的原材料领用量是否相符，并对异常情况作出解释； ④根据标准单耗指标，将原材料收发存情况与投入产出结合比较，以分析本期原材料领用、消耗、结存的合理性。 （2）确定可接受的差异额。 （3）将实际的情况与期望值相比较，识别需要进一步调查的差异。 （4）如果其差额超过可接受的差异额，调查并获取充分的解释和恰当的佐证审计证据（如检查相关的凭证）。 （5）评估分析程序的测试结果	
AB	9.选取代表性样本，抽查原材料明细账的数量与盘点记录的原材料数量是否一致，以确定原材料明细账的数量的准确性和完整性： （1）从原材料明细账中选取具有代表性的样本，与盘点报告（记录）的数量核对； （2）从盘点报告（记录）中抽取有代表性的样本，与原材料明细账的数量核对	
AB	10.截止测试： （1）原材料入库的截止测试： ①在原材料明细账的借方发生额中选取资产负债表日前后______张、金额______元以上的凭证，并与入库记录（如入库单、购货发票，或运输单据）核对，以确定原材料入库被记录在正确的会计期间； ②在入库记录（如入库单、购货发票或运输单据）中选取资产负债表日前后______张、金额______元以上的凭据，与原材料明细账的借方发生额进行核对，以确定原材料入库被记录在正确的会计期间。 （2）原材料出库的截止测试： ①在原材料明细账的贷方发生额中选取有资产负债表日前后______张、金额______元以上的凭证，并与出库记录（如出库单、销售发票，或运输单据）核对，以确定原材料出库被记录在正确的会计期间； ②在出库记录（如出库单、销售发票，或运输单据）中选取资产负债表日前后____张、金额______元以上的凭据，与原材料明细账的贷方发生额进行核对，以确定原材料出库被记录在正确的会计期间	

续表

审计目标	可供选择的审计程序	索引号
D	11.原材料计价方法的测试： (1) 检查原材料的计价方法前后期是否一致。 (2) 检查原材料的入账基础和计价方法是否正确，自原材料明细表中选取适量品种： ①以实际成本计价时，将其单位成本与购货发票核对，并确认原材料成本中不包含增值税。 ②以计划成本计价时，将其单位成本与材料成本差异明细账及购货发票核对。同时关注被审计单位计划成本制定的合理性。 ③检查进口原材料的外币折算是否正确，检查相关的关税、增值税及消费税的会计处理是否正确。 (3) 检查原材料发出计价的方法是否正确： ①了解被审计单位原材料发出的计价方法，前后期是否一致，并抽取主要材料复核其计算是否正确；若原材料以计划成本计价，还应检查材料成本差异的发生和结转的金额是否正确。 ②编制本期发出材料汇总表，与相关科目钩稽核对，并复核月发出材料汇总表的正确性。 (4) 结合原材料的盘点检查，期末有无料到单未到的情况，如有，应查明是否已暂估入账，其暂估价是否合理	
ABCD	12.对于通过资产交换、债务重组、企业合并以及接受捐赠等取得的原材料，检查其入账的有关依据是否真实、完备，入账价值和会计处理是否符合相关规定	
ABCD	13.检查投资者投入的原材料是否按照投资合同或协议约定的价值入账，并检查约定的价值是否公允、交接手续是否齐全	
ABCD	14.检查与关联方的购销业务是否正常，关注交易价格、交易金额的真实性及合理性，检查对合并范围内购货记录应予合并抵销的数据是否正确	
A	15.审核有无长期挂账的原材料，如有，应查明原因，必要时作调整	
CE	16.结合银行借款等项目，了解是否有用于债务担保的原材料，如有，则应取证并作相应的记录，同时提请被审计单位作恰当披露	
	17.根据评估的舞弊风险等因素增加的审计程序	

（三）生产成本

D	1.获取或编制生产成本明细表，复核加计是否正确，并与总账数、明细账合计数核对是否相符	

续表

审计目标	可供选择的审计程序	索引号
ABD	2.实质性分析程序： (1) 针对已识别需要运用分析程序的有关项目，注册会计师基于对被审计单位及其环境的了解，通过进行以下比较，并考虑有关数据间关系的影响，以建立注册会计师有关数据的期望值： ①对生产成本进行分析性复核，检查各月及前后期同一产品的单位成本是否有异常波动，注意是否存在调节成本现象。 ②分别比较前后各期及本年度各个月份的生产成本项目，以确定成本项目是否有异常变动以及是否存在调节成本的现象。 ③比较当年度及以前年度直接材料、直接人工、制造费用占生产成本的比例，并查明异常情况的原因； ④核对下列相互独立部门的数据，并查明异常情况的原因： • 仓库记录的材料领用量与生产部门记录的材料领用量； • 工资部门记录的人工成本与生产部门记录的工时和工资标准之积。 (2) 确定可接受的差异额。 (3) 将实际的情况与期望值相比较，识别需要进一步调查的差异。 (4) 如果其差额超过可接受的差异额，调查并获取充分的解释和恰当的佐证审计证据（如检查相关的凭证）。 (5) 评估分析程序的测试结果	
D	3.生产成本计价方法的测试： (1) 了解被审计单位的生产工艺流程和成本核算方法，检查成本核算方法与生产工艺流程是否匹配，前后期是否一致并作出记录。 (2) 抽查成本计算单，检查直接材料、直接人工及制造费用的计算和分配是否正确，并与有关佐证文件（如领料记录、生产工时记录、材料费用分配汇总表、人工费用分配汇总表等）相核对： ①获取并复核生产成本明细汇总表的正确性，将直接材料与材料耗用汇总表、直接人工与职工薪酬分配表、制造费用总额与制造费用明细表及相关账项的明细表核对，并作交叉索引。 ②检查车间在产品盘存资料，与成本核算资料核对；检查车间月末余料是否办理假退料手续。 ③获取直接材料、直接人工和制造费用的分配标准和计算方法，评价其是否合理和适当，以确认在产品中所含直接材料、直接人工和制造费用是合理的。 (3) 获取完工产品与在产品的生产成本分配标准和计算方法，检查生产成本在完工产品与在产品之间，以及完工产品之间的分配是否正确，分配标准和方法是否适当，与前期比较是否存在重大变化，该变化是否合理。 (4) 对采用标准成本或定额成本核算的，检查标准成本或定额成本在本期有无重大变动，分析其是否合理；检查本期材料成本差异的计算、分配和会计处理是否正确，库存商品期末余额是否已按实际成本进行调整	

续表

审计目标	可供选择的审计程序	索引号
A	4.获取关于现有设备生产能力的资料，检查产量是否与现有生产能力相匹配；若产量超过设计生产能力，应提请被审计单位说明原因，并提供足够的依据及技术资料	
D	5.检查废品损失和停工损失的核算是否符合有关规定	
D	6.对应计入生产成本的借款费用，结合对长短期借款、应付债券或长期应付款的审计，检查借款费用（借款利息、折溢价摊销、汇兑差额、辅助费用）资本化的计算方法和资本化金额以及会计处理是否正确	
	7.根据评估的舞弊风险等因素增加的审计程序	

（四）制造费用

D	1.获取或编制制造费用明细表，复核加计是否正确，并与总账数、明细账合计数核对是否相符	
ABD	2.对制造费用进行分析比较： （1）比较当年度和以前年度，以及当年度各月制造费用的增减变动，询问并分析异常波动的原因； （2）分别比较前后各期及本年度各个月份的制造费用项目，以确定成本项目是否有异常变动，以及是否存在调节成本的现象	
ABD	3.将制造费用明细表中的材料发生额与材料耗用汇总表、人工费用发生额与职工薪酬分配表、折旧发生额与折旧分配表、资产摊销发生额与各项资产摊销分配表及相关账项明细表核对一致，并作交叉索引	
ABCD	4.选择重要或异常的制造费用项目，检查其原始凭证是否齐全，会计处理是否正确	
D	5.分析各项制造费用的性质，结合对生产成本科目的审计，抽查成本计算单，检查制造费用的分配是否合理、正确，检查制造费用的分配方法前后期是否一致	
D	6.对采用标准成本核算的，应抽查标准制造费用及分配率的确定是否合理，计入成本计算单的数额是否正确，制造费用差异的计算、分配和会计处理是否正确，并检查标准成本在本期有无重大变动，变动是否合理	
D	7.检查计入生产成本的制造费用是否已扣除非正常消耗的制造费用（如非正常的低生产量、闲置设备等产生的费用）	
AD	8.检查制造费用中有无资本性支出，必要时作调整	
BA	9.必要时，对制造费用实施截止测试，检查资产负债表日前后____天内____张、金额 元以上的制造费用明细账和凭证，确定有无跨期现象	

续表

审计目标	可供选择的审计程序	索引号
ABD	10.检查季节性停工损失的核算是否符合有关规定	
	11.根据评估的舞弊风险等因素增加的审计程序	

（五）存货跌价准备

BD	1.获取或编制存货跌价准备明细表，复核加计是否正确，并与总账数、明细账合计数核对是否相符	
D	2.检查分析存货是否存在减值迹象以判断被审计单位计提存货跌价准备的合理性： (1) 将存货余额与现有的订单、资产负债表日后各期的销售额和下一年度的预测销售额进行比较，以评估存货滞销和跌价的可能性。 (2) 比较当年度及以前年度存货跌价准备占存货余额的比例，并查明异常情况的原因。 (3) 结合存货监盘，对存货的外观形态进行检视，以了解其物理形态是否正常；检查期末结存库存商品和在产品针对型号陈旧、产量下降、生产成本或售价波动、技术或市场需求的变化情形，以及期后销售情况考虑是否需进一步计提跌价准备： ①对于残次、冷背、呆滞的存货查看永续盘存记录，销售分析等资料，分析当年实际使用情况，确定是否已合理计提跌价准备； ②将上年度残次、冷背、呆滞存货清单与当年存货清单进行比较，确定是否需补提跌价准备	
D	3.检查计提存货跌价准备的依据、方法是否前后一致	
D	4.根据成本与可变现净值孰低的计价方法，评价存货跌价准备所依据的资料、假设及计提方法，考虑是否以有确凿证据为基础计算确定的存货可变现净值，检查其合理性	
D	5.考虑不同存货的可变现净值的确定原则，复核其可变现净值计算的正确性（即充足但不过度）： (1) 对于用于生产而持有的原材料，检查是否以所生产的产成品的估计售价减去至完工时估计将要发生的成本、估计的销售费用和相关税费后的金额作为其可变现净值的确定基础。 (2) 对于库存商品和用于出售而持有的原材料等直接用于出售的存货，检查是否以该存货的估计售价减去估计的销售费用和相关税费后的金额作为其可变现净值的确定基础。 (3) 检查为执行销售合同而持有的库存商品等存货，是否以合同价格作为其可变现净值的确定基础；如果被审计单位持有库存商品的数量多于销售合同订购数量，超出部分的库存商品可变现净值是否以一般销售价格为计量基础	

续表

审计目标	可供选择的审计程序	索引号
D	6.抽查计提存货跌价准备的项目，其期后售价是否低于原始成本	
D	7.检查存货跌价准备的计算和会计处理是否正确，本期计提或转销是否与有关损益科目金额核对一致	
D	8.对从合并范围内部购入存货计提的跌价准备，关注其在合并时是否已作抵销	
D	9.检查债务重组、资产交换和企业合并等涉及存货跌价准备的会计处理是否正确	
	10.根据评估的舞弊风险等因素增加的审计程序	
（六）存货的列报		
E	检查存货是否已按照企业会计准则的规定在财务报表中作出恰当列报： （1）各类存货的期初和期末账面价值； （2）确定发出存货成本所采用的方法； （3）存货可变现净值的确定依据，存货跌价准备的计提方法，当期计提的存货跌价准备的金额，当期转回的存货跌价准备的金额，以及计提和转回的有关情况； （4）用于担保的存货账面价值	

（6）货币资金。货币资金是被审计单位资产的重要组成部分，是经营活动的起点和终点，其增减变动与被审计单位的日常经营活动密切相关。

①“货币资金”审计目标与认定的对应关系，见表2-49。

表2-49 “货币资金”审计目标与认定的对应关系

审计目标	财务报表认定				
	存在	完整性	权利和义务	计价和分摊	列报
A.资产负债表中记录的货币资金是存在的	√				
B.应记录的货币资金均已记录		√			
D.记录的货币资金由被审计单位拥有或控制			√		
C.货币资金以恰当的金额包括在财务报表中，与之相关的计价调整已恰当记录				√	
E.货币资金已按照企业会计准则的规定在财务报表中作出恰当列报					√

②"货币资金"审计目标与审计程序的对应关系，见表2-50。

表2-50 "货币资金"审计目标与审计程序的对应关系

审计目标	可供选择的审计程序	索引号
(一）库存现金		
D	1.核对库存现金日记账与总账的金额是否相符，检查非记账本位币库存现金的折算汇率及折算金额是否正确	
ABDC	2.监盘库存现金： （1）制订监盘计划，确定监盘时间； （2）将盘点金额与库存现金日记账余额进行核对，如有差异，应要求被审计单位查明原因并作适当调整，如无法查明原因，应要求被审计单位按管理权限批准后作出调整； （3）在非资产负债表日进行盘点时，应调整至资产负债表日的金额； （4）若有充抵库存现金的借条、未提现支票、未作报销的原始凭证，需在盘点表中注明，如有必要应作调整（特别关注数家公司混用现金保险箱的情况）	
ABD	3.抽查大额库存现金收支。检查原始凭证是否齐全、记账凭证与原始凭证是否相符、账务处理是否正确、是否记录于恰当的会计期间等项内容	
	4.根据评估的舞弊风险等因素增加的其他审计程序	
(二）银行存款		
D	5.获取或编制银行存款余额明细表： （1）复核加计是否正确，并与总账数和日记账合计数核对是否相符； （2）检查非记账本位币银行存款的折算汇率及折算金额是否正确	
ABD	6.计算银行存款累计余额应收利息收入，分析比较被审计单位银行存款应收利息收入与实际利息收入的差异是否恰当，评估利息收入的合理性，检查是否存在高息资金拆借，确认银行存款余额是否存在，利息收入是否已经完整记录	
AC	7.检查银行存单： 编制银行存单检查表，检查是否与账面记录金额一致，是否被质押或限制使用，存单是否为被审计单位所拥有。 （1）对已质押的定期存款，应检查定期存单，并与相应的质押合同核对，同时关注定期存单对应的质押借款有无入账； （2）对未质押的定期存款，应检查开户证实书原件； （3）对审计外勤工作结束日前已提取的定期存款，应核对相应的兑付凭证、银行对账单和定期存款复印件	

续表

审计目标	可供选择的审计程序	索引号
ABD	8. 取得并检查银行存款余额调节表： （1）取得被审计单位的银行存款余额对账单，并与银行询证函回函核对，确认是否一致，抽样核对账面记录的已付票据金额及存款金额是否与对账单记录一致。 （2）获取资产负债表日的银行存款余额调节表，检查调节表中加计数是否正确，调节后银行存款日记账余额与银行对账单余额是否一致。 （3）检查调节事项的性质和范围是否合理： ①检查是否存在跨期收支和跨行转账的调节事项。编制跨行转账业务明细表，检查跨行转账业务是否同时对应转入和转出，未在同一期间完成的转账业务是否反映在银行存款余额调节表的调整事项中。 ②检查大额在途存款和未付票据： • 检查在途存款的日期，查明发生在途存款的具体原因，追查期后银行对账单存款记录日期，确定被审计单位与银行记账时间差异是否合理，确定在资产负债表日是否需审计调整。 • 检查被审计单位的未付票据明细清单，查明被审计单位未及时入账的原因，确定账簿记录时间晚于银行对账单的日期是否合理。 • 检查被审计单位未付票据明细清单中有记录，但截至资产负债表日银行对账单无记录且金额较大的未付票据，获取票据领取人的书面说明。确认资产负债表日是否需要进行调整。 • 检查资产负债表日后银行对账单是否完整地记录了调节事项中银行未付票据金额。 （4）检查是否存在未入账的利息收入和利息支出。 （5）检查是否存在其他跨期收支事项。 （6）（当未经授权或授权不清支付货币资金的现象比较突出时）检查银行存款余额调节表中支付给异常的领款人（包括没有载明收款人）、签字不全、收款地址不清、金额较大票据的调节事项，确认是否存在舞弊	
AC	9. 函证银行存款余额，编制银行函证结果汇总表，检查银行回函： （1）向被审计单位在本期存过款的银行发函，包括零账户和账户已结清的银行； （2）确定被审计单位账面余额与银行函证结果的差异，对不符事项作出适当处理	
C	10. 检查银行存款账户存款人是否为被审计单位，若存款人非被审计单位，应获取该账户户主和被审计单位的书面声明，确认资产负债表日是否需要调整	
CE	11. 关注是否存在质押、冻结等对变现有限制或存在境外的款项。是否已做必要的调整和披露	
E	12. 对不符合现金及现金等价物条件的银行存款在底稿中予以列明，以考虑对现金流量表的影响	
ABD	13. 抽查大额银行存款收支的原始凭证，检查原始凭证是否齐全、记账凭证与原始凭证是否相符、账务处理是否正确、是否记录于恰当的会计期间等项内容。检查是否存在非营业目的的大额货币资金转移，并核对相关账户的进账情况；如有与被审计单位生产经营无关的收支事项，应查明原因并作相应的记录	
AB	14. 检查银行存款收支的截止是否正确。选取资产负债表日前后_____张、金额____元以上的凭证实施截止测试，关注业务内容及对应项目，如有跨期收支事项，应考虑是否应进行调整	
	15. 根据评估的舞弊风险等因素增加的其他审计程序	

六、审计技能之函证

（一）函证的含义及目标

函证（即外部函证），是指注册会计师直接从第三方（被询证者）获取书面答复作为审计证据的过程，书面答复可以采用纸质、电子或其他介质等形式。函证是指注册会计师为了获取影响财务报表或相关披露认定的项目的信息，通过直接来自第三方对有关信息和现存状况的声明，获取和评价审计证据的过程。

视频：风险应对习题讲解

函证是一个获取和评价与函证信息相关的审计证据的过程。在这个过程中，注册会计师通常以被审计单位的名义向拥有相关信息的第三方提出书面请求，要求提供影响财务报表认定的特定项目的信息。在得到第三方对有关信息和现存状况的声明后，注册会计师再进行跟进和评价。值得注意的是，函证强调从第三方直接获取有关信息。

函证提供的证据由注册会计师直接从被审计单位以外的第三方获取，且经常采用书面原件的形式，如果运用得当，函证程序能够提供可靠性较高的审计证据，并与实施其他审计程序获取的审计证据相互印证。但是，询证函的设计、函证程序的实施和对函证结果的评价都会影响函证程序提供的审计证据的可靠性。在通常情况下，注册会计师以函证方式直接从被询证者获取的审计证据，比被审计单位内部生成的审计证据可能更可靠。

在使用函证程序时，注册会计师的目标是，设计和实施函证程序，以获取相关、可靠的审计证据。

（二）函证决策

注册会计师应当确定是否有必要实施函证以获取认定层次的充分、适当的审计证据。在作出决策时，注册会计师应当考虑以下两个因素。

1.评估的认定层次重大错报风险

《中国注册会计师审计准则第1231号——针对评估的重大错报风险采取的应对措施》规定，注册会计师应当针对评估的财务报表层次重大错报风险，设计和实施总体应对措施，针对评估的认定层次重大错报风险，设计和实施进一步审计程序（包括审计程序的性质、时间安排和范围）；无论评估的重大错报风险结果如何，注册会计师都应当针对所有重大的各类交易、账户余额、列报，设计和实施实质性程序；注册会计师应当考虑是否将函证程序用作实质性程序。其中，实质性程序可能包括对某些认定实施函证程序。

评估的风险越高，需要获取越有说服力的审计证据。为此，注册会计师可以增加审计证据的数量或者获取更相关、更可靠的审计证据，或将两种方式结合使用。例如，注册会计师更加重视直接从第三方获取审计证据，或从不同的独立来源获取相互印证的审计证据。实施函证程序，可以帮助注册会计师获取可靠性高的审计证据，以应对由于舞弊或错误导致的特别风险。评估的认定层次重大错报风险水平越高，注册会计师对通过实质性程序获取的审计证据的相关性和可靠性的要求越高。在这种情况下，函证程序的运用对于提供充分、适当的审计证据可能是有效的。

评估的认定层次重大错报风险水平越低，注册会计师对从实质性程序中获取的审计证据的相关性和可靠性的要求越低。例如，被审计单位可能有一笔正在按照商定还款计划表偿还的银行借款，假设注册会计师在以前年度已对其条款进行了函证。如果注册会计师实施的其他工作（包括必要时进行的控制测试）表明借款的条款没有改变，并且这些工作使得未偿还借款余额发生重大错报风险被评估为低水平时，注册会计师实施的实质性程序可能只限于测试还款的详细情况，而不必再次向债权人直接函证这笔借款的余额和条款。

如果认为某项风险属于特别风险，注册会计师需要考虑是否通过函证特定事项以降低检查风险。例如，与简单的交易相比，异常或复杂的交易可能导致更高的错报风险。如果被审计单位从事了异常的或复杂的、容易导致较高重大错报风险的交易，除检查被审计单位持有的文件凭证外，注册会计师可能还需考虑是否向交易对方函证交易的真实性和详细条款。

《中国注册会计师审计准则第1141号——财务报表审计中与舞弊相关的责任》规定，针对由于舞弊导致的认定层次重大错报风险，注册会计师应当考虑设计询证函以获取更多的相互印证的信息。

《中国注册会计师审计准则第1301号——审计证据》规定，通过函证等方式从独立来源获取的相互印证的信息，可以提高注册会计师从会计记录或管理层书面声明中获取的审计证据的保证水平。

2.实施其他审计程序获取的审计证据如何将检查风险降至可接受的水平

注册会计师应当确定是否有必要实施函证程序以获取认定层次的相关、可靠的审计证据。在作出决策时，注册会计师应当考虑评估的认定层次重大错报风险，以及通过实施其他审计程序获取的审计证据如何将检查风险降至可接受的水平。

针对同一项认定可以从不同来源获取审计证据或获取不同性质的审计证据。这里的其他审计程序是指除函证程序以外的其他审计程序。例如，对应收账款期末余额存在认定，注册会计师可能对形成应收账款余额的销售交易和收款交易的细节进行测试，实施实质性分析程序，并根据这些程序的结果确定和实施函证程序，如果实施其他审计程序获取的审计证据能将检查风险降至可接受的水平，注册会计师可不实施函证；如果不能，则注册会计师需要运用函证程序。

注册会计师应当考虑被审计单位的经营环境、内控的有效性、账户或交易的性质、被询证者处理询证函的习惯做法及回函的可能性等，以确定函证的内容、范围、时间和方式。例如，如果被审计单位与应收账款存在认定有关的内控设计良好并有效运行，注册会计师可适当减少函证的样本量。

（三）函证的内容

1.选择函证作为实质性程序时需考虑的因素

选择函证作为实质性程序时需考虑的因素如图2-11所示。

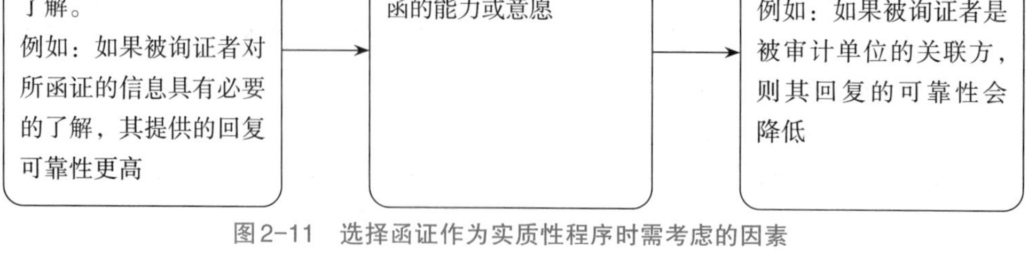

图2-11 选择函证作为实质性程序时需考虑的因素

2.需要执行函证程序的科目

需要执行函证程序的科目如图2-12所示。

银行存款、借款及与金融机构往来的其他重要信息

- 注册会计师应当对银行存款（包括零余额账户和在本期内注销的账户）、借款及与金融机构往来的其他重要信息实施函证程序，除非有充分证据表明某一银行存款、借款及与金融机构往来的其他重要信息对财务报表不重要且与之相关的重大错报风险很低；如果不对这些项目实施函证程序，注册会计师应当在审计工作底稿中说明理由。
- 法规依据：《中国注册会计师审计准则第1312号——函证》第十二条

应收账款

- 注册会计师应当对应收账款实施函证程序，除非有充分证据表明应收账款对财务报表不重要，或函证很可能无效；如果认为函证很可能无效，注册会计师应当实施替代审计程序，获取相关、可靠的审计证据；如果不对应收账款函证，注册会计师应当在审计工作底稿中说明理由。
- 法规依据：《中国注册会计师审计准则第1312号——函证》第十三条

由第三方保管或控制的存货

- 如果由第三方保管或控制的存货对财务报表很重要，注册会计师应当实施下列一项或两项审计程序，以获取有关该存货存在和状况的充分、适当的审计证据：
  （1）向持有被审计单位存货的第三方函证存货的数量和状况；
  （2）实施检查或其他适合具体情况的审计程序。
- 如果评估识别出的诉讼或索赔事项存在重大错报风险或者实施的审计程序表明可能存在其他重大诉讼或索赔事项，注册会计师应亲自寄发由管理层编制的询证函，要求外部法律顾问直接与注册会计师进行沟通。
- 法规依据：《中国注册会计师审计准则第1311号——对存货、诉讼和索赔、分部信息等特定项目获取审计证据的具体考虑》第八条

图2-12　需要执行函证程序的科目

3.因购销双方入账时间不同导致应收账款回函不符的情形及进一步审计程序

因购销双方入账时间不同导致应收账款回函不符的情形及进一步审计程序，见表2-51。

表2-51　因购销双方入账时间不同导致应收账款回函不符的情形及进一步审计程序

双方入账时间不同的表现形式	注册会计师的进一步审计程序
（1）询证函发出时，债务人已经付款，而被审计单位尚未收到货款	注册会计师应当检查银行存款日记账、收款凭证及银行对账单，查明是否收到该笔金额，以及如何进行会计处理等
（2）询证函发出时，被审计单位的货物已经发出并已做销售记录，但货物仍在途中，债务人尚未收到货物	注册会计师应当检查销售合同、销售发票、装运凭证等原始凭证的真实性并关注资产负债表日后的回款情况
（3）债务人由于某种原因将货物退回，而被审计单位尚未收到	注册会计师应当检查销售合同、销售退回相关的增值税发票、入库单，查明退回货物是否已验收入库等
（4）债务人对收到的货物的数量、质量及价格等方面有异议而全部或部分拒付货款	注册会计师应当检查销售合同，核对装运凭证、出库单、商品价目表等原始凭证以确认拒付货款的原因

4.函证的其他内容

注册会计师可以根据具体情况和实际需要对下列内容（包括但不限于）实施函证：（1）短期投资；（2）应收票据；（3）其他应收款；（4）预付账款；（5）由其他单位代为保管、加工或销售的存货；（6）长期投资；（7）委托贷款；（8）应付账款；（9）预收账款；（10）保证、抵押或质押；（11）或有事项；（12）重大或异常的交易。

可见，函证通常适用于账户余额及其明细组成部分（如应收账款明细账），但是不一定限于这些项目。例如，为确认合同条款没有发生变动及变化细节，注册会计师可以函证被审计单位与第三方签订的合同条款。注册会计师还可向第三方函证是否存在影响被审计单位收入确认的背后协议或某项重大交易的细节。

（四）函证程序实施的范围

《中国注册会计师审计准则第1231号——针对评估的重大错报风险采取的应对措施》对注册会计师考虑实质性程序的范围提出了原则性要求。《中国注册会计师审计准则第1314号——审计抽样》对如何确定审计程序的范围进行了更进一步的规范。

如果采用审计抽样的方式确定函证程序的范围，无论采用统计抽样方法，还是非统计抽样方法，选取的样本应当足以代表总体。根据对被审计单位的了解、评估的重大错报风险以及所测试总体的特征等，注册会计师可以确定从总体中选取特定项目进行测试。选取的特定项目可能包括：（1）金额较大的项目；（2）账龄较长的项目；（3）交易频繁但期末余额较小的项目；（4）重大关联方交易；（5）重大或异常的交易；（6）可能存在争议以及产生重大舞弊或错误的交易。

（五）函证的时间

第1231号准则规范了注册会计师实施实质性程序的时间安排，注册会计师在实施函证程序时，应当从其规定。

注册会计师通常以资产负债表日为截止日，在资产负债表日后适当时间内实施函证。如果重大错报风险被评估为低水平，注册会计师可选择资产负债表日前适当日期为截止日实施函证，并对所函证项目自该截止日起至资产负债表日止发生的变动实施实质性程序。

以应收账款为例，注册会计师通常在资产负债表日后某一天函证资产负债表日的应收账款余额。如果在资产负债表日前对应收账款余额实施了函证程序，注册会计师应当针对询证函件指明的截止日期与资产负债表日期间实施进一步的实质性程序，或将实质性程序和控制测试结合使用，以将期中测试得出的结论合理延伸至期末。实质性程序包括测试该期间发生的影响应收账款余额的交易或实施分析程序等。控制测试包括测试销售交易、收款交易及与应收账款冲销有关的内控的有效性等。

（六）管理层不允许寄发询证函

如果管理层不允许寄发询证函，注册会计师应当：（1）询问管理层不允许寄发询证函的原因，并就其原因的正当性及合理性收集审计证据。（2）评价管理层不允许寄发询证函对评估的相关重大错报风险（包括舞弊风险），以及其他审计程序的性质、时间安排和范围的影响。（3）实施替代程序，以获取相关、可靠的审计证据。当被审计单位管理层要求对拟函证的某些账户余额或其他信息不实施函证时，注册会计师应当考虑该项要求是否合理，并获取审计证据予以支持。如果认为管理层不允许寄发询证函的原因不合理，或实施替代程序无法获取相关、可靠的审计证据，注册会计师应当按照《中国注册会计师审计准则第1151号——与治理层的沟通》的规定，与治理层进行沟通。如果认为管理层的要求合理，注册会计师应当实施替代审计程序，以获取与这些账户余额或其他信息相关的充分、适当的审计证据。注册会计师还应当按照《中国注册会计师审计准则第1502号——在审计报告中发表非无保留意见》的规定，确定其对审计工作和审计意见的影响。如果认为管理层的要求不合理，且被其阻挠而无法实施函证，注册会计师应当视为审计范围受到限制，并考虑对审计报告可能产生的影响。

在分析管理层要求不实施函证的原因时，注册会计师应当保持职业怀疑态度，并考虑：（1）管理层是否诚信；（2）是否可能存在重大的舞弊或错误；（3）替代审计程序能否提供与这些账户余额或其他信息相关的充分、适当的审计证据。如果认为管理层的要求可能显示存在舞弊，注册会计师应当遵循《中国注册会计师审计准则第1141号——财务报表审计中与舞弊相关的责任》的有关规定。

（七）询证函的设计

1.设计询证函的总体要求

（1）在针对账户余额的存在认定获取审计证据时，注册会计师应当在询证函中列明相关信息，要求对方核对确认。

（2）在针对账户余额的完整性认定获取审计证据时，注册会计师则需要改变询证函的内容设计或者采用其他审计程序。

在函证应收账款时，询证函中不列出账户余额，而是要求被询证者提供余额信息，这样才能发现应收账款低估错报。

在对应付账款的完整性获取审计证据时，根据被审计单位的供货商明细表向被审计单位的主要供货商发出询证函，就比从应付账款明细表中选择询证对象更容易发现未入账的负债。

2.设计询证函需要考虑的因素

（1）函证的方式。

①积极的函证方式。如果采用积极的函证方式，注册会计师应当要求被询证者在所有情况下必须回函，确认询证函所列示信息是否正确，或填列询证函要求的信息。积极的函证方式的分类见表2-52。

表2-52 积极的函证方式的分类

方式	含义	特点
列明拟函证信息	在询证函中列明拟函证的账户余额或其他信息，要求被询证者确认所函证的款项是否正确	询证函的回复能够提供可靠的审计证据，但被询证者可能对所列示信息根本不加以验证就予以回函确认
不列明拟函证信息	在询证函中不列明账户余额或其他信息，而要求被询证者填写有关信息或提供进一步信息	回复可以提供可靠的审计证据，但可能会导致回函率降低，进而导致注册会计师执行更多的替代程序

②消极的函证方式。只要求被询证者仅在不同意询证函列示信息的情况下才予以回函。当同时存在下列情况时，注册会计师可考虑采用消极的函证方式：重大错报风险被评估为低水平；涉及大量余额较小的账户；预期不存在大量的错误；没有理由相信被询证者

不认真对待函证。

（2）以往审计或类似业务的经验。在判断实施函证程序的可靠性时，注册会计师通常会考虑来自以前年度审计或类似审计业务的经验，包括回函率、以前年度审计中发现的错报以及回函所提供信息的准确程度等。

（3）拟函证信息的性质。注册会计师应当了解被审计单位与第三方之间交易的实质，以确定哪些信息需要进行函证。例如，对那些非常规合同或交易，注册会计师不仅应对账户余额或交易金额作出函证，而且应当考虑对交易或合同的条款实施函证，以确定是否存在重大口头协议，客户是否有自由退货的权利，付款方式是否有特殊安排等。

（4）选择被函证者的适当性。注册会计师应当向对所询证信息知情的第三方发送询证函。①对短期投资和长期投资向股票、债券专门保管或登记机构发函询证或向接受投资的一方发函询证。②对应收票据通常向出票人或承兑人发函询证。③对其他应收款向形成其他应收款的有关方发函询证。④对预付账款、应付账款通常向供货单位发函询证。⑤对委托贷款通常向有关的金融机构发函询证。⑥对预收账款通常向购货单位发函询证。⑦对保证、抵押或质押通常向有关金融机构发函询证。⑧对或有事项通常向律师等发函询证。⑨对重大或异常的交易通常向有关的交易方发函询证。

（5）被询证者易于回函的信息类型。询证函所函证信息是否便于被询证者回答，影响到回函和所获取审计证据的性质。例如，某些被询证者的信息系统可能便于对形成账户余额的每笔交易进行函证，而不是对账户余额本身进行函证。此外，被询证者可能并不总是能够证实特定类型的信息，例如应收账款总账余额，但是却可能能够证实总额当中的单笔发票的余额。

3.积极与消极的函证方式

注册会计师可采用积极的或消极的函证方式实施函证，也可将两种方式结合使用。

（1）积极的函证方式。积极式询证函，是指要求被询证者直接向注册会计师回复，表明是否同意询证函所列示的信息，或填列所要求的信息的一种询证函。如果采用积极的函证方式，注册会计师应当要求被询证者在所有情况下必须回函，确认询证函所列示信息是否正确，或填列询证函要求的信息。

积极的函证方式又分为两种：一种是在询证函中列明拟函证的账户余额或其他信息，要求被询证者确认所函证的款项是否正确。通常认为，对这种询证函的回复能够提供可靠的审计证据。但是，其缺点是被询证者可能对所列示信息根本不加以验证就予以回函确认。为了避免这种风险，注册会计师可以采用另外一种询证函，即在询证函中不列明账户余额或其他信息，而要求被询证者填写有关信息或提供进一步信息。由于这种询证函要求被询证者作出更多的努力，可能会导致回函率降低，进而导致注册会计师执行更多的替代程序。

在采用积极的函证方式时，只有注册会计师收到回函，才能为财务报表认定提供审计证据：注册会计师没有收到回函，可能是由于被询证者根本不存在，或是由于被询证者没有收到询证函，也可能是由于询证者没有理会询证函，因此，无法证明所函证信息是否正确。如果注册会计师认为取得积极式询证函回函是获取充分、适当的审计证据的必要程序，则替代程序不能提供注册会计师所需要的审计证据。在这种情况下，如果未获取回函，注册会计师应当按照《中国注册会计师审计准则第1502号——在审计报告中发表非无保留意见》的规定，确定其对审计工作和审计意见的影响。

（2）消极的函证方式。消极式询证函，是指要求被询证者只有在不同意询证函所列示的信息时才直接向注册会计师回复的一种询证函。如果采用消极的函证方式，注册会计师只要求被询证者仅在不同意询证函列示信息的情况下才予以回函。

在采用消极的函证方式时，如果收到回函，能够为财务报表认定提供说服力强的审计证据。未收到回函可能是因为被询证者已收到询证函且核对无误，也可能是因为被询证者根本就没有收到询证函。因此，积极的函证方式通常比消极的函证方式提供的审计证据更可靠。因而在采用消极的方式函证时，注册会计师通常还需辅之以其他审计程序。

消极式函证比积极式函证提供的审计证据的说服力低。除非同时满足下列条件，注册会计师不得将消极式函证作为唯一实质性程序，以应对评估的认定层次重大错报风险：①注册会计师将重大错报风险评估为低水平，并已就与认定相关的控制的运行有效性获取充分、适当的审计证据；②需要实施消极式函证程序的总体由大量的小额、同质的账户余额、交易或事项构成；③预期不符事项的发生率很低；④没有迹象表明接收询证函的人员或机构不认真对待函证。

（3）两种方式的结合使用。在实务中，注册会计师也可将这两种方式结合使用。以应收账款为例，当应收账款的余额是由少量的大额应收账款和大量的小额应收账款构成时，注册会计师可以对所有的或抽取的大额应收账款样本采用积极的函证方式，而对抽取的小额应收账款样本采用消极的函证方式。两种方式比较见表2-53。

表2-53　函证方式比较

项目	积极式函证	消极式函证
要求	无论是否一致均需回函	不一致才需回函
适用	重要项目 （1）金额大 （2）有争议（纠纷） （3）内控差、差错多 （4）对方可能不重视	一般项目 （1）金额不大 （2）内控有效 （3）预计错误少 （4）对方有信用
可靠性	较强	相对较差
审计成本	较高	较低
数量	较少	较多
无回函	发第二或第三封函	认为正确

（八）函证的实施与评价

注册会计师应当对函证的全过程保持控制，如图2-13和图2-14所示。

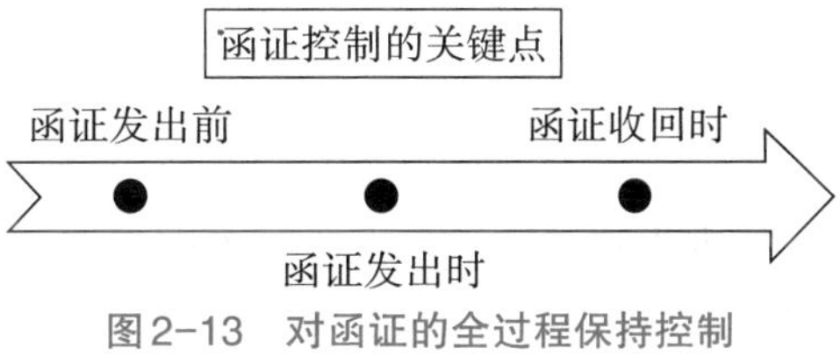

图2-13　对函证的全过程保持控制

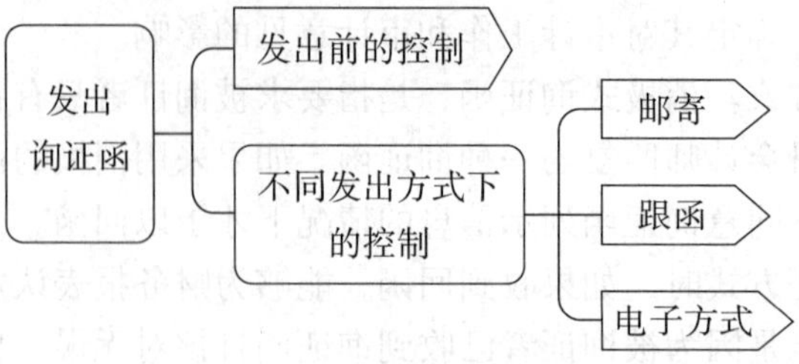

图2-14 对发出询证函的控制

1.函证发出前的控制

函证发出前需要确认的事项。注册会计师需要恰当地设计并核对各项资料，具体包括：

（1）在询证函中填列的需要被询证者确认的信息是否与被审计单位账簿中的有关记录保持一致，比如，针对银行存款的函证，需要银行确认的信息是否与银行对账单等保持一致。

（2）考虑选择的被询证者是否适当，包括被询证者对被函证信息是否知情、是否具有客观性、是否拥有回函的授权等。

（3）是否正确填列被询证者直接向注册会计师回函的地址。

（4）是否已将部分或全部被询证者的名称、地址与被审计单位有关记录进行核对，以确保询证函中的名称、地址等内容的准确性。

可以执行的程序包括但不限于：

（1）通过拨打公共查询电话核实被询证者的名称和地址；

（2）通过被询证者的网站或其他公开网站核对被询证者的名称和地址；

（3）将被询证者的名称和地址信息与被审计单位持有的相关合同等文件核对；

（4）对于供应商或客户，可以将被询证者的名称、地址与被审计单位收到或开具的增值税专用发票中的对方单位名称、地址进行核对。

2.不同发出方式下的控制

（1）邮寄。为避免询证函被拦截、篡改等舞弊风险，在邮寄询证函时，项目组应选择独立于被审计单位的邮寄服务机构，并亲自寄发询证函。同时，在询证函中明确要求被询证者将回函寄至会计师事务所，不得寄至被审计单位。

（2）跟函。①如果被询证者同意注册会计师独自前往被询证者处执行函证程序，注册会计师可以独自前往；②如果注册会计师跟函时需要被审计单位员工陪伴，注册会计师需要在整个过程中保持对询证函的控制，同时，对被审计单位和被询证者之间串通舞弊的风险保持警觉。

（3）电子方式。如果注册会计师需要通过电子方式发送询证函，在发函前可以基于对特定询证方式所存在风险的评估，考虑相应的控制措施，如实施程序以检查被审计单位提供联系方式的真实性。

3.积极式函证未收到回函时的处理

如果采用积极的函证方式实施函证而在合理的时间内未能收到回函，注册会计师应当考虑：（1）如果在合理的时间内未收到回函，必要时再次寄发询证函；（2）如果仍未能得到被询证者的回应，注册会计师应当实施替代审计程序。

4.评价审计证据的充分性和适当性时应考虑的因素

在某些情况下，注册会计师可能识别出认定层次重大错报风险，且取得积极式询证函回函是获取充分、适当的审计证据的必要程序。这些情况可能包括：（1）可获取的佐证管理层认定的信息只能从被审计单位外部获得；（2）存在特定舞弊风险因素，例如，管理层凌驾于内部控制之上，员工和（或）管理层串通使注册会计师不能信赖从被审计单位获取的审计证据。如果注册会计师认为取得积极式函证回函是获取充分、适当的审计证据的必要程序，则替代程序不能提供注册会计师所需要的审计证据。在这种情况下，如未能获取回函，注册会计师应当确定其对审计工作和审计意见的影响。

5.评价函证的可靠性

在评价函证的可靠性时，注册会计师应当考虑：

（1）对询证函的设计、发出及收回的控制情况。

（2）被询证者的胜任能力、独立性、授权回函（回函者是否有权回函）情况、对函证项目的了解及其客观性。

（3）被审计单位施加的限制或回函中的限制。无论是采用纸质还是电子介质，在被询证者的回函中都可能包括免责或其他限制条款。注册会计师是否依赖回函信息以及依赖的程度取决于免责或限制条款的性质和实质。

①对回函可靠性不产生影响的条款。回函中的格式化免责条款可能并不影响所确认信息的可靠性：

“提供的本信息仅出于礼貌，我方没有义务必须提供，我方不因此承担任何明示或暗示的责任、义务和担保。”

“本回复仅用于审计目的，被询证方、其员工或代理人无任何责任，也不能免除注册会计师做其他询问或执行其他工作的责任。”

其他限制条款如果与所测试的认定无关，也不会导致回函失去可靠性。例如，当注册会计师的审计目标是投资是否存在，并使用函证来获取审计证据时，在回函中针对投资价值的免责条款不会影响回函的可靠性。

②对回函可靠性产生影响的限制条款。

“本信息是从电子数据库中取得的，可能不包括被询证方所拥有的全部信息。”

“本信息既不保证是准确的，又不保证是最新的，其他方可能会持有不同意见。”

“接收人不能依赖函证中的信息。”

如果限制条款使注册会计师将回函作为可靠审计证据的程度受到了限制，则注册会计师可能需要执行额外的或替代审计程序。

6.对不符事项的处理

注册会计师应当考虑不符事项是否构成错报及其对财务报表可能产生的影响，并将结果形成审计工作记录。除此之外，注册会计师还应当考虑不符事项发生的原因和频率。不符事项发生的原因可能是双方登记入账的时间不同，或是一方或双方记账错误，也可能是被审计单位的舞弊行为。实施函证程序时，需要关注的舞弊风险迹象以及采取的应对措施如下：

（1）舞弊风险迹象。

①管理层不允许寄发询证函。

②管理层试图拦截、篡改询证函或回函，如坚持以特定的方式发送询证函。

③被询证者将回函寄至被审计单位，被审计单位将其转交注册会计师。

④注册会计师跟进访问被询证者，发现回函信息与被询证者记录不一致，例如，对银行的跟进访问表明提供给注册会计师的银行函证结果与银行的账面记录不一致。

⑤从私人电子信箱发送的回函。

⑥收到同一日期发回的、相同笔迹的多份回函。

⑦位于不同地址的多家被询证者的回函邮戳显示的发函地址相同。

⑧收到不同被询证者用快递寄回的回函，但快递的交寄人或发件人是同一个人或是被审计单位的员工。

⑨回函邮戳显示的发函地址与被审计单位记录的被询证者的地址不一致。

⑩不正常的回函率，例如，银行函证未回函；与以前年度相比，回函率偏高或回函率发生重大变动。

⑪向被审计单位债权人发送的询证函回函率很低。

⑫被询证者缺乏独立性，例如，被审计单位及其管理层能够对被询证者施加重大影响以使其向注册会计师提供虚假或误导性信息（如被审计单位是被询证者唯一或重要的客户或供应商）。

⑬被询证者既是被审计单位资产的保管人又是资产的管理者。

（2）针对舞弊风险迹象可以采取的应对措施。

①验证被询证者是否存在、是否与被审计单位之间缺乏独立性，其业务性质和规模是否与被询证者和被审计单位之间的交易记录相匹配。

②将寄出方地址与从其他来源得到的被询证者的地址（如与被审计单位签订的合同上签署的地址、在网络上查询到的地址）相比较，验证寄出方地址的有效性。

③将被审计单位档案中的有关被询证者的签名样本、公司公章与回函核对。

④要求与被询证者相关人员直接沟通讨论询证事项，考虑是否有必要前往被询证者工作地点以验证其是否存在。

⑤分别在期中和期末寄发询证函，并使用被审计单位账面记录和其他相关信息核对相关账户的期间变动。

⑥考虑从金融机构获得被审计单位的信用记录，加盖该金融机构公章，并与被审计单位会计记录相核对，以证实是否存在被审计单位没有记录的贷款、担保、开立银行承兑汇票、信用证、保函等事项。根据金融机构的要求，注册会计师获取信用记录时可以考虑由被审计单位人员陪同前往。在该过程中，注册会计师需要注意确认该信用记录没有被篡改。

如果有迹象表明收回的询证函不可靠，注册会计师应当实施适当的审计程序予以证实或消除疑虑。例如，注册会计师可以通过直接打电话给被询证者等方式来验证回函的内容和来源。

需要特别注意的是，目前有些银行仍然没有严格执行实名开户的措施，企业有可能利用其员工或其他人的名义开立银行账户。在这种情况下，向银行寄发询证函并不能保证有关信息的完整性。另外，某些企业与银行或其他金融机构合谋，共同舞弊，提供虚假信息或其他证据，导致函证结果不可靠。因此，注册会计师应当在考虑舞弊导致的财务报表重大错报风险的基础上，适当选择函证的方式，谨慎分析并评价函证结果。

（九）对不符事项的处理

不符事项，是指被询证者提供的信息与询证函要求确认的信息不一致，或与被审计单位记录的信息不一致。

注册会计师应当调查不符事项，以确定是否表明存在错报。注册会计师应当考虑不符事项是否构成错报及其对财务报表可能产生的影响，并将结果形成审计工作记录。

如果发现了不符事项，注册会计师应当首先提请被审计单位查明原因，并作进一步分析和核实。不符事项的原因可能是双方登记入账的时间不同，或是一方或双方记账错误，也可能是被审计单位的舞弊行为。对应收账款而言，登记入账的时间不同而产生的不符事项主要表现为：（1）询证函发出时，债务人已经付款，而被审计单位尚未收到货款；（2）询证函发出时，被审计单位的货物已经发出并已做销售记录，但货物仍在途中，债务人尚未收到货物；（3）债务人由于某种原因将货物退回，而被审计单位尚未收到；（4）债务人对收到的货物的数量、质量及价格等方面有异议而全部或部分拒付货款等。

如果不符事项构成错报，注册会计师应当重新考虑所实施审计程序的性质、时间安排和范围。

（十）评价获取的审计证据

注册会计师应当评价实施函证程序的结果是否提供了相关、可靠的审计证据，或是否有必要进一步获取审计证据。在评价时，注册会计师应当遵守《中国注册会计师审计准则第1231号——针对评估的重大错报风险采取的应对措施》和《中国注册会计师审计准则第1314号——审计抽样》的相关规定。

七、审计技能之分析程序

分析程序，是指注册会计师通过分析不同财务数据之间以及财务数据与非财务数据之间的内在关系，对财务信息作出评价。分析程序还包括在必要时对识别出的、与其他相关信息不一致或与预期值差异重大的波动或关系进行调查。

注册会计师的目标是：

（1）在实施分析程序时，获取相关、可靠的审计证据；

（2）在临近审计结束时，设计和实施分析程序，帮助注册会计师对财务报表形成总体结论，以确定财务报表是否与其对被审计单位的了解一致。

（一）实质性分析程序

1.总体要求

在设计和实施实质性分析程序时，无论单独使用或与细节测试结合使用，注册会计师都应当：

（1）考虑针对所涉及认定评估的重大错报风险和实施的细节测试（如有），确定特定实质性分析程序对于这些认定的适用性；

（2）考虑可获得信息的来源、可比性、性质和相关性以及与信息编制相关的控制，评价在对已记录的金额或比率作出预期时使用数据的可靠性；

（3）对已记录的金额或比率作出预期，并评价预期值是否足够精确以识别重大错报，即一项错报单独或连同其他错报可能导致财务报表产生重大错报；

（4）确定已记录金额与预期值之间可接受的，且无须按第1313号准则第七条的要求作进一步调查的差异额。

2.确定实质性分析程序对特定认定的适用性

并非所有认定都适合使用实质性分析程序。研究不同财务数据之间以及财务数据与非财务数据之间的内在关系是运用分析程序的基础，如果数据之间不存在稳定的可预期关系，注册会计师将无法运用实质性分析程序，而只能考虑利用检查、函证等其他审计程序收集充分、适当的审计证据，作为发表审计意见的合理基础。

在信赖实质性分析程序的结果时，注册会计师应当考虑实质性分析程序存在的风险，即分析程序的结果显示数据之间存在预期关系而实际上却存在重大错报。例如，被审计单位的业绩落后于行业的平均水平，但管理层篡改了被审计单位的经营业绩，以使其看起来与行业平均水平接近。在这种情况下，使用行业数据进行分析程序可能会误导注册会计师，再如，被审计单位在行业内占有极重要的市场份额的时候，将行业统计资料用于分析程序，数据的独立性可能会受到损害，因为在这种情况下被审计单位的数据在很大程度上决定了行业数据。

在确定实质性分析程序对特定认定的适用性时，注册会计师应当考虑下列因素：

（1）评估的重大错报风险。鉴于实质性分析程序能够提供的精确度受到种种限制，评估的重大错报风险水平越高，注册会计师应当越谨慎使用实质性分析程序。如果针对特别风险仅实施实质性程序，注册会计师应当使用细节测试，或将细节测试和实质性分析程序结合使用，以获取充分、适当的审计证据。

（2）针对同一认定的细节测试。在对同一认定实施细节测试的同时，实施实质性分析程序可能是适当的。例如，注册会计师在考虑应收账款的可收回性时，除了对期后收到现金的情况进行细节测试之外，也可以针对应收账款的账龄实施实质性分析程序。

3.数据的可靠性

注册会计师在对已记录的金额或比率作出预期时，需要采用内部或外部的数据。

来自被审计单位内部的数据包括：（1）前期数据，并根据当期的变化进行调整；（2）当期的财务数据；（3）预算或预测；（4）非财务数据等。

外部数据包括：（1）政府及政府有关部门发布的信息，如通货膨胀率、利率、税率、有关部门确定的进出口配额等；（2）行业监管者、贸易协会以及行业调查单位发布的信息，如行业平均增长率；（3）经济预测组织，包括某些银行发布的预测消息，如某些行业的业绩指标等；（4）公开出版的财务信息；（5）证券交易所发布的信息等。

数据的可靠性直接影响根据数据形成的预期值。数据的可靠性越高，预期的准确性也将越高，分析程序将越有效。注册会计师计划获取的保证水平越高，对数据可靠性的要求也就越高。

影响数据可靠性的因素很多。数据的可靠性受其来源及性质的影响，并有赖于获取该数据的环境。在确定实质性分析程序使用的数据是否可靠时，注册会计师应当考虑下列因素：

（1）可获得信息的来源。数据来源的客观性或独立性越强，所获取数据的可靠性将越高；来源不同的数据相互印证时比单一来源的数据更可靠。

（2）可获得信息的可比性。实施分析程序使用的相关数据必须具有可比性。通常，被审计单位所处行业的数据与被审计单位的相关数据具有一定的可比性。但应当注意，对于生产和销售专门产品的被审计单位，注册会计师应考虑获取广泛的相关行业数据，以增强信息的可比性，进而提高数据的可靠性。

（3）可获得信息的性质和相关性。例如，被审计单位管理层在制定预算时，是将该预算作为预期的结果还是作为将要达到的目标。若作为预期的结果，则预算的相关程度较高；若仅作为希望达到的目标，则预算的相关程度较低。此外，可获得的信息与审计目标越相关，数据就越可靠。

（4）与信息编制相关的控制。与信息编制相关的控制越有效，该信息越可靠。

为了更全面地考虑数据的可靠性，当实施实质性分析程序时，如果使用被审计单位编制的信息，注册会计师应当考虑测试与信息编制相关的控制，以及这些信息是否在本期或前期经过审计。

上述测试的结果有助于注册会计师就该信息的准确性和完整性获取审计证据，以更好地判断分析程序使用的数据是否可靠。如果注册会计师通过测试获知与信息编制相关的控制运行有效，或信息在本期或前期经过审计，该信息的可靠性将更高。

4.作出预期的准确程度

准确程度是对预期值与真实值之间接近程度的度量，也称精确度。分析程序的有效性在很大程度上取决于注册会计师形成的预期值的准确性。预期值的准确性越高，注册会计师通过分析程序获取的保证水平将越高。在评价作出预期的准确程度是否足以在计划的保证水平上识别重大错报时，注册会计师应当考虑下列主要因素：

（1）对实质性分析程序的预期结果作出预测的准确性。例如，与各年度的研究开发和广告费用支出相比，注册会计师通常预期各期的毛利率更具有稳定性。

（2）信息可分解的程度。信息可分解的程度是指用于分析程序的信息的详细程度，如按月份或地区分部分解的数据。通常，数据的可分解程度越高，预期值的准确性越高，注册会计师将相应获取较高的保证水平。当被审计单位经营复杂或多元化时，分解程度高的详细数据更为重要。数据需要具体到哪个层次受被审计单位性质、规模、复杂程度及记录详细程度等因素的影响。如果被审计单位从事多个不同的行业，或者拥有非常重要的子公司，或者在多个地点进行经营活动，注册会计师可能需要考虑就每个重要的组成部分分别取得财务信息。但是，注册会计师也应当考虑分解程度高的数据的可靠性。例如，季度数据可能因为未经审计或相关控制相对较少，其可靠性将不如年度数据。

（3）财务和非财务信息的可获得性。在设计实质性分析程序时，注册会计师应考虑是否可以获得财务信息（如预算和预测）以及非财务信息（如已生产或已销售产品的数量），以有助于运用分析程序。

5.已记录金额与预期值之间可接受的差异额

预期值只是一个估计数据，在大多数情况下与已记录金额并不一致。为此，在设计和实施实质性分析程序时，注册会计师应当确定已记录金额与预期值之间可接受的差异额。

可接受的差异额是指已记录金额与预期值之间的差额，注册会计师认为该差额无须做进一步调查。注册会计师应当将识别出的差异额与可接受的差异额进行比较，以确定差异是否重大，是否需要做进一步调查。

在确定可接受的差异额时，注册会计师应当主要考虑各类交易、账户余额、列报及相关认定的重要性和计划的保证水平。通常，可容忍错报越低，可接受的差异额越小；计划的保证水平越高，可接受的差异额越小。

注册会计师可以通过降低可接受的差异额应对重大错报风险的增加。可接受的差异额越低，注册会计师需要收集越多的审计证据，以尽可能发现财务报表中的重大错报，获取计划的保证水平。

如果在期中实施实质性程序，并计划针对剩余期间实施实质性分析程序，注册会计师应当考虑实质性分析程序对特定认定的适用性、数据的可靠性、作出预期的准确程度以及可接受的差异额，并评估这些因素如何影响针对剩余期间获取充分、适当的审计证据的能力。注册会计师还应考虑某类交易的期末累计发生额或账户期末余额在金额、相对重要性及构成方面能否被合理预期。

如果认为仅实施实质性分析程序不足以收集充分、适当的审计证据，注册会计师还应测试剩余期间相关控制运行的有效性或针对期末实施细节测试。

（二）有助于形成总体结论的分析程序

1.总体要求

在临近审计结束时，注册会计师应当设计和实施分析程序，帮助其对财务报表形成总体结论，以确定财务报表是否与其对被审计单位的了解一致。在审计结束或临近结束时，注册会计师运用分析程序的目的是确定财务报表整体是否与其对被审计单位的了解一致，注册会计师应当围绕这一目的运用分析程序。这时运用分析程序是强制要求，注册会计师在这个阶段应当运用分析程序。

2.总体复核阶段分析程序的特点

在总体复核阶段执行分析程序，所进行的比较和使用的手段与风险评估程序中使用的分析程序基本相同，但两者的目的不同。在总体复核阶段实施的分析程序主要在于强调并解释财务报表项目自上个会计期间以来发生的重大变化，以证实在财务报表中列报的所有信息与注册会计师对被审计单位及其环境的了解一致，与注册会计师取得的审计证据一致。因此，两者的主要差别在于实施分析程序的时间和重点不同，以及所取得数据的数量和质量不同。另外，因为在总体复核阶段实施的分析程序并非为了对特定账户余额和披露提供实质性的保证水平，因此并不如实质性分析程序那样详细和具体，而往往集中在财务报表层次。

3.再评估重大错报风险

在运用分析程序进行总体复核时，如果识别出以前未识别的重大错报风险，注册会计师应当重新考虑对全部或部分各类交易、账户余额、列报评估的风险是否恰当，并在此基础上重新评价之前计划的审计程序是否充分，是否有必要追加审计程序。

（三）调查分析程序的结果

如果按照第1313号准则的规定实施分析程序，识别出与其他相关信息不一致的波动或关系，或与预期值差异重大的波动或关系，注册会计师应当采取下列措施调查这些差异：

（1）询问管理层，并针对管理层的答复获取适当的审计证据；

（2）根据具体情况在必要时实施其他审计程序。

（四）数据分析

1.数据分析的概念

（1）“数据”（Data）这个词在拉丁文里是“已知”的意思，也可以理解为“事实”。如今，数据代表对某个事物的描述，数据可以记录、分析和重组。

（2）“数据化”是指为了指标分析将事物量化的过程。

（3）“大数据”（Big Data），或称巨量资料，指的是所涉及的资料数量规模巨大到无法通过目前主流软件工具在合理时间内实现采集、整理、处理或转化成为帮助决策者决策的可用信息。在维克托·迈尔-舍恩伯格及肯尼斯·库克耶编写的《大数据时代》中，大数据是指不用随机分析法（抽样调查）这样的捷径，而采用所有数据进行分析处理。大数据的4V特点是指：Volume（大量）、Velocity（高速）、Variety（多样）、Value（价值）。

（4）大数据的前提：必须要有云计算。在云计算这种信息处理能力极大提高的前提下，这些数据可以成为帮助决策者决策的有用信息。

（5）大数据与云计算在网络虚拟化环境下，提供了网络访问平台，突破了传统抽取部分数据、信息的审计方式，且结合云计算和大数据方法增设非结构化数据和数据分析模块，同时以归类的管理方法，对审计内容进行整理，最终在审计内容达到预警值时，展开深入性审计行为，满足审计工作开展需求。

（6）数据分析能让注册会计师处理一个完整的数据集（总体中的全部交易），可让非专业人士以图形化的方式方便快速查看结果。从审计角度上说，数据分析应当使注册会计师能够更容易地看到被审计单位的整体情况。

（7）两种假设。审计准则是基于几乎不可能测试被审计单位100%的交易的假设而制定的。一种观点认为，使用数据分析技术执行超大规模工作的情况改变了一切，因此，审计准则需要彻底地变革以反映新技术的发展。另一种观点认为，相关的基本概念仍是合理的，审计准则只需要适当修改以反映一些效力强大的审计新技术。

2.数据分析的作用

（1）数据分析是通过基础数据结构中的字段来提取数据的，而不是通过数据记录的格式。

一个简单的例子是Excel工具中的Power View，它可以过滤、排序、切分和突显出电子表格中的数据，然后用各种各样的气泡图、柱状图和饼图等方式可视化地呈现数据。可视化与其基础数据几乎一样，因此分析质量的提高程度取决于必须以正确方式提取、分析和连接的基础数据。

（2）数据分析工具，如图2-15所示。

①数据分析工具可用于风险分析、交易和控制测试、分析程序，为判断提供支撑并提供见解。例如，它们可以利用外部市场数据（如第三方定价信息）为投资重新定价。利率、汇率、CDP以及其他增长指标也可用于分析程序。许多数据分析常规工具可以很容易地由注册会计师执行。独立完成这些分析的能力非常重要。更高级的常规分析工具可用于风险分析以便发现问题，而更详细的分析可用来明确重点，提供审计证据并提高注册会计师的洞察力。

②一些常规分析工具可以提供审计证据，为会计估计的计算方法是否适当的判断提供支持。例如，如果一个企业有冲销超过一定账龄的应收款项的政策，如果常规分析工具显示，大量的贷项通知单与开具账单错误有关，那么当冲销贷项通知单时，对运用该方法的分析结果可能导致该方法看起来不是那么恰当。

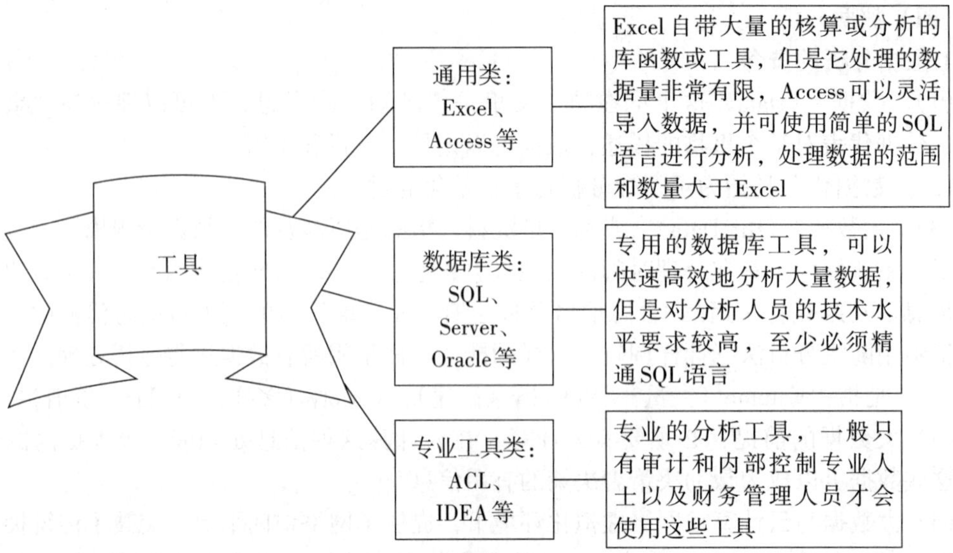

图2-15 数据分析工具

③数据分析工具可以提高审计质量。审计质量不在于工具本身，而在于分析和相应判断的质量。这种价值不在于数据转换，而在于从分析产生的交谈和询问中提取的审计证据。

3.数据分析面临的挑战

数据分析面临的挑战见表2-54。

表2-54 数据分析面临的挑战

项目	挑战
数据提取	(1) 许多大型事务所在其客户系统中包括独立的用户名和密码的只读类型的账号，以便在一段时间内服务于财务报表审计。 (2) 注册会计师有时自己去获取数据，有时使用管理层提取并验证过的数据。 (3) 通过一个可使用的格式从系统中提取数据。 (4) 注册会计师正在开发多种策略，以使他们能够接入各种各样的系统
数据转换	数据和交易可以采用许多不同的方式进行分析，如通过交易类型、账户或活动代码，或者参考许多不同的数据成分。转换（Transformation）使数据变为可用的。注册会计师需要决策对数据进行转换和改变，以便实现数据的可用性
数据容量	审计质量问题则需要保留支持关键思考过程的文档记录。数据分析的规模和范围可能超出标准服务器的容量
数据保留	以何种方式保留数据，从而满足审计准则的文件记录要求，人们有不同的观点： 观点一，保留大量的数据不仅成本高昂，而且对于遵守审计准则而言也是不必要的； 观点二，分析的数据至少需要保留很多年，因为数据分析平台就是这样构建的，并且他们不相信与数据保留相关的风险状况发生了改变； 观点三，由于在数据分析中使用了海量数据，与数据保留相关的风险状况已经改变。虽然数据分析平台的质量对数据保留有影响，但什么应当被保留的标准并没有改变。如果一个项目已被测试，那么关于它的信息就应该被保留，以便在必要时再次找出该项目信息

八、审计技能之监盘

通常情况下，与其他资产项目相比，存货更能反映企业的经营特点。对于制造业、贸易业等行业的被审计单位而言，存货采购、生产和销售通常对其财务状况、经营成果和现金流量都具有重大影响，资本市场上很多的舞弊案例也都涉及存货的虚假记录。

（一）注册会计师在存货监盘中的责任

定期盘点存货、合理确定存货的数量和状况是被审计单位管理层的责任。实施存货监盘，获取有关存货存在和状况的充分、适当的审计证据，是注册会计师的责任。

注册会计师还可能在存货监盘中获取有关存货所有权的部分审计证据。例如，如果注册会计师在监盘中注意到某些存货已经被法院查封，需要考虑被审计单位对这些存货的所有权是否受到了限制。存货监盘本身并不足以供注册会计师确定存货的所有权，注册会计师可能需要执行其他实质性审计程序以应对所有权认定的相关风险。

注册会计师需要恰当区分被审计单位对存货盘点的责任和注册会计师对存货监盘的责任，在执行存货监盘过程中不应协助被审计单位的存货盘点工作。

（二）在实施存货监盘时注册会计师需要实施的审计程序

如果存货对财务报表是重要的，注册会计师应当实施下列审计程序，对存货的存在和状况获取充分、适当的审计证据：

（1）在存货盘点现场实施监盘（除非不可行）；

（2）对期末存货记录实施审计程序，以确定其是否准确反映实际的存货盘点结果。

在存货盘点现场实施监盘时，注册会计师应当实施下列审计程序：

（1）评价管理层用以记录和控制存货盘点结果的指令和程序；

（2）观察对管理层制定的盘点程序的执行情况；

（3）检查存货；

（4）执行抽盘。

存货监盘的相关程序可以用作控制测试或者实质性程序。注册会计师可以根据风险评估结果、审计方案和实施的特定程序作出判断。例如，如果只有少数项目构成了存货的主要部分，注册会计师可能选择将存货监盘作为实质性程序。

（三）存货存放在多个地点，在计划监盘程序时需要考虑的因素

在计划存货监盘时，注册会计师需要考虑的事项包括存货的存放地点（包括不同存放地点的存货的重要性和重大错报风险），以确定适当的监盘地点。

如果被审计单位的存货存放在多个地点，注册会计师可以要求被审计单位提供一份完整的存货存放地点清单（包括期末库存量为零的仓库、租赁的仓库，以及第三方代被审计单位保管存货的仓库等），并考虑其完整性。根据具体情况下的风险评估结果，注册会计师可以考虑执行以下一项或多项审计程序：

（1）询问被审计单位除管理层和财务部门以外的其他人员，如营销人员、仓库人员等，以了解有关存货存放地点的情况；

（2）比较被审计单位不同时期的存货存放地点清单，关注仓库变动情况，以确定是否存在因仓库变动而未将存货纳入盘点范围的情况发生；

（3）检查被审计单位存货的出、入库单，关注是否存在被审计单位尚未告知注册会计

师的仓库（如期末库存量为零的仓库）；

（4）检查费用支出明细账和租赁合同，关注被审计单位是否租赁仓库并支付租金，如果有，该仓库是否已包括在被审计单位提供的仓库清单中；

（5）检查被审计单位“固定资产——房屋建筑物”明细清单，了解被审计单位可用于存放存货的房屋建筑物。

如果识别出由于舞弊导致的影响存货数量的重大错报风险，注册会计师在检查被审计单位存货记录的基础上，可能决定在不预先通知的情况下对特定存放地点的存货实施监盘，或在同一天对所有存放地点的存货实施监盘。

同时，在连续审计中，注册会计师可以考虑在不同期间的审计中变更所选择实施监盘的地点。

一般而言，被审计单位在盘点过程中停止生产并关闭存货存放地点以确保停止存货的移动，有利于保证盘点的准确性。但在特定情况下，被审计单位可能由于实际原因无法停止生产或收发货物。在这种情况下，注册会计师可以根据被审计单位的具体情况考虑其无法停止存货移动的原因及其合理性。

同时，注册会计师可以通过询问管理层以及阅读被审计单位的盘点计划等方式，了解被审计单位对存货移动所采取的控制程序和对存货收发截止影响的考虑。例如，如果被审计单位在盘点过程中无法停止生产，可以考虑在仓库内划分出独立的过渡区域，将预计在盘点期间领用的存货移至过渡区域、对盘点期间办理入库手续的存货暂时存放在过渡区域，以此确保相关存货只被盘点一次。

在实施存货监盘程序时，注册会计师需要观察被审计单位有关存货移动的控制程序是否得到执行。同时，注册会计师可以向管理层索取盘点期间与存货移动相关的书面记录以及出、入库资料作为执行截止测试的资料，以为监盘结束的后续工作提供证据。

（四）特殊类型的存货监盘

常见的盘点方法和控制程序可能并不完全适用于某些特殊类型的存货，这些存货可能存在无法用标签予以标识、数量难以估计或质量难以确定等情况。对于这些特殊类型的存货，注册会计师可以首先了解被审计单位计划采用的盘点方法，并评估其盘点方法是否满足会计核算的需要，即保证存货在财务报表中得以恰当计量和披露。在此基础上，注册会计师需要运用职业判断，根据被审计单位所处行业的特点、存货的类型和特点以及内部控制等具体情况，设计针对特殊类型存货的具体监盘程序。

在某些情况下，对于特定类型的存货（如矿藏、贵金属等），被审计单位可能会聘请外部专业机构协助进行存货盘点。在这种情况下，尽管被审计单位所聘请外部专业机构执行的存货盘点本身并不足以为注册会计师提供充分、适当的审计证据，但注册会计师可以考虑其是否构成管理层的专家，并在适用的情况下根据对其客观性、专业素质和胜任能力进行的评估调整亲自测试的范围。具体而言，注册会计师可以考虑实施检查外部专业机构的盘点程序表、对其盘点程序和相关控制进行观察、抽盘存货、抽样对其结果执行重新计算，以及对盘点日至财务报表日之间发生的交易执行测试等程序。

以煤堆的监盘为例进行说明。假设某一电力企业有较大数量的存煤燃料，其管理层可能选择聘请外部的专业测量公司使用仪器设备采集煤堆的形状特征数据以计算存煤的体积，同时采集相关数据（如水分比例等）以计算其堆积密度，然后利用体积和密度数据计算出盘点煤量。在这种情况下，注册会计师需要评价外部测量公司的胜任能力、专业素质和客观性，检查其煤堆测量计划和测量报告，并在监盘过程中关注被审计单位和外部测量公司所采用仪器设备的精准度、测量方法的适当性、体积和密度计算方法的合理性等因素。

在必要的情况下，对于特殊类型的存货，注册会计师可能需要利用专家的工作协助其进行监盘。《中国注册会计师审计准则第1421号——利用专家的工作》规范了如何利用专家协助注册会计师获取充分、适当的审计证据，如果注册会计师决定利用专家的工作，应当按照该准则的要求执行工作。

（五）由第三方保管或控制的存货监盘

如果由第三方保管或控制的存货对财务报表是重要的，注册会计师应当实施下列一项或两项审计程序，以获取有关该存货存在和状况的充分、适当的审计证据：

（1）向持有被审计单位存货的第三方函证存货的数量和状况；

（2）实施检查或其他适合具体情况的审计程序。

根据具体情况（如获取的信息使注册会计师对第三方的诚信和客观性产生疑虑），注册会计师可能认为实施其他审计程序是适当的。其他审计程序可以作为函证的替代程序，也可以作为追加的审计程序。

其他审计程序的示例包括：

（1）实施或安排其他注册会计师实施对第三方的存货监盘（如可行）；

（2）获取其他注册会计师或服务机构注册会计师针对用以保证存货得到恰当盘点和保管的内部控制的适当性而出具的报告；

（3）检查与第三方持有的存货相关的文件记录，如仓储单；

（4）当存货被作为抵押品时，要求其他机构或人员进行确认。

考虑到第三方仅在特定时点执行存货盘点工作，注册会计师可以事先考虑实施函证的可行性。如果预期不能通过函证获取相关审计证据，可以事先计划和安排存货监盘等工作。

此外，注册会计师可以考虑由第三方保管存货的商业理由的合理性，以进行与存货相关风险（包括舞弊风险）的评估，并计划和实施适当的审计程序，例如检查被审计单位和第三方所签署的存货保管协议的相关条款、复核被审计单位调查及评价第三方工作的程序等。

（六）被审计单位的存货盘点在财务报表日以外的其他日期进行，注册会计师需要进行的补充考虑和测试

如果存货盘点在财务报表日以外的其他日期进行，还应当实施其他审计程序，以获取审计证据，确定存货盘点日与财务报表日之间的存货变动是否已得到恰当的记录。

注册会计师可以结合盘点日至财务报表日之间间隔期的长短、相关内部控制的有效性等因素进行风险评估，设计和执行适当的审计程序。在实质性程序方面，注册会计师可以实施的程序示例包括：

（1）比较盘点日和财务报表日之间的存货信息以识别异常项目，并对其执行适当的审计程序（如实地察看等）；

（2）对存货周转率或存货销售周转天数等实施实质性分析程序；

（3）对盘点日至财务报表日之间的存货采购和存货销售分别实施双向检查（例如，对存货采购从入库单查至其相应的永续盘存记录及从永续盘存记录查至其相应的入库单等支持性文件，对存货销售从货运单据查至其相应的永续盘存记录及从永续盘存记录查至其相应的货运单据等支持性文件）；

（4）测试存货销售和采购在盘点日和财务报表日的截止是否正确。

（七）在实施存货监盘时，考虑舞弊风险的影响

对于存货监盘，注册会计师需要在监盘工作执行过程中关注可能存在舞弊的迹象。例如，如果管理层不允许注册会计师在同一时间对所有存放地点的存货实施监盘，可能存在管理层操纵转移不同地点的存货以虚增或虚减存货的风险。

注册会计师需要根据具体情况下对于被审计单位与存货数量相关的舞弊风险评估，设计和实施相应的存货监盘审计程序，并恰当应对监盘过程中所识别出的舞弊或舞弊嫌疑。例如，对于注册会计师在监盘过程中注意到，但并未反映在被审计单位存货盘点表上的存货，如果管理层解释称这些存货为代第三方持有或保管的存货，注册会计师可以通过进一步的审计程序，包括查看与这些存货权属相关的证明文件、向第三方函证等，来评估管理层答复的真实性和合理性，以应对可能存在的这些存货已被确认为销售收入但其相关风险和报酬实际尚未转移的重大错报风险。

如果在存货盘点现场实施存货监盘不可行，注册会计师应当实施替代审计程序，以获取有关存货的存在和状况的充分、适当的审计证据。但在其他一些情况下，实施替代审计程序可能无法获取有关存货的存在和状况的充分、适当的审计证据。在这种情况下，注册会计师需要按照准则的规定发表非无保留意见。

案例分析

针对评估的舞弊导致的财务报表层次重大错报风险的总体应对措施有：

（1）考虑人员的适当分派和督导。作为项目负责人的CPA应当根据舞弊导致的财务报表层次的重大错报风险的评估结果，分派具备相应知识和技能的人员，或利用专家（如法律专家、计算机专家、鉴定评估专家等）的工作。在审计过程中，CPA应当加强对项目组成员工作的监督和指导。

（2）考虑被审计单位采用的会计政策。CPA应当考虑被审计单位管理层对重大会计政策（特别是涉及主观计量或复杂交易时）的选择和运用，是否可能表明管理层通过操纵利润对财务信息作出虚假报告。

（3）避免某些进一步审计程序被被审计单位预见或事先了解。CPA在选择进一步审计程序的性质、时间安排和范围时，应当有意识地避免被这些人员预见或事先了解。CPA应当考虑采取下列措施：①对通常由于风险程度较低而不会作出测试的账户余额实施实质性程序；②调整审计程序的实施时间，使之有别于预期的时间安排；③运用不同的抽样方法，以便考察结果的稳定性；④对处于不同地理位置的多个组成部分实施审计程序；⑤以不预先通知的方式实施审计程序。

知识拓展

抽样风险和非抽样风险

在获取审计证据时，注册会计师应运用职业判断，评估重大错报风险，并设计进一步审计程序，以确保将审计风险降至可接受的低水平。当使用审计抽样时，审计风险可能受抽样风险和非抽样风险的影响。这两种风险可能影响对重大错报风险的评估和对检查风险的确定。

一、抽样风险与非抽样风险比较

抽样风险与非抽样风险比较见表2-55。

表2-55　抽样风险与非抽样风险比较

项目	抽样风险	非抽样风险
含义	注册会计师根据样本得出的结论，与对总体全部项目实施与样本同样的审计程序得出的结论存在差异的可能性	由于某些与样本规模无关的因素而导致注册会计师得出错误结论的可能性
产生原因	只要使用了审计抽样总会存在	包括审计风险中不是由抽样所导致的所有风险，由人为错误造成的，注册会计师即使对某类交易或账户余额的所有项目实施某种审计程序，也可能仍未能发现重大错报或控制失效。采用不适当的审计程序，或者误解审计证据而没有发现误差等，可能导致的原因包括：(1) 选择的总体不适合于测试目标；(2) 未能适当地定义控制偏差或错报，导致注册会计师未能发现样本中存在的偏差或错报；(3) 选择了不适于实现特定目标的审计程序；(4) 未能适当地评价审计发现的情况；(5) 其他原因
控制测试	如果注册会计师实施了适当的审计程序而在样本中未发现偏差或仅发现少量偏差，并得出控制运行有效的结论，重大错报风险评估水平则会受到影响	当总体实际偏差率非常高时，如果注册会计师实施了不适当的审计程序而未能发现样本中的错误，重大错报风险评估水平就会受到影响
细节测试	如果总体实际错报高于可容忍错报，注册会计师在细节测试的样本中只发现了很小的错报，导致得出错误的结论，检查风险水平就会受到影响	如果注册会计师实施了不适当的审计程序而得出错误的结论，检查风险水平就会受到影响
计量	统计抽样准确计量和控制；非统计抽样根据职业判断对其进行定性的评价和控制	在任何一种抽样方法中注册会计师都不能量化；如果对总体中的所有项目都实施检查，就不存在抽样风险，此时审计风险完全由非抽样风险产生
控制	通过扩大样本规模降低	(1) 采取适当的质量控制政策和程序；(2) 对审计工作进行适当的指导、监督与复核；(3) 对注册会计师实务的适当改进，可以将非抽样风险降至可以接受的水平；(4) 也可以通过仔细设计审计程序尽量降低

二、抽样风险与非抽样风险对审计工作的影响

抽样风险与非抽样风险对审计工作的影响见表2-56。

表2-56 抽样风险与非抽样风险对审计工作的影响

审计测试	抽样风险种类	影响	重大错报风险的评估	检查风险的确定
控制测试	信赖过度风险（坏人当好人）	审计效果	情形：推断控制有效性 > 实际控制有效性 结果：发表不恰当的审计意见；导致评估的重大错报风险水平偏低；可能不适当地减少从实质性程序中获取的证据；审计的有效性下降 要求：更应关注［后怕］	—
	信赖不足风险（好人当坏人）	审计效率	情形：推断的控制有效性 < 实际控制有效性 结果：得出恰当的结论；导致评估的重大错报风险水平偏高；可能会增加不必要的实质性程序；效率可能降低 要求：［后悔］	—
细节测试	误受风险（坏人当好人）	审计效果	—	情形：总体实际错报 > 可容忍错报 结果：发表不恰当的审计意见；注册会计师在细节测试的样本中只发现了很小的错报；导致得出账面金额无重大错报的错误结论；检查风险水平会受到抽样风险的影响 要求：更应关注［后怕］
	误拒风险（好人当坏人）	审计效率	—	情形：总体实际错报 < 可容忍错报 结果：得出恰当的结论；推断某一重大错报存在而实际上不存在；账面金额不存在重大错报而注册会计师认为其存在重大错报；会扩大细节测试的范围并考虑获取其他审计证据；审计效率降低 要求：［后悔］

注：两种测试中的非抽样风险对审计效率、审计效果都有影响。

三、抽样风险类型

抽样风险类型见表2-57和表2-58。

表2-57　　控制测试中的抽样风险类型

情形		被审计单位控制活动、政策或程序的实际有效性	
		控制风险初步评估结果适当	控制风险初步评估结果不适当
注册会计师根据样本结果得出的结论	支持初步评估的控制风险水平	正确结论	信赖过度风险：评估的控制风险太低（审计无效）
	不支持初步评估的控制风险水平	信赖不足风险：评估的控制风险太高（审计效率太低）	正确结论

表2-58　　细节测试中的抽样风险类型

情形		被审计单位交易或账户余额记录的实际状况	
		不存在重大错报	存在重大错报
注册会计师根据样本结果得出的结论	交易或账户余额不存在重大错报	正确结论	误受风险（审计无效）
	交易或账户余额存在重大错报	误拒风险（审计效率太低）	正确结论

同步训练

一、单项选择题（每题只有一个正确答案，请将正确答案填在括号内）

1.B注册会计师负责对乙公司2018年度财务报表进行审计。在审计银行存款时，B注册会计师遇到下列事项，请代为作出正确的专业判断。

（1）B注册会计师实施的下列程序中，属于控制测试程序的是（　　）。

A.取得银行存款余额调节表并检查未达账项的真实性

B.检查银行存款收支的正确截止

C.检查是否定期取得银行对账单并编制银行存款余额调节表

D.函证银行存款余额

（2）在查找已提前报废但尚未作出会计处理的固定资产时，下列审计程序中，B注册会计师最有可能实施的是（　　）。

A.以检查固定资产实物为起点，检查固定资产的明细账和投保情况

B.以检查固定资产明细账为起点，检查固定资产实物和投保情况

C.以分析折旧费用为起点，检查固定资产实物

D.以检查固定资产实物为起点，分析固定资产维修和保养费用

（3）下列审计程序中，B注册会计师最有可能获取固定资产存在的审计证据的是（　　）。

A.观察经营活动，并将固定资产本期余额与上期余额进行比较

B.询问被审计单位的管理层和生产部门

C.以检查固定资产实物为起点，检查固定资产明细账和相关凭证

D.以检查固定资产明细账为起点，检查固定资产实物和相关凭证

2.在对资产存在认定获取审计证据时，正确的测试方向是（　　）。

A.从财务报表到尚未记录的项目

B.从尚未记录的项目到财务报表

C.从会计记录到支持性证据

D.从支持性证据到会计记录

3.B注册会计师负责对乙公司2018年度财务报表进行审计。在审计银行存款时，B注册会计师遇到下列事项，请代为作出正确的专业判断。

如果B注册会计师要证实乙公司在临近2018年12月31日签发的支票是否已登记入账，最有效的审计程序是（　　）。

A.函证2018年12月31日的银行存款余额

B.检查2018年12月31日的银行对账单

C.检查2018年12月31日的银行存款余额调节表

D.检查2018年12月的支票存根和银行存款日记账

4.乙公司某银行账户的银行对账单余额为1 585 000元，在检查该账户银行存款余额调节表时，B注册会计师注意到下列事项：在途存款100 000元；未提现支票50 000元；未入账的银行存款利息收入35 000元；未入账的银行代扣水电费25 000元。假定不考虑其他因素，B注册会计师审计后确认的该银行存款账户余额应是（　　）元。

A.1 535 000　　B.1 575 000　　C.1 595 000　　D.1 635 000

5.甲公司2018年度的借款规模、存款规模分别与2017年度基本持平，但财务费用比2017年度有所下降。甲公司提供的下列理由中，不能解释财务费用变动趋势的是（　　）。

A.甲公司于2017年1月初借入3年期的工程项目专门借款10 000 000元，该工程项目于2018年1月开工建设，预计在2019年6月完工

B.甲公司在2018年度以美元结算的货币性负债的金额一直大于以美元结算的货币性资产的金额。人民币对美元的汇率在2018年上半年保持稳定，从2018年下半年开始有较大上升

C.为了缓解流动资金紧张的压力，甲公司从2018年4月起增加了银行承兑汇票的贴现规模

D.根据甲公司与开户银行签订的存款协议，从2018年7月1日起，甲公司在开户银行的存款余额超过1 000 000元的部分所适用的银行存款利率上浮0.5%

6.下列各项，通常不用作风险评估程序的是（　　）。

A.检查　　B.重新执行　　C.观察　　D.分析程序

二、多项选择题（每题有两个或两个以上正确答案，请将正确答案填在括号内）

1.如果注册会计师怀疑被审计单位存在为虚构的顾客发货并作为销售业务入账的现象，则执行的交易实质性测试程序没有效果的有（　　）。

A.复核业务收入总账、明细账以及应收账款明细账中的大额或异常项目

B.将业务收入明细账中的分录与销售单的赊销审批和发运审批核对

C.将发运凭证与存货永续记录中的发运分录核对

D.将发运凭证与相关的销售发票和业务收入明细账及应收账款中的分录进行核对

2.下列各项控制措施中，对防范相应的风险有效的有（　　）。

A.对赊销的审批可以防止以巨额坏账损失为代价的大量销售风险

B.销售价格、销售条件、运费、折扣等必须经过审批是为了保证销售交易按照企业定价政策规定的价格开票收款

C.对于超过单位既定销售政策和信用政策规定范围的特殊销售交易，单位进行集体决策是为了防止因审批人决策失误而造成严重损失

D.发货以后才开具账单是为了防止漏开账单的风险

3.C注册会计师拟对丙公司的货币资金实施实质性测试程序。下列各项属于实质性测试程序的有（　　）。

A.检查银行预留印鉴的保管情况

B.检查银行存款余额调节表中未达账项在资产负债表日后的进账情况

C.检查现金交易中是否存在应通过银行办理转账支付的项目

D.检查外币银行存款年末余额是否按年末汇率折合为记账本位币金额

4.在设计询证函时，下列各项正确的有（　　）。

A.在函证应收账款时，询证函中可以不列出账户余额，而是要求被询证者提供余额信息，以应对评估的应收账款被低估的风险

B.从被审计单位的供应商明细表中选取样本进行询证，以应对评估的应付账款被低估的风险

C.对大额应收账款明细账户采用消极式函证，对小额应收账款明细账户采用积极式函证

D.如果被审计单位与应收账款存在认定相关的内部控制设计合理且运行有效，可适当减少函证的样本规模

5.张敏注册会计师在设计实质性分析程序时应当考虑的因素有（　　）。

A.已记录金额与预期值之间可接受的差异额

B.作出预期的准确程度是否足以在计划的保证水平上识别重大错报

C.对已记录的金额或比率作出预期时，所依据的内部或外部数据的可靠性

D.选择有证据表明应包含在财务报表金额中的项目，并调查这些项目是否确实包括在内

三、判断题

1.对应收账款进行函证属于风险评估程序。（　　）

2.审计人员应当根据风险评估结果，确定实施进一步审计程序的性质、时间安排和范围。（　　）

3.当评估的财务报表层次重大错报风险属于高风险时，注册会计师通常拟实施的进一步审计程序的总体方案是综合性方案。（　　）

4.企业发货以后才开具账单是为了防止漏开账单的风险。（　　）

5.为了证实已发生的销售业务是否均已登记入账，最有效的做法是由有关原始凭证追

查至销售日记账。（　）

四、案例题

1.A注册会计师负责对甲公司2018年12月31日的财务报告内部控制进行审计。A注册会计师了解到，甲公司将客户验货签收作为销售收入确认的时点。部分与销售相关的控制内容摘录如下：

（1）每笔销售业务均需与客户签订销售合同。

（2）赊销业务需由专人进行信用审批。

（3）仓库只有在收到经批准的发货通知单时才能供货。

（4）负责开具发票的人员无权修改开票系统中已设置好的商品价目表。

（5）财务人员根据核对一致的销售合同、客户签收单和销售发票编制记账凭证并确认销售收入。

（6）每月月末，由独立人员对应收账款明细账和总账进行调节。

要求：

（1）针对上述第（1）至（6）项所列控制，逐项指出是否与销售收入的发生认定直接相关。

（2）从所选出的与销售收入的发生认定直接相关的控制中，选出一项最应当测试的控制，并简要说明理由。

2.A注册会计师负责对常年审计客户甲公司2018年度财务报表进行审计。甲公司从事商品零售业，存货占其资产总额的60%。除自营业务外，甲公司还将部分柜台出租，并为承租商提供商品仓储服务。根据以往的经验和期中测试的结果，A注册会计师认为甲公司有关存货的内部控制有效。A注册会计师计划于2018年12月31日实施存货监盘程序。A注册会计师编制的存货监盘计划部分内容摘录如下：

（1）在到达存货盘点现场后，监盘人员观察代柜台承租商保管的存货是否已经单独存放并予以标明，确定其未被纳入存货盘点范围。

（2）在甲公司开始盘点存货前，监盘人员在拟检查的存货项目上作出标识。

（3）对以标准规格包装箱包装的存货，监盘人员根据包装箱的数量及每箱的标准容量直接计算确定存货的数量。

（4）在存货监盘过程中，监盘人员除关注存货的数量外，还需要特别关注存货是否出现毁损、陈旧、过时及残次等情况。

（5）对存货监盘过程中收到的存货，要求甲公司单独码放，不纳入存货监盘的范围。

（6）在存货监盘结束时，监盘人员将除作废的盘点表单以外的所有盘点表单的号码记录于监盘工作底稿。

要求：

（1）针对上述第（1）至（6）项，逐项指出是否存在不当之处。如果存在，简要说明理由。

（2）假设因雪灾导致监盘人员于原定存货监盘日未能到达盘点现场，指出A注册会计师应当采取何种补救措施。

小 结

本模块主要知识点归纳总结见表2-59。

表2-59 本模块主要知识点

任务	知识点
任务一 风险评估	了解被审计单位及其环境
	了解被审计单位的内部控制
	识别和评估重大错报风险
任务二 风险应对	财务报表层次重大错报风险与总体应对措施
	针对认定层次重大错报风险的进一步审计程序
	控制测试
	实质性程序
	财务报表审计的循环法
	审计技能之函证
	审计技能之分析程序
	审计技能之监盘

模块三

编制审计工作底稿

【学习目标】

1. 了解审计工作底稿格要素、性质和作用。
2. 合理、有效地运用审计工作底稿的专业知识，解决基本的与审计工作底稿编制相关的实务问题。
3. 掌握审计工作底稿质量复核。
4. 熟悉审计工作底稿归档的基本要求。

【知识点】

审计工作底稿含义　审计工作底稿基本要素　审计工作底稿编制目的　审计工作底稿编制要求　审计工作底稿格式　审计工作底稿归档

【技能点】

利用模板编制审计工作底稿

任务一　明确底稿目的

案例导入

注册会计师对C公司2016年度财务报表的了解情况

A和B注册会计师在编制C公司2016年度财务报表的审计计划前，按审计准则的要求对被审计单位C公司及其环境进行了全面了解和记录。相关的工作底稿显示，C公司2016年度存在以下具体情况：

（1）2016年6月30日，C公司于2014年6月30日从P银行借入金额为6 000万元期限为两年的长期借款到期。虽然C公司最高管理人员多次与P银行信贷部协商，希望延长还款期半年，但P银行在委托K会计师事务所对C公司进行专项审计后，于2016年7月份收回了款项。

（2）为扩展业务，C公司出资1 000万元于2016年6月30日成功兼并了西部某省的两家公司，此举增加了C公司在西部市场的份量，提高了其在西部市场的竞争程度。

（3）2016年10月，为开拓国际市场，C公司董事会决定在中东地区设立分公司。由于该地区除伊拉克以外的各国商家云集，均难以获得市场准入，公司董事会决定投资500万元美元在伊拉克设立分公司。到2016年年底，该分公司已正式开始营业，虽然该地区时常发生绑架等事件，但分公司的经营基本未受影响。

（4）直到2016年10月底，C公司一直采用手工记账。为提高财务工作效率和质量，C公司投资500万元于2016年11月份实现了会计电算化。考虑到这一变化对财务人员的影响，财务部门分期分批对全体财务人员进行了培训，同时还聘请了外部专家进行经常性业务指导。至2016年年底，相关的培训工作和计算机信息系统调试工作均已进行完毕。

（5）自2016年11月起，C公司将原存放于Q银行的2 000万元款项全部转入3名高级管理人员及财务经理的银行卡中，与所有客户的往来以及公司职员薪酬的发放均通过银行卡结算。

根据审计工作底稿，上述各种情况是否会导致C公司产生重大错报风险呢？

资料来源：http：//www.shangxueba.com/ask/541015.html.

知识准备

一、审计工作底稿的含义和编制目的

视频：审计工作底稿串讲

审计工作底稿，是指注册会计师对制订的审计计划、实施的审计程序、获取的相关审计证据，以及得出的审计结论作出的记录。它是审计证据的载体和形成审计结论、发表审计意见、出具审计报告的直接依据，也是评

价考核执业注册会计师专业能力、工作业绩、知识水平和行业监管机构检查业务质量、明确审计责任的重要依据。注册会计师的审计过程实际上是收集审计证据，编制审计工作底稿，分析、判断、得出审计结论的过程。通过编制审计工作底稿，把已收集到的数量众多但又不系统、零散的各种审计证据资料，系统地加以归类整理，从而使审计结论建立在充分和适当的审计证据基础之上。它形成于审计过程，也反映整个审计过程，如图3-1所示。

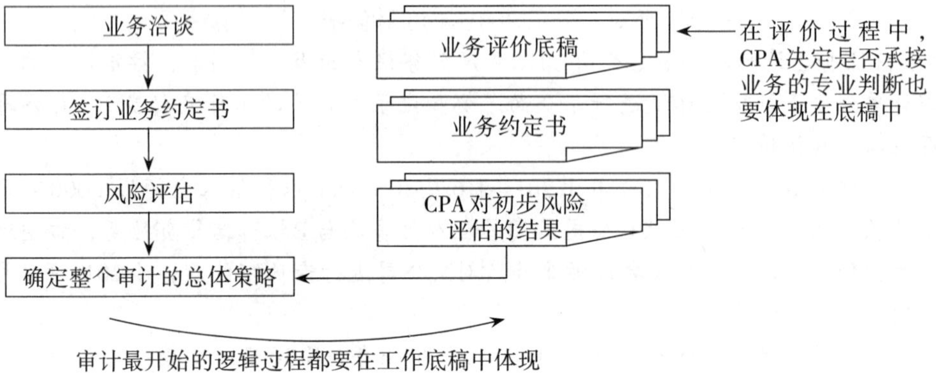

图3-1 审计过程在审计工作底稿中的体现

能够证明会计师事务所是否尽到必要的职业谨慎的证据就是审计工作底稿。因此，如果没有编制审计工作底稿，会计师事务所将承担巨大的法律诉讼风险。

审计工作底稿的种类主要有3种：一是审计人员直接编制的；二是从被审计单位、有关部门取得的原始资料；三是审计人员接受并审阅他人代为编制的审计记录。

审计人员应及时编制底稿，以实现下列目的：

（1）提供充分、适当的记录，作为审计报告的基础；

（2）提供证据，证明注册会计师已按照审计准则和相关法律法规的规定计划和执行审计工作；

（3）有助于项目组计划和实施审计工作；

（4）有助于对项目组成员进行监督；

（5）使项目组对其工作负责；

（6）为以后的审计提供相关资料；

（7）便于实施质量控制复核与检查；

（8）便于实施外部检查。

编制审计工作底稿的文字应当使用中文。少数民族自治地区可以同时使用少数民族文字。中国境内的中外合作会计师事务所、国际会计公司成员所可以同时使用某种外国文字。会计师事务所执行涉外业务时可以同时使用某种外国文字。

二、审计工作底稿的性质

（一）审计工作底稿的存在形式

审计工作底稿可以以纸质、电子或其他介质形式存在。随着信息技术的广泛运用，底稿的形式从传统的纸质形式扩展到电子或其他介质形式。但无论底稿以哪种形式存在，事务所都应当针对底稿设计和实施适当的控制，以实现下列目的：

（1）使底稿清晰地显示其生成、修改及复核的时间和人员；

（2）在审计业务的所有阶段，尤其是在项目组成员共享信息或通过互联网将信息传递给其他人员时，保护信息的完整性和安全性；

（3）防止未经授权改动底稿；

（4）允许项目组和其他经授权的人员为适当履行职责而接触底稿。

为便于事务所内部进行质量控制和外部执业质量检查或调查，以电子或其他介质形式存在的底稿，应与其他纸质形式的底稿一并归档，并应能通过打印等方式，转换成纸质形式的底稿。

（二）审计工作底稿的内容

审计工作底稿通常包括总体审计策略、具体审计计划、分析表、问题备忘录、重大事项概要、询证函回函、管理层声明、核对表、有关重大事项的往来信件（包括电子邮件），以及对被审计单位文件记录的摘要或复印件等。

1.分析表

分析表主要是指对被审计单位财务信息执行分析程序的记录。根据相关审计准则的规定，在实施分析程序时，注册会计师应当考虑将被审计单位的财务信息与以前期间的可比信息、被审计单位的预期结果等信息进行比较。

2.问题备忘录

问题备忘录一般是一份针对某一事项或问题的概括性的汇总记录。在问题备忘录中，注册会计师通常记录该事项或问题的基本情况，执行的审计程序或进行的具体审计步骤，以及得出的审计结论。例如，有关存货监盘审计程序或审计过程中发现问题的备忘录。

3.核对表

核对表一般是指事务所内部使用的、为便于核对某些特定审计工作或程序的完成情况的表格，例如，审计工作完成核对表等。它通常以列举的方式列出审计过程中应当进行的审计工作或程序以及特别需要提醒注意的问题，并在适当情况下索引至其他审计工作底稿，便于注册会计师核对是否已按照审计准则体系的规定进行审计。

此外，审计工作底稿通常还包括业务约定书、管理建议书、项目组内部或项日组与被审计单位举行的会议记录、与其他人士（如其他审计人员、律师、专家等）的沟通文件及错报汇总等。

（三）审计工作底稿的分类

根据审计工作底稿的性质和作用，可将其分为综合类工作底稿、业务类工作底稿和备查类工作底稿三类。

1.综合类工作底稿

综合类工作底稿是指注册会计师在审计计划阶段和审计报告阶段，为规划、控制和总结整个审计工作并发表审计意见所形成的审计工作底稿。它主要包括：审计业务约定书、审计计划、审计总结、未审财务报表、试算平衡表、审计差异调整汇总表、审计报告、管理建议书、被审计单位管理层声明以及注册会计师对整个审计工作进行组织管理的所有记录和资料。

视频：审计工作底稿习题讲解

2. 业务类工作底稿

业务类工作底稿是指注册会计师在审计实施阶段为执行具体审计程序所形成的审计工作底稿。它包括：控制测试中形成的内部控制问题调查表和流程图、实质性程序中形成的项目明细表、资产监盘表或调节表、询证函、分析表、计价测试记录、截止测试记录等。

3. 备查类工作底稿

备查类工作底稿是指注册会计师在审计过程中形成的、对审计工作仅具有备查作用的审计工作底稿。它主要包括：被审计单位的设立批准证书、营业执照、合营合同、协议、章程、组织机构及管理人员结构图、董事会会议纪要、重要经济合同、相关内部控制制度、验资报告的复印件或摘录。

三、审计工作底稿的作用

审计工作底稿具有非常重要的作用，主要包括：

（1）有助于项目组计划和执行审计工作；

（2）有助于负责督导的项目组成员按照《中国注册会计师准则第1121号——对财务报表审计实施的质量控制》的规定，履行指导、监督与复核审计工作的责任；

（3）便于项目组说明其执行审计工作的情况；

（4）保留对未来审计工作持续产生重大影响的事项的记录；

（5）便于会计师事务所按照《质量控制准则第5101号——会计师事务所对执行财务报表审计和审阅、其他鉴证和相关服务业务实施的质量控制》的规定，实施质量控制复核与检查；

（6）便于监管机构和注册会计师协会根据相关法律法规或其他相关要求，对会计师事务所实施执业质量检查。

案例分析

在本案例中，第（1）种情况表明C公司的融资能力受到限制，很可能导致流动资金不足，增加重大错报风险；第（2）种情况表明C公司发生了重大的购并行为，很可能占用大量资金，增加重大错报风险；第（3）种情况表明C公司在经济不稳定的国家开展业务，很可能难以收回成本，从而增加重大错报风险；第（4）种情况表明C公司的信息技术环境发生变化，很可能导致相当一个时期内的信息技术难以与经营活动融合，从而增加重大错报风险；第（5）种情况属于重大的异常情况，很可能意味着C公司与Q银行之间有纠纷，增加重大错报风险。

第（4）种情况最有可能导致C公司财务报表产生重大错报。对此，A和B注册会计师应当要求会计师事务所聘请电算化方面的专家参与审计工作。

第（5）种情况属于重大的异常情况，最有可能意味着C公司存在特别风险。该情况意味着C公司的资金运作脱离了银行的监管，为舞弊行为提供了客观条件。对此，A和B注册会计师应当向Q银行询证，并要求C公司提供全部信用卡结算的清单，以便作进一步调查。

第（2）和（3）种情况最可能导致C公司的经营风险上升。前者是在经济不发达的地区开展业务，后者是在经济不稳定的地区开展业务，很可能导致难以收回成本的情况发生，影响公司的经营成果。

知识拓展

风险评估工作底稿——了解被审计单位及其环境（不包括内部控制）

被审计单位：______　索引号：______

项目：了解被审计单位及其环境（不包括内部控制）　财务报表截止日/期间：______

编制：______　复核：______

日期：______　日期：______

一、审计目标

从以下方面了解被审计单位及其环境，并评估相应重大错报风险：

1.行业状况、法律环境与监管环境以及其他外部因素

2.被审计单位的性质

3.被审计单位对会计政策的选择和运用

4.被审计单位的目标、战略以及相关经营风险

5.被审计单位财务业绩的衡量和评价

二、行业状况、法律环境与监管环境以及其他外部因素

（一）实施的风险评估程序

风险评估程序	执行人	执行时间	索引号
向被审计单位销售总监询问其主要产品、行业发展状况等信息			
查阅××券商编写的关于被审计单位及其所处行业的研究报告			
将被审计单位的关键业绩指标（销售毛利率、市场占有率等）与同行业中规模相近的企业进行比较			
⋮			

（二）了解的内容和评估出的风险

1.行业状况

（1）所在行业的市场供求与竞争

例如：
被审计单位的主要产品是什么？所处什么行业 行业的总体发展趋势是什么 行业处于哪一总体发展阶段（例如：起步、快速成长、成熟或衰退阶段） 市场需求、市场容量和价格竞争如何 行业上下游关系如何 谁是被审计单位最重要的竞争者，它们所占的市场份额是多少 被审计单位及其竞争者主要的竞争优势是什么

（2）生产经营的季节性和周期性

例如：
行业是否受经济周期波动影响，以及采取了什么行动使波动的影响最小化 行业生产经营和销售是否受季节影响

（3）产品生产技术的变化

例如：
本行业的核心技术是什么 受技术发展影响的程度如何 行业是否开发了新的技术 被审计单位在技术方面是否具有领先地位

（4）能源供应与成本

例如：
能源消耗在成本中所占比重，能源价格的变化对成本的影响

（5）行业的关键指标和统计数据

例如：
行业产品平均价格、产量是多少 被审计单位业务的增长率和财务业绩与行业的平均水平及主要竞争者相比如何 存在重大差异的原因是什么 竞争者是否采取了某些行动，如购并活动、降低销售价格、开发新技术等，从而对被审计单位的经营活动产生影响

2.法律环境及监管环境

（1）适用的会计准则、会计制度和行业特定惯例

例如：
被审计单位是属于上市公司、外商投资企业还是其他企业，相应地，适用的会计准则或会计制度是什么，例如，是企业会计准则还是《企业会计制度》或者《小企业会计制度》 是否仍采用行业核算办法

（2）对经营活动产生重大影响的法律法规及监管活动

例如： 国家对该行业是否有特殊监管要求

（3）对开展业务产生重大影响的政府政策，包括货币、财政、税收和贸易等政策

例如： 现行货币政策、财政政策、关税和贸易限制或税务法规对被审计单位经营活动产生怎样的影响

（4）与被审计单位所处行业和所从事经营活动相关的环保要求

例如： 是否存在新出台的法律法规（如新出台的有关产品责任、劳动安全或环境保护的法律法规等），对被审计单位有何影响

3.其他外部因素

（1）宏观经济的景气度

（2）利率和资金供求状况

（3）通货膨胀水平及币值变动

（4）国际经济环境和汇率变动

例如： 当前的宏观经济状况如何（萧条、景气），以及未来的发展趋势 利率和资金供求状况如何影响被审计单位的经营活动 目前国内或本地区的经济状况（如增长率、通货膨胀、失业率、利率等）如何影响被审计单位的经营活动 被审计单位的经营活动是否受到汇率波动或全球市场力量的影响

三、被审计单位的性质

（一）实施的风险评估程序

风险评估程序	执行人	执行时间	索引号
向董事长等高管人员询问被审计单位所有权结构、治理结构、组织结构、近期主要投资、筹资情况			
向销售人员询问相关市场信息，如主要客户和合同、付款条件、主要竞争者、定价政策、营销策略等			
查阅组织结构图、治理结构图、公司章程，主要销售、采购、投资、债务合同等			
实地察看被审计单位主要生产经营场所			
⋮			

（二）了解的内容和评估出的风险

1.所有权结构

（1）所有权性质（属于国有企业、外商投资企业、民营企业还是其他类型）：

（2）所有者和其他人员或单位的名称，以及与被审计单位之间的关系

所有者	主要描述（法人/自然人，企业类型，自然人的主要社会职务，企业所属地区、规模等）	与被审计单位之间的关系

（3）控股母公司

例如：

控股母公司的所有权性质，管理风格及其对被审计单位经营活动及财务报表可能产生的影响

控股母公司与被审计单位在资产、业务、人员、机构、财务等方面是否分开，是否存在占用资金等情况

控股母公司是否施加压力，要求被审计单位达到其设定的财务业绩目标

2.治理结构

（1）获取或编制被审计单位治理结构图

（2）对图示内容作出详细解释说明

例如：

董事会的构成和运作情况

董事会内部是否有独立董事，独立董事的人员构成

治理结构中是否设有审计委员会或监事会及其运作情况等

3.组织结构

（1）获取或编制被审计单位组织结构图

（2）对图示内容作出详细解释说明

例如：

组织结构是否复杂，是否可能导致重大错报风险，包括财务报表合并、商誉减值、长期股权投资核算以及特殊目的实体核算等问题

4.经营活动

（1）主营业务的性质：

（2）主要产品及描述

（3）与生产产品或提供劳务相关的市场信息

例如： 主要客户和合同、付款条件、利润率、市场份额、竞争者、出口、定价政策、产品声誉、质量保证、营销策略和目标等

（4）业务的开展情况

例如： 业务分部的设立情况 产品和服务的交付情况 衰退或扩展的经营活动情况

（5）联盟、合营与外包情况

（6）从事电子商务的情况

例如： 是否通过互联网销售产品，提供服务或从事营销活动

（7）地区与行业分布

例如： 是否涉及跨地区经营和多种经营，各个地区和各行业分布的相对规模以及相互之间是否存在依赖关系

（8）生产设施、仓库的地理位置及办公地点

（9）关键客户

例如：
销售对象是少量的大客户还是众多的小客户
是否有被审计单位高度依赖的特定客户（如超过销售总额10%的顾客）
是否有造成高回收性风险的若干客户或客户类别（如正处在一个衰退市场中的客户）
是否与某些客户订立了不寻常的销售条款或条件

（10）重要供应商

例如：
主要供应商名单
是否签订长期供应合同
原材料供应的可靠性和稳定性
付款条件
原材料是否受重大价格变动的影响

（11）劳动用工情况

例如：
分地区用工情况
劳动力供应情况
工资水平、退休金和其他福利、股权激励或其他奖金安排
适用的劳动用工事项相关法规

（12）研究与开发活动及其支出

例如：
从事的研究与开发活动
研发支出占收入比重
与同行业相比情况

（13）关联方交易

例如：
哪些客户或供应商是关联方
对关联方和非关联方是否采用不同的销售和采购条款
关联方交易以及定价政策

5.投资活动

（1）近期拟实施或已实施的并购活动与资产处置情况

例如：
被审计单位的并购活动或某些业务的终止，如何与目前的经营业务相协调，并考虑其是否会引发进一步的经营风险

（2）证券投资、委托贷款的发生与处置

（3）资本性投资活动

例如： 固定资产和无形资产投资 近期发生的或计划发生的投资变动 重大的资本承诺

（4）不纳入合并范围的投资

例如： 联营、合营或其他投资，包括近期计划的投资项目

6.筹资活动

（1）债务结构和相关条款，包括担保情况及表外融资

例如： 获得的信贷额度是否可以满足营运需要 得到的融资条件及利率是否与竞争对手相似，如不相似，原因何在 是否存在违反借款合同中限制性条款的情况 是否承受重大的汇率与利率风险

（2）固定资产的租赁

例如： 通过融资租赁方式进行的筹资活动

（3）关联方融资

例如： 关联方融资的特殊条款 关联方融资占融资总额的比重

（4）实际受益股东

例如： 被审计单位实际受益股东的名称、国籍、商业声誉和经验，以及可能对被审计单位产生的影响

（5）衍生金融工具的运用

例如： 衍生金融工具是用于交易目的还是套期目的 衍生金融工具的种类 使用衍生金融工具的范围 交易对手

四、被审计单位对会计政策的选择和运用

（一）实施的风险评估程序

风险评估程序	执行人	执行时间	索引号
向财务总监询问被审计单位采用的主要会计政策、会计政策变更的情况、财务人员配备和构成情况等			
查阅被审计单位会计工作手册、操作指引等财务资料和内部报告			
⋮			

（二）了解的内容和评估出的风险

1. 被审计单位选择和运用的会计政策

重要的会计政策	被审计单位选择和运用的会计政策	对会计政策选择和运用的评价
发出存货成本的计量		
长期股权投资的后续计量		
固定资产的初始计量		
无形资产的确定		
非货币性资产交换的计量		
收入的确认		
借款费用的处理		
合并政策		
⋮		

2. 会计政策变更的情况

原会计政策	变更后会计政策	变更日期	变更原因	对变更的处理（调整、列报等）	对变更的评价

3. 披露

例如： 被审计单位是否按照适用的会计准则和会计制度对会计政策的选择和运用进行了恰当的披露

五、被审计单位的目标、战略以及相关经营风险

（一）实施的风险评估程序

风险评估程序	执行人	执行时间	索引号
向董事长等高级管理人员询问被审计单位实施的或准备实施的目标和战略			
查阅被审计单位经营规划和其他文件			
⋮			

（二）了解的内容和评估出的风险

1. 目标、战略

2. 相关经营风险

3. 被审计单位的风险评估过程

六、被审计单位财务业绩的衡量和评价

（一）实施的风险评估程序

风险评估程序	执行人	执行时间	索引号
查阅被审计单位管理层和员工业绩考核与激励性报酬政策、分布信息与不同层次部门的业绩报告等			
实施分析程序，将内部财务业绩指标与被审计单位设定的目标值进行比较，与竞争对手的业绩进行比较，分析业绩趋势等			
⋮			

（二）了解的内容和评估出的风险

1.关键业绩指标

2.业绩趋势

3.预测、预算和差异分析

4.管理层和员工业绩考核与激励性报酬政策

5.分部信息与不同层次部门的业绩报告

6.与竞争对手的业绩比较

同步训练

一、单项选择题（每题只有一个正确答案，请将正确答案填在括号内）

1.下列各项中，可以不作为审计工作底稿的是（　　）。

A.有关客户关系和审计业务的接受与保持的结论

B.审计业务约定书

C.项目组内部会议记录

D.财务报表草稿

2.在编制审计工作底稿时，下列各项中，A注册会计师通常认为不必形成最终审计工作底稿的是（　　）。

A.A注册会计师与甲公司管理层对重大事项进行讨论的结果

B.A注册会计师不能实现相关审计标准规定的目标的情形

C.A注册会计师识别出的信息与针对重大事项得出的最终结论不一致的情形

D.A注册会计师取得的已被取代的财务报表草稿

3.下列各项关于审计工作底稿的存在形式表述正确的是（　　）。

A.只能以纸质形式存在

B.只能以纸质或电子形式存在

C.可以以纸质、电子或其他介质形式存在

D.一份工作底稿，只能以同一种形式存在

二、多项选择题（每题有两个或两个以上正确答案，请将正确答案填在括号内）

1.下列各项中，属于注册会计师编制审计工作底稿目的的有（　　）。

A.有助于审计项目组计划和执行审计工作

B.便于后任注册会计师查阅

C.便于监管机构对会计师事务所实施执业质量检查

D.保留对未来审计工作连续产生重大影响的事项的记录

2.审计工作底稿的作用包括但不限于（　　）。

A.有助于项目组计划和执行审计工作

B.有助于负责督导的项目组成员按照《中国注册会计师准则第1121号——对财务报表审计实施的质量控制》的规定，履行指导、监督与复核审计工作的责任

C.便于项目组说明其执行审计工作的情况

D.保留对未来审计工作持续产生重大影响的事项的记录

三、判断题

1.审计工作底稿是审计人员在整个审计过程中形成的全部审计记录。（　　）

2.审计工作底稿必须由审计人员、制表人签名盖章，并由审计项目负责人审批核实，以明确各自的责任。（　　）

3.审计工作底稿全部是由审计人员编写的。（　　）

四、案例题

与审计工作底稿相关的部分事项如下：由于在审计过程中识别出重大错报并提出审计调整建议，A注册会计师重新评估并修改了重要性，并将记录计划阶段评估重要性的工作底稿删除，代之以记录重新评估重要性的工作底稿。

要求：指出做法是否恰当。如不恰当，简要说明理由。

任务二　利用底稿模板

案例导入

复核审计工作底稿

审计项目组负责人李君在复核部分审计项目组成员编制的审计工作底稿时，注意到以下事项：

（1）尽管在以前年度对浩辰公司的审计中发生了大量的调整，项目总体风险较高，但由于对浩辰公司已经非常了解，项目组仍将实际执行的重要性水平确认为财务报表层次重要性水平的75%。

（2）因审计工作时间安排紧张，项目组未实施应收账款函证程序，直接实施替代审计程序。

（3）因浩辰公司于2019年6月关闭某地办事处并注销其银行账户，故项目组未函证该银行账户。

（4）审计项目组注意到浩辰公司近两年的经营活动产生的现金流量净额均为负数，有几笔大额定期存款即将到期且无法展期，几个主要供应商也缩短了赊购期限或直接改为到货付款。浩辰公司管理层向审计项目组提供了针对导致对持续经营能力产生重大疑虑的主要事项和情况的应对计划及未来5年的现金流量预测。此外，浩辰公司管理层表示，浩辰公司可以在必要时寻求长江实业的财务支持以应对流动性风险。项目组成员据此得出“浩辰公司按照持续经营假设编制2019年度财务报表是适当的”的结论。

（5）针对浩辰公司2019年度财务费用——利息支出完整性的审计目标，审计项目组以2019年度所有利息支出账面记录为样本总体实施了抽样检查，核对原始凭证所载金额与账面记录是否一致。项目组成员作出了“原始凭证所载金额与账面记录一致”的结论。

（6）2019年12月31日，审计项目组成员李明在实施存货监盘时，应浩辰公司的要求作为浩辰公司盘点小组成员对存货实施盘点，并作为盘点人在存货盘点报告上签字确认。

那么，李君在复核项目组成员的工作底稿时，应当提出哪些质疑和改进建议？

资料来源：北京注册会计师协会培训网，http：//www.bicpa.edu.com/cpazhshiti/20170728/39095.html.

知识准备

一、审计工作底稿的编制要求、要素及记录事项

（一）审计工作底稿的编制要求

审计人员编制的底稿，应使得未曾接触该项审计工作的有经验的专业人士清楚了解：（1）按照审计准则的规定实施的审计程序的性质、时间安排和范围；（2）实施审计程序的结果和获取的证据；（3）就重大事项得出的结论，以及在得出结论时作出的重大职业判断。

有经验的专业人士，是指会计师事务所内部或外部的具有审计实务经验，并且对下列方面有合理了解的人士：

（1）审计过程；

（2）审计准则和相关法律法规的规定；

（3）被审计单位所处的经营环境；

（4）与被审计单位所处行业相关的会计和审计问题。

在确定审计工作底稿的格式、内容和范围时，注册会计师应当考虑下列因素，见表3-1。

考虑这些因素有助于注册会计师确定审计工作底稿的格式、内容和范围是否恰当。

（二）审计工作底稿的基本要素

1.审计工作底稿的要素

形成审计工作底稿有两种方式：直接编制和取得。通常，底稿包括下列全部或部分要素：

（1）底稿标题。

（2）被审计单位名称，明确审计客体。

（3）审计项目的名称，明确审计内容。

（4）审计时间或期间，明确审计范围。

（5）审计过程的记录，记载审计人员所实施的审计测试的性质、范围、样本选择等重要内容。

表3-1 确定审计工作底稿的格式、内容和范围的考虑因素

因素	内容
（1）被审计单位的规模和复杂程度	大型企业比小型企业底稿多；业务复杂的企业比业务简单的企业底稿多
（2）实施审计程序的性质	不同审计程序会使得注册会计师获取不同性质的证据，由此注册会计师可能会编制不同格式、内容和范围的底稿
（3）识别出的重大错报风险	识别和评估的重大错报风险水平的不同可能导致注册会计师执行的程序和获取的证据不尽相同
（4）已获取证据的重要程度	注册会计师通过执行多项审计程序可能会获取不同的证据，有些证据相关性和可靠性较高，有些质量则较差，因此注册会计师可能区分不同的证据进行有选择性的记录，因此证据的重要程度也会影响底稿的格式、内容和范围
（5）识别出的例外事项的性质和范围	有时注册会计师在执行审计程序时会发现例外事项，由此可能导致底稿在格式、内容和范围方面的不同
（6）当从已执行审计工作或获取证据的记录中不易确定结论或结论的基础时，记录结论或结论的基础的必要性	在某些情况下，特别在涉及复杂的事项时，注册会计师仅将已执行的审计工作或获取的证据记录下来，并不容易使其他有经验的注册会计师通过合理的分析，得出审计结论或结论的基础。此时注册会计师应考虑是否需要进一步阐述并记录得出结论的基础（即得出结论的过程）及该事项的结论
（7）审计方法和使用的工具	审计方法和使用的工具可能影响底稿的格式、内容和范围

（6）审计标识（审计符号）及其说明，方便工作底稿的检查和审阅。底稿中可使用各种审计标识，但应说明其含义，并保持前后一致。审计标识是注册会计师用以表达各种审计含义的书面符号。适当运用审计标识可以缩短工作时间，提高工作效率（但也应防止过度使用）。

（7）审计结论，记录注册会计师的专业判断，为支持审计意见提供依据。

（8）索引号及页次。通常，底稿需要注明索引号及顺序编号，相关底稿之间需要保持清晰的钩稽关系，方便存取以及交叉索引使用，便于日后参考及计算机处理。

索引号是注册会计师为整理利用审计工作底稿，将具有同一性质或反映同一具体审计对象的工作底稿分别归类，形成相互联系、相互控制的特定编号；页次是同一索引号下不同审计工作底稿的顺序编号。审计工作底稿的交叉索引用于指明信息的来源或去向。通常情况下，审计工作底稿需要注明索引编号及顺序编号，相关审计工作底稿之间需要保持清晰的钩稽关系。相互引用时，需要在审计工作底稿中交叉注明索引编号。为了汇总及便于交叉索引和复核，每个事务所都会制定特定的审计工作底稿归档流程。每张表或记录都应有一个索引号，例如，A1、D6等，以说明其在审计工作底稿中的放置位置。工作底稿中包含的信息通常需要与其他相关工作底稿中的相关信息进行交叉索引，例如，现金盘点表与列示所有现金余额的导引表进行交叉索引。利用计算机编制工作底稿时，可以采用电子索引和链接。随着审计工作的推进，链接表还可予以自动更新。例如，审计调整表可以链

接到试算平衡表，当新的调整分录编制完后，计算机会自动更新试算平衡表，为相关调整分录插入索引号。同样，评估的固有风险或控制风险可以与针对特定风险领域设计的相关审计程序进行交叉索引。

注意各类审计工作底稿之间的钩稽关系。基于交易的关联性和复式记账原则，不同交易或账户的审计工作底稿之间也存在一定的钩稽关系，这为复核人员高效复核提供了思路。具体如图3-2所示。

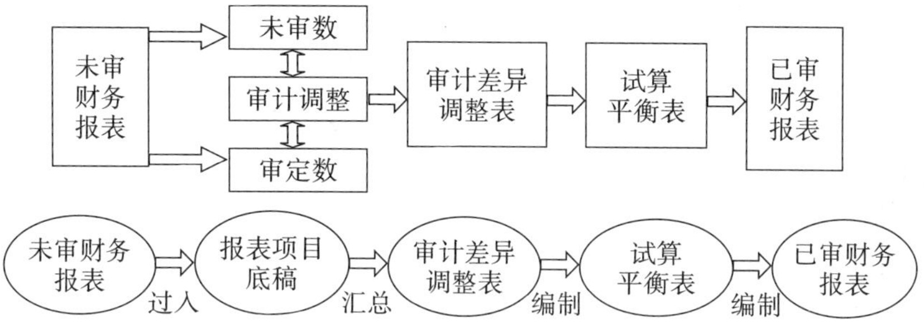

图3-2　审计工作底稿的勾稽关系

（9）编制人姓名及编制日期，明确审计主体及其工作职责，便于追查审计步骤及顺序。为了明确责任，在各自完成与特定工作底稿相关的任务之后，编制者和复核者都应在工作底稿上签名并注明编制日期和复核日期。在记录已实施审计程序的性质、时间安排和范围时，注册会计师应当记录：测试的具体项目或事项的识别特征；审计工作的执行人员及完成审计工作的日期。

（10）复核人姓名及复核日期，明确复核责任。在记录实施审计程序的性质、时间安排和范围时，审计人员应记录：①审计工作的执行人员及完成该项审计工作的日期；②审计工作的复核人员及复核的日期和范围。在需要项目质量控制复核的情况下，还需要注明项目质量控制复核人员及复核的日期。通常，需要在每一张审计工作底稿上注明执行审计工作的人员和复核人员、完成该项审计工作的日期以及完成复核的日期。

审计工作底稿10要素如图3-3所示。

2.审计工作底稿的质量特征

审计工作底稿不仅要形式上好看，还要实质上有用。审计工作底稿要能保护注册会计师，更能在其处于法律诉讼中时进行抗辩。要控制审计质量，防范和化解审计风险，审计工作底稿至少应具备以下质量特征：内容的真实性、形式的规范性和措辞的恰当性。

（1）内容的真实性。内容的真实性是指审计工作底稿所反映的经济事项和行为应该是真实的，应有充足的客观事实做保证，在内容上做到“资料翔实、重点突出、繁简得当、结论明确”。比如，在实际工作中，可能由于外勤时间短，注册会计师（或助理人员）并未参与委托单位的存货监盘，而为了粉饰审计程序的合法性，将空白的抽查表让委托单位的人签字，外勤结束后再补填所谓的“抽查记录”。真实性是核心，内容真实的工作底稿才能真正起到化解审计风险的盾牌作用。

（2）形式的规范性。形式的规范性是指所编制的工作底稿要符合审计准则的规定，根据风险及业务繁简程度决定业务底稿的内容，在形式上做到“要素齐全、内容完整、格式规范、标识一致、记录清晰、结论明确”。形式上的规范能保证我们是严格按照审计准则的要求进行的，这在一定程度上能减少注册会计师的执业风险。具体包括：

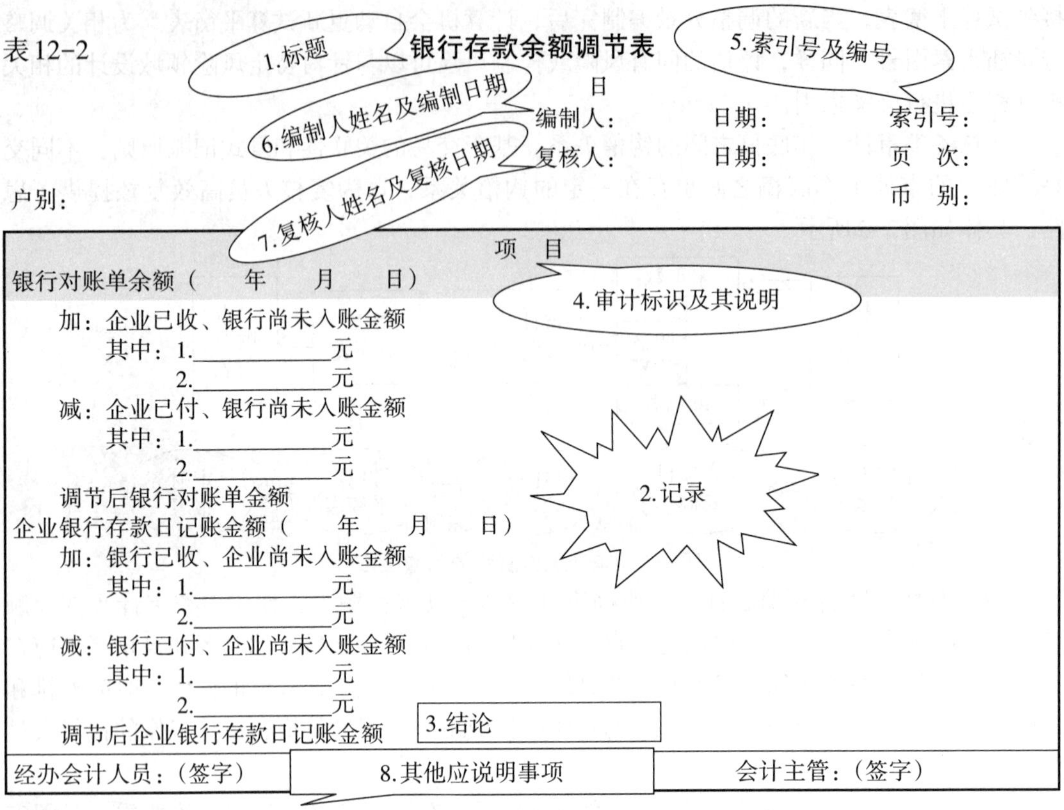

图3-3 审计工作底稿10要素

①合理、恰当运用审计标识。

②先编制索引号，后编制底稿页次。大部分执业人员在外勤开始时（或开始前）由项目负责人按照未审财务报表的一级科目顺序先编制程序表或审定表的索引号（如A1、A2……），在外勤结束时再分别填制底稿页次，这样既能保证索引号的唯一性和相互索引，又可防止页次编制时的缺号、重号。

③借助计算机编制工作底稿。可以借助计算机编制诸如分析性复核、银行余额调节表、审计调整和重分类、试算平衡等审计工作底稿，可以借助Excel、VFP、华表等工具代为编制，以提高工作效率。

（3）措辞的恰当性。措辞的恰当性是指记录在工作底稿中的语言、符号、公式等能恰如其分地反映我们的工作轨迹，能保证任何一个注册会计师在同样的执业环境下得出完全相同的结论和意见。当然，这其中有很大的职业判断成分，不同的审计项目、不同的审计目的、不同的注册会计师都会针对同一张工作底稿作出不同的描述。但我们要保证措辞的恰当性，防止模棱两可甚至让人产生歧义的词句。

（三）审计过程的记录

审计过程的记录主要在审计说明中体现，其简繁程序受制于审计项目的性质、目的和要求，被审计单位的经营规模等诸多因素。用简练的语言陈述查证事实，如有调整事项，则记录调整分录。

1.记录特定项目或事项的识别特征

在记录实施审计程序的性质、时间安排和范围时，注册会计师应记录测试的特定项目或事项的识别特征。识别特征是指被测试的项目或事项表现出的征象或标志。部分审计程序中所测试的样本的识别特征见表3-2。

表3-2　测试样本的识别特征

测试的特定项目或事项	识别特征
对被审计单位生成的订购单进行细节测试	订购单的编号；同时考虑被审计单位编号方式
对于一项需要选取或复核既定总体内一定金额以上的所有项目的审计程序	实施审计程序的范围，如总账中一定金额以上的所有会计分录
对于一项需要系统化抽样的审计程序	通过记录样本的来源、抽样的起点及抽样间隔来识别已选取的样本
对于一项需要询问被审计单位中特定人员的审计程序	记录询问的时间，被询问人的姓名、职位
对于观察这一审计程序	观察的对象或观察过程、观察的地点和时间

2.重大事项和相关重大职业判断

重大事项通常包括：

（1）引起特别风险的事项；

（2）实施审计程序的结果表明财务报表可能存在重大错报的情形，或需要修正以前对重大错报风险的评估和针对这些风险拟采取的应对措施的情形；

（3）导致注册会计师难以实施必要审计程序的情形；

（4）可能导致出具非标准审计报告的事项。

注册会计师应考虑编制重大事项概要，将其作为底稿的组成部分，以有效地复核和检查底稿，并评价重大事项的影响。

有关重大事项的记录可能分散在审计工作底稿的不同部分。将这些分散在审计工作底稿中的有关重大事项的记录汇总在重大事项概要中，不仅可以帮助注册会计师集中考虑重大事项对审计工作的影响，还便于审计工作的复核人员全面、快速地了解重大事项，从而提高复核工作的效率。重大事项概要包括审计过程中识别的重大事项及其如何得到解决，或对其他支持性审计工作底稿的交叉索引。

当涉及重大事项和重大职业判断时，注册会计师需要编制与运用职业判断相关的审计工作底稿。例如：

（1）如果审计准则要求注册会计师“应当考虑”某些信息或因素，并且这种考虑在特定业务情况下是重要的，记录注册会计师得出结论的理由；

（2）记录注册会计师对某些方面主观判断的合理性（如某些重大会计估计的合理性）得出结论的基础；

（3）如果注册会计师针对审计过程中识别出的导致其对某些文件记录的真实性产生怀疑的情况实施了进一步调查（如适当利用专家的工作或实施函证程序），记录注册会计师对这些文件记录真实性得出结论的基础。

3.针对重大事项如何处理矛盾或不一致的情况

如果识别出的信息与针对某重大事项得出的最终结论相矛盾或不一致，注册会计师应记录形成最终结论时如何处理该矛盾或不一致的情况。

上述情况包括但不限于注册会计师针对该信息执行的审计程序、项目组成员对某事项的职业判断不同而向专业技术部门的咨询情况，以及项目组成员和被咨询人员不同意见（如项目组与专业技术部门的不同意见）的解决情况。

记录如何处理识别出的信息与针对重大事项得出的结论不一致的情况是非常必要的，它有助于注册会计师关注这些不一致，并对此执行必要的审计程序以恰当地解决这些不一致。

但是，对如何解决这些不一致的记录要求并不意味着注册会计师需要保留不正确的或被取代的审计工作底稿。例如，某些信息初步显示与针对某重大事项得出的最终结论不一致。注册会计师发现这些信息是错误的或不完整的，并且初步显示的不一致可以通过获取正确或完整的信息得到满意的解决，则注册会计师无须保留这些错误的或不完整的信息。如果认为有必要偏离某项审计准则的相关要求，注册会计师应当记录实施的替代审计程序如何实现相关要求的目的以及偏离的原因。

4.其他准则中的相关记录要求

在某些例外情况下，如果在审计报告日后实施了新的或追加的审计程序，或者得出新的结论，注册会计师应当记录：

（1）遇到的例外情况；

（2）实施的新的或追加的审计程序，获取的审计证据，得出的结论，以及对审计报告的影响；

（3）对审计工作底稿作出相应变动的时间和人员，以及复核的时间和人员。

二、审计工作底稿模板的利用

为了帮助注册会计师在审计过程中全面贯彻风险导向审计理念，指导会计师事务所更新和完善工作底稿，根据中国注册会计师执业准则和指南的要求，中国注册会计师协会组织有关专家编写了《财务报表审计工作底稿编制指南》（第二版），注册会计师在实务中可以充分利用这些格式规范、贴近实务、易于操作的审计工作底稿模板。

注册会计师应当在审计过程中形成审计工作底稿，那么这些底稿如果予以标准化，就应该能反映出审计思路和审计轨迹，使人们通过审计工作底稿能够看到审计工作经历哪些环节，在某个环节上注册会计师从哪些方面进行了测试，被测试事项的实际面貌如何，注册会计师如何发表意见等等。由于被审计单位的情况千差万别，不可能设计出一套适用于任何单位、任何情况的标准化工作底稿模板。因此，无论工作底稿模板设计得如何完美，都不可能替代注册会计师的职业判断。在风险导向审计模式下，更是如此。例如，实质性程序工作底稿分为两个部分：第一部分是对认定、具体审计目标和审计程序的对应关系进行提示，并提供可供选择的审计程序库；第二部分是实质性程序具体计划。在编制实质性程序具体计划时，注册会计师需要根据评估的重大错报风险，运用职业判断，从第一部分审计程序库中选择适当的审计程序，并确定实施时间和范围。

对于商品流通企业，证券公司、银行、保险公司等金融企业，农业企业，石油天然气企业等特殊行业企业的审计，注册会计师应当充分考虑这些行业企业的特点，合理确定审计程序和审计流程。

对小型企业财务报表的审计，可以对中国注册会计师协会颁布的审计工作底稿做适当的简化。

三、审计工作底稿的复核

由于一张单独的审计工作底稿往往由一名注册会计师编制完成，难免造成在资料引用、专业判断和计算分类方面的误差。因此，对已经编制完成的审计工作底稿必须安排有关专业人员进行复核，以保证审计意见的正确性和审计工作底稿的规范性。

视频：审计工作底稿的形成

（一）审计工作底稿的复核制度

根据独立审计准则的要求，会计师事务所应该对审计工作底稿进行复核的人员级别、复核程序与要点、复核人职责作出明文规定，形成一项制度。通常，根据中国会计师事务所的组织规模和业务范围，可以实行对审计工作底稿的三级复核制度。审计工作底稿三级复核制度是指以主任会计师、部门经理（或签字注册会计师）和项目负责人（或项目经理）为复核人，依照规定的程序和要点对审计工作底稿进行逐级复核的制度。三级复核制度目前已成为较为普遍采用的形式，对于提高审计工作质量、加强质量控制起着重要的作用。

视频：审计工作底稿的复核

视频：审计工作底稿质量控制综合案例讲解

三级复核制度的第一级复核称为详细复核，指由项目经理（或项目负责人）负责的，对下属各类注册会计师编制或取得的审计工作底稿逐张进行复核。其目的在于按照准则的规范要求，发现并指出问题，及时加以修正完善。

三级复核制度的第二级复核称为一般复核，指由部门经理（或签字注册会计师）负责的，在详细复核的基础上，对审计工作底稿中重要会计账项的审计程序实施情况、审计调整事项和审计结论进行复核。一般复核实质上是对项目经理负责的详细复核的再监督。其目的在于按照有关准则的要求对重要审计事项进行把关、监督。

三级复核制度的第三级复核也称重点复核，是由主任会计师或指定代理人负责的，在一般复核的基础上对审计过程中的重大会计问题、重大审计调整事项和重要的审计工作底稿进行复核。重点复核是对详细复核结果的二次监督，同时也是对一般复核的再监督。重点复核的目的在于使整个审计工作的计划、进度、实施、结论和质量全面达到审计准则的要求。通过重点复核后的审计工作底稿方可作为发表审计意见的基础，然后归档管理。

（二）审计工作底稿复核的作用

建立审计工作底稿复核制度，明确复核内容与要求，实施三级复核，可以起到以下作用：

（1）规范审计工作底稿。通过复核，可以及时发现问题，纠正问题，使纳入审计档案管理的各种审计工作底稿从形式到内容均能符合审计准则的规范要求。

（2）降低审计风险，提高审计质量。通过复核，可以减少、消除人为的审计误差，使得审计证据更加适当充分、审计程序更为科学完善、审计结论更加恰当准确，把整个审计工作控制在审计准则要求的范围中。

（3）保证审计计划顺利执行，并能不断地协调审计进度，节约审计时间，提高审计效率。

（4）按规范的要求复核审计工作底稿，这实际也是进行审计质量控制的有效程序，因此，它为注册会计师进行审计质量监控和工作业绩考评提供依据和基础。

（三）审计工作底稿复核的内容

注册会计师及相关负责人对审计工作底稿进行复核的内容包括：

（1）审计工作底稿从形式上包括的要素是否齐全，是否规范；

（2）审计工作底稿记录的事项所引用的资料是否翔实可靠；

（3）各种审计程序是否按计划实施并取得相应的证据；

（4）各种审计证据是否充分适当；

（5）审计判断是否有理有据；

（6）审计结论是否恰当。

（四）审计工作底稿复核的一般要求

对审计工作底稿的复核不仅关系到审计效率与效果，而且也关系到审计质量及质量控制，是实施质量控制、降低审计风险的重要程序。因此，必须认真从事复核工作，制定明确的复核规则和要求。通常，复核时应注意以下要求：

（1）记录存在问题的答复与处理。如果复核中发现有不正确或不完善的问题，复核人应指示有关人员（主要是工作底稿的编制人）予以答复和处理，并作出相应文字记录。

（2）签署姓名和日期。每一级的复核人员完成复核工作后，应在审计工作底稿中规定的位置签署姓名和复核日期，以示分清复核责任，也便于上级复核人对下级复核人的监督。

（3）签署复核意见。各级复核人员完成复核工作后应明确地表示复核意见，并签署在审计工作底稿上。

（4）督促编制人员及时修正存在的问题，完善补充有关资料。

四、审计工作底稿的归档

（一）审计工作底稿归档的种类和内容

对审计工作底稿的分类整理和汇集归档构成审计工作底稿整理工作的全部内容。审计档案是注册会计师在规划审计工作、实施审计程序、发表审计意见和签署审计报告过程中形成的记录，并综合整理分类后形成的档案资料。审计档案是会计师事务所的重要历史资料和宝贵财富，应妥善管理。在具体实务中，审计档案可以分为永久性档案和当期档案。永久性档案是指记录内容相对稳定，具有长期使用价值，并对以后审计工作具有重要影响和直接作用的审计档案，如被审计单位的组织结构、设立的批准证书和土地使用权证等。当期档案是指记录内容经常变化，主要供当期和下期审计使用的审计档案，如总体审计策略和具体审计计划。永久性档案和当期档案的清单列示见表3-3。

（二）审计工作底稿归档的期限

注册会计师应当按照事务所质量控制政策和程序的规定，及时将底稿归整为最终审计档案。底稿的归档期限为审计报告日后60天内。如果注册会计师未能完成审计业务，底稿的归档期限为审计业务中止后的60天内。

表 3-3　　永久性档案和当期档案清单

档案清单	种类	内容
永久性档案清单	1.审计项目管理	（1）被审计单位地址、主要联系人、职位、电话； （2）参与项目的其他注册会计师或专家的姓名和地址； （3）审计业务约定书原件； （4）各期审计档案清单［如对各期财务报表审计业务，记录共有几本审计档案、存放地点等］； （5）其他
	2.被审计单位背景资料	（1）组织结构； （2）各投资方简介； （3）管理层和财务人员（名单、职责）； （4）董事会成员清单； （5）历史发展资料； （6）业务介绍； （7）关联方资料； （8）会计手册； （9）员工福利政策； （10）其他
	3.法律事项资料	（1）有关设立、经营的文件的复印件［如公司章程、批准证书、营业执照、税务登记证等］； （2）验资报告； （3）历次董事会会议纪要； （4）影响财务报表的重要合同、协议等文件的复印件［如所得税减免批准证明、银行借款合同和担保协议等］； （5）有关土地、建筑物、厂房和设备等资产文件的复印件［如资产评估报告、土地使用权证、房产证等］； （6）分支机构的资料； （7）所投资企业的资料； （8）其他
当期档案清单	1.沟通和报告相关工作底稿	（1）审计报告和经审计的财务报表； （2）与主审注册会计师的沟通和报告； （3）与治理层的沟通和报告； （4）与管理层的沟通和报告； （5）管理建议书； （6）其他

续表

档案清单	种类	内容
当期档案清单	2. 审计计划阶段工作底稿	（1）总体审计策略和具体审计计划； （2）对内部审计职能的评价； （3）对外部专家的评价； （4）对服务机构的评价； （5）被审计单位提交资料清单； （6）主审注册会计师的指示； （7）前期审计报告和经审计的财务报表； （8）预备会会议纪要； （9）其他
	3. 审计完成阶段工作底稿	（1）审计工作完成核对表； （2）管理层声明原件； （3）重大事项概要； （4）错报汇总； （5）被审计单位财务报表和试算平衡表； （6）有关列报的工作底稿［如现金流量表、关联方和关联方交易的披露等］； （7）财务报表所属期间的董事会会议纪要； （8）总结会会议纪要； （9）其他
	4. 特定项目审计程序表	（1）舞弊； （2）持续经营； （3）对法律法规的考虑； （4）关联方； （5）其他
	5. 进一步审计程序工作底稿（可以按会计科目、某类交易或列报划分）	（1）进一步审计程序表； （2）有关控制测试工作底稿； （3）有关实质性程序工作底稿（包括实质性分析程序和细节测试）
	6. 合并财务报表的工作底稿（如适用）	
	7. 其他	

如果针对客户的同一财务信息执行不同的委托业务，出具两个或多个不同的报告，事务所应当将其视为不同的业务，根据事务所内部制定的政策和程序，在规定的归档期限内分别将底稿归整为最终审计档案。

（三）审计工作底稿归档期间的变动

在审计报告日后将审计工作底稿归整为最终审计档案是一项事务性的工作，不涉及实施新的审计程序或得出新的结论。

如果在归档期间对审计工作底稿作出的变动属于事务性的，注册会计师可以作出变动，主要包括：

（1）删除或废弃被取代的审计工作底稿；

（2）对审计工作底稿进行分类、整理和交叉索引；

（3）对审计档案归整工作的完成核对表签字认可；

（4）记录在审计报告日前获取的、与审计项目组相关成员进行讨论并取得一致意见的审计证据。

（四）审计工作底稿归档后的变动

1.需要变动审计工作底稿的情形

注册会计师发现有必要修改现有底稿或增加新的审计工作底稿的情形主要有以下两种：

（1）注册会计师已实施了必要的审计程序，取得了充分、适当的证据并得出了恰当的审计结论，但底稿的记录不够充分。

（2）审计报告日后，发现例外情况要求注册会计师实施新的或追加审计程序，或导致注册会计师得出新的结论。例外情况主要是指注册会计师在审计报告日后发现的与已审计财务信息相关，且在审计报告日已经存在的事实，该事实如果被注册会计师在审计报告日前获知，可能影响审计报告。例如，期后事项的诉讼、索赔判决结果等。

2.变动审计工作底稿时的记录要求

在完成最终审计档案的归整工作后，如果发现有必要修改现有底稿或增加新的底稿，无论修改或增加的性质如何，注册会计师均应记录下列事项：

（1）修改或增加底稿的时间和人员，以及复核的时间和人员；

（2）修改或增加底稿的具体理由；

（3）修改或增加底稿对审计结论产生的影响。

（五）审计工作底稿的保存期限

事务所应当自审计报告日起，对底稿至少保存10年。如果注册会计师未能完成审计业务，事务所应当自审计业务中止日起，对底稿至少保存10年。

值得注意的是，对于连续审计的情况，当期归整的永久性档案虽然包括以前年度获取的资料（有可能是十年以前的），但由于其作为本期档案的一部分，并作为支持审计结论的基础，因此，注册会计师对于这些对当期有效的档案，应视为当期取得并保存10年。如果这些资料在某一个审计期间被替换，被替换资料可以从被替换的年度起至少保存10年。

五、审计工作底稿的所有权与保管

视频：审计档案的管理

审计工作底稿是注册会计师对其所作的审计工作的完整记录。从一般意义上讲，审计档案的所有权属于执行该项业务的注册会计师。但是，我国注册会计师不能独立于会计师事务所之外承揽审计业务，审计业务必须以会计师事务所的名义承接。因此，审计档案的所有权属于承接该项业务的会计师事务所。

审计档案的保管期限随类别的不同而不同。

（1）永久性审计档案应长期保存，不是永久保存；

（2）当期审计档案应自审计报告签发之日起，至少保存10年；

（3）永久性审计档案如事务所中止了后续审计服务，其保管年限与最近1年当期档案的保管期限相同；

（4）当期档案的保存年限不得任意缩减。

六、审计档案的保密与调阅

（一）审计档案的保密

会计师事务所应建立严格的保密制度，并落实专人管理。这是因为：档案中不仅记录了被审计单位的商业秘密，而且记录了事务所的审计技术和方法。因此除下列情况之外，事务所不得对外泄露：

（1）法院、检察院及其他部门在办理了有关手续后，可依法查阅；

（2）注册会计师协会对执业情况进行检查时可查阅审计档案；

（3）不同会计师事务所的注册会计师，经委托人书面同意，在下列情况下，办理了有关手续后，可以要求查阅。

①被审计单位更换了会计师事务所，后任注册会计师可以调阅前任注册会计师的；

②基于合并财务报表审计业务的需要，母公司所聘注册会计师可以调阅子公司所聘注册会计师的，子公司不可调阅母公司的；

③联合审计；

④事务所认为合理的其他情况。

（二）审计档案的调阅

拥有审计工作底稿的会计师事务所应对要求查阅者提供适当的协助，并根据底稿的性质和内容，决定是否允许要求查阅者阅览、复印或摘录。审计工作底稿中的内容被调阅者引用后，因调阅者的误用而造成的损失，注册会计师及拥有工作底稿的事务所不承担责任。

案例分析

在本案例中：

（1）存在不当之处。在连续审计下，以前年度审计调整较少，项目总体风险较低时，才能将实际执行的重要性水平定为财务报表层次的75%；注册会计师应将实际执行的重要性水平定为财务报表层次的50%。

（2）存在不当之处。除非有充分证据表明应收账款对财务报表而言是不重要的，或函证很可能是无效的，否则注册会计师应当对应收账款实施函证。注册会计师不能以时间、成本等原因为理由，减少必要的审计程序。

（3）存在不当之处。注册会计师对银行存款的函证，应当选择在财务报表涵盖期间所有存过款的银行，包括零余额账户和在本期内注销的账户。不能由于账户已经注销，就不进行银行存款函证，函证金额为银行对账单上的余额。

（4）项目组成员仅根据浩辰公司管理层提供的上述资料就据此得出“浩辰公司按照持

续经营假设编制2019年度财务报表是适当的”的结论不正确。审计项目组应当考虑针对浩辰公司提出的应对计划实施以下主要审计程序，以判断应对计划是否可行，以及应对计划的结果是否能够改善持续经营能力：①与管理层分析和讨论现金流量预测、盈利预测以及其他相关预测。②与管理层讨论和分析最近的中期财务报表。③复核借款协议条款并确定是否存在违约情况。④阅读董事会会议有关财务困境的会议记录。⑤向公司律师询问是否存在针对公司的诉讼或索赔，并向其询问管理层对诉讼及索赔结果及其财务影响的估计是否合理。⑥确认财务支持协议的存在性、合法性和可行性，并对提供财务支持的单位的财务能力作出评价。⑦考虑公司如何处理尚未履行的客户订购单。⑧复核期后事项并考虑其是否可能改善或影响持续经营能力。

（5）审计项目组成员结论不正确。对2019年度所有利息支出账面记录为样本实施抽样检查，不能达到利息支出完整性审计目标。为了实现完整性的审计目标，审计项目组应结合借款等2019年度财务报表项目的审计，实施合理性测试程序，即根据借款合同等与利息支出相关的条款重新计算，并与账面记录相核对。同时，还可考虑实施利息支出的截止测试。

（6）审计项目组成员李明的做法不正确。存货盘点的实施和结果确认是被审计单位管理层的责任。将审计项目组成员编入被审计单位的盘点小组并在被审计单位的存货盘点报告上以盘点人的身份签字确认，混淆了注册会计师的责任和被审计单位的责任。审计项目组成员进行存货监盘时，应当做监盘记录，并实施抽盘，而不应加入盘点小组并以盘点人的身份在被审计单位的盘点报告上签字。

知识拓展

审计工作底稿的要求

一、编制要求

审计工作底稿作为注册会计师在整个审计过程中形成的审计工作记录资料，在编制上应满足以下两个方面的要求：其一，在内容上应做到资料翔实、重点突出、繁简得当、结论明确；其二，在形式上应做到要素齐全、格式规范、标识一致、记录清晰。具体地讲包括：

（1）资料翔实。即记录在审计工作底稿上的各类资料来源要真实可靠，内容完整。

（2）重点突出。即审计工作底稿应力求反映对审计结论有重大影响的内容。

（3）繁简得当。即审计工作底稿应当根据记录内容的不同，对重要内容详细记录，对一般内容简单记录。

（4）结论明确。即按审计程序对审计项目实施审计后，注册会计师应在审计工作底稿中对该审计项目明确表达其最终的专业判断意见。

（5）要素齐全。即构成审计工作底稿的基本内容应全部包括在内。

（6）格式规范。即审计工作底稿所采用的格式应规范、简洁。虽然审计准则未对审计工作底稿格式作出规范设计，但有关审计工作底稿的执业规范指南给出了参考格式。

（7）标识一致。即审计符号的含义应前后一致，并明确反映在审计工作底稿上。

（8）记录清晰。即审计工作底稿上记录的内容要连贯，文字要端正，计算要准确。

二、审计工作底稿获取要求

大多数的备查类审计工作底稿都是由注册会计师向被审计单位或其他第三方直接索取的，或者由他们代为编制的。对于这些工作底稿，注册会计师应做到以下要求：

（1）注明资料来源。

（2）实施必要的程序，对有关资料进行复核，以确认审计工作底稿与原资料的一致性。

（3）形成相应的审计记录。注册会计师在审阅核对以后，应形成相应的文字记录并签名，方能形成审计工作底稿。

（4）注明审计工作底稿之间的钩稽关系。审计工作底稿之间的钩稽关系是通过交叉索引及备注说明来加以反映的。

同步训练

一、单项选择题（每题只有一个正确答案，请将正确答案填在括号内）

1. 根据审计准则的规定，在记录实施审计程序的性质、时间安排和范围时，应当记录测试的特定项目或事项的识别特征。在记录识别特征时，下列各项正确的是（　　）。

A. 对乙公司生成的订购单进行测试，将供货商作为主要识别特征

B. 对需要选取既定总体内一定金额以上的所有项目进行测试，将该金额以上的所有项目作为主要识别特征

C. 对运用系统抽样的审计程序，将样本来源作为主要识别特征

D. 对询问程序，将询问时间作为主要识别特征

2. 在对营业收入进行细节测试时，W注册会计师对顺序编号的销售发票进行了检查。针对所检查的销售发票，W注册会计师记录的识别特征通常是（　　）。

A. 销售发票的开具人　　B. 销售发票的编号

C. 销售发票的金额　　D. 销售发票的付款人

3. 在归档审计工作底稿时，下列有关归档期限的要求中，注册会计师认为正确的是（　　）。

A. 在审计报告日后60天内完成审计工作底稿的归档工作

B. 在审计报告日后90天内完成审计工作底稿的归档工作

C. 在审计报告公布日后60天内完成审计工作底稿的归档工作

D. 在审计报告公布日后90天内完成审计工作底稿的归档工作

4. 下列各项中，W注册会计师认为不属于在归档期间对审计工作底稿作出事务性变动的是（　　）。

A. W注册会计师删除被取代的审计工作底稿

B. W注册会计师对审计工作底稿进行分类、整理和交叉索引

C. W注册会计师对审计档案归整工作的完成核对表签字认可

D. W注册会计师记录在审计报告日后实施补充审计程序获取的审计证据

5.注册会计师对被审计单位2018年度财务报表进行审计，于2019年3月31日出具审计报告，相关审计工作底稿于2019年5月20日归档。关于审计工作底稿的保存期限，下列说法中，正确的是（　　）。

A.自2018年12月31日起至少10年　　B.自2018年12月31日起至少7年

C.自2019年3月31日起至少10年　　D.自2019年3月31日起至少7年

6.下列有关底稿归档期限的表述中，正确的是（　　）。

A.如果完成审计业务，归档期限为审计报告日后60天内

B.如果完成审计业务，归档期限为外勤审计工作结束日后60天内

C.如果未能完成审计业务，归档期限为外勤审计工作中止日后30天内

D.如果未能完成审计业务，归档期限为审计业务中止日后30天内

二、多项选择题（每题有两个或两个以上正确答案，请将正确答案填在括号内）

1.A注册会计师负责审计甲公司2018年度财务报表。在确定审计工作底稿的格式、内容和范围时，A注册会计师应当考虑的主要因素有（　　）。

A.编制审计工作底稿使用的文字　　B.审计工作底稿的归档期限

C.实施审计程序的性质　　D.已获取审计证据的重要程度

2.下列有关注册会计师在审计报告日后对审计工作底稿作出变动的做法中，正确的有（　　）。

A.在归档期间记录在审计报告日前获取的、与项目组相关成员进行讨论并达成一致意见的审计证据

B.在归档期间删除或废弃被取代的审计工作底稿

C.以归档期间收到的询证函回函替换审计报告日前已实施的替代程序审计工作底稿

D.在归档后由于实施追加的审计程序而修改审计工作底稿，并记录修改的理由、时间和人员，以及复核的时间和人员

3.在审计工作底稿归档之后，项目合伙人需要变动审计工作底稿的情形有（　　）。

A.项目组成员未能将审计报告日前获取的银行回函附在工作底稿之后

B.注册会计师在审计报告日后获知法院已在审计报告日前对被审计单位的诉讼作出最终判决

C.项目组成员在审计报告日后观察业务活动并形成了详细的观察记录

D.注册会计师在财务报表报出日后获知法院已在报出当日对被审计单位的索赔作出最终判决

4.编制的审计工作底稿应当使未曾接触该项审计工作的有经验的专业人士清楚了解审计程序、审计证据和重大审计结论。下列各项中，有经验的专业人士应当（　　）。

A.了解相关法律法规和审计准则的规定

B.在会计师事务所长期从事审计工作

C.了解与被审计单位所处行业相关的会计和审计问题

D.了解注册会计师的审计过程

三、判断题

1.审计工作底稿可以以纸质、电子或其他介质形式存在。（　　）

2.审计工作底稿的保管期限，一般都属于永久性保管。（　　）

3.对于职业判断的差异，如果初步的判断意见是基于不完整的资料或数据，注册会计师也应该在审计工作底稿中记录这些初步的判断意见。 （ ）

4.若将电子或其他介质形式存在的工作底稿通过打印等方式转换成纸质形式的工作底稿，归档时只需保存纸质形式的工作底稿。 （ ）

5.无论审计工作底稿以哪种形式存在，会计师事务都应当针对审计工作底稿设计和实施适当的控制。 （ ）

四、案例题

1.ABC会计师事务所的A注册会计师负责对甲公司2018年度财务报表进行审计。2019年2月15日，A注册会计师完成审计业务，并于5月15日将审计工作底稿归整为最终审计档案。2019年5月20日，A注册会计师意识到甲公司存在舞弊行为，私下修改了部分审计工作底稿。2019年6月1日，甲公司财务舞弊案爆发，A注册会计师擅自销毁了甲公司审计工作底稿。

要求：根据审计工作底稿准则和会计师事务所质量控制准则，回答下列问题。

（1）A注册会计师在归整审计档案时是否存在问题，并简要说明理由。

（2）在归整审计档案后，A注册会计师私下修改审计工作底稿是否存在问题，并简要说明理由。

（3）ABC会计师事务所在保存审计工作底稿方面是否存在问题。

2.注册会计师负责审计甲公司2018年度财务报表。与审计工作底稿相关的部分事项如下：

（1）注册会计师在具体审计计划中记录拟对固定资产采购与付款循环采用综合性方案，因在测试控制时发现相关控制运行无效，将其改为实质性方案，重新编制具体审计计划工作底稿，并替代原具体审计计划工作底稿。

（2）注册会计师拟利用2017年度审计中获取的有关存货和成本循环的控制运行有效性的审计证据，将信赖这些控制的理由和结论记录于审计工作底稿。

（3）注册会计师在对销售发票进行细节测试时，将相关销售发票所载明的发票日期以及商品的名称、规格和数量作为识别特征记录于审计工作底稿。

（4）审计报告日后，注册会计师对在审计报告日前收到的应付账款询证函回函中存在的差异进行调查，确认其金额和性质均不重大，并记录于审计工作底稿。

（5）在归整审计档案时，注册会计师删除了固定资产减值测试审计工作底稿初稿。

（6）在完成审计档案归整工作后，注册会计师收到一份应收账款询证函回函，其结果显示无差异。注册会计师将其归入审计档案，并删除了在审计过程中实施的相关替代程序的审计工作底稿。

要求：针对上述第（1）至（6）项，逐项指出注册会计师的做法是否恰当。如不恰当，简要说明理由。

小　结

本模块主要知识点归纳总结见表3-4。

表3-4　本模块主要知识点

任务	知识点
任务一　明确底稿目的	审计工作底稿的含义和编制目的
	审计工作底稿的性质
	审计工作底稿的作用
任务二　利用底稿模板	审计工作底稿的编制要求、要素及记录事项
	审计工作底稿模板的利用
	审计工作底稿的复核
	审计工作底稿的归档
	审计工作底稿的所有权与保管
	审计档案的保密与调阅

模块四

出具审计报告

【学习目标】

1. 能编制审计差异调整表和试算平衡表，考虑期后事项。
2. 能分清管理层、治理层责任与注册会计师的责任。
3. 能正确形成审计意见。
4. 熟悉审计报告的基本内容和格式。
5. 理解审计报告的编写要求和编写程序。
6. 能运用审计报告的有关知识，编写审计报告。

【知识点】

审计差异调整表　试算平衡表　期后事项　管理层和治理层责任　注册会计师责任　完整性测试　独立复核　审计意见　审计报告

【技能点】

编制审计差异调整表　编制试算平衡表　分清两大责任　进行独立复核　形成审计意见　编制审计报告

任务一　注重瞻前顾后

案例导入

审计程序执行不到位 兴华会计师事务所遭警示

天津证监局近日通告，北京兴华会计师事务所在对枫盛阳2015年年报审计项目中存在货币资金、诉讼事项、期后事项审计程序执行不到位，以及审计底稿不完整的问题。违反了《非上市公众公司监督管理办法》（证监会令第96号）第五十五条的规定，天津证监局决定对兴华会计师事务所及注册会计师吴亦忻、张燕飞采取出具警示函的监督管理措施。

天津证监局对兴华所执行的天津枫盛阳医疗器械技术股份有限公司2015年年报审计项目（报告文号：（2016）京会兴审字第02010119号）进行了检查，发现其在执业中存在以下四大问题：

一、货币资金审计程序执行不到位，审计证据不恰当

（一）函证程序执行不到位

枫盛阳在同一银行网点同时开立活期存款和定期存款账户。未对定期存款账户进行函证。在银行针对活期存款账户函证回复信息不符，并补充定期存款基本信息的情况下，未就定期存款是否存在被质押或其他限制使用的情况，向银行进行核实，函证程序执行不到位。上述行为不符合《中国注册会计师审计准则第1312号——函证》第十二条、《中国注册会计师审计准则第1301号——审计证据》第十条的规定。

（二）未查验定期存单原件，所附审计证据不恰当

在审计中未实际查验公司定期存单原件，与工作底稿中记录的已实施的审计程序不符。此外，底稿中留存的是公司存入定期存单时的会计记账凭证及附件的复印件，不能证明定期存单在资产负债表日存在且使用不受限，审计证据不恰当。上述行为不符合《中国注册会计师审计准则第1301号——审计证据》第十条、第十一条，《中国注册会计师审计准则第1131号——审计工作底稿》第十条的规定。

（三）未见对相关披露恰当性实施审计程序的记录

公司在报告附注中披露“其他货币资金为1年期定期存款，至报告日已收回”，审计底稿中未见核实定期存款是否收回的审计程序记录。上述行为不符合《中国注册会计师审计准则第1301号——审计证据》第十条和《中国注册会计师审计准则第1131号——审计工作底稿》第十条的规定。

（四）审计底稿表述与实际情况明显不符

在审计总结中表述，“其他货币资金期末均为银行的票据保证金，审计人员已对该笔保证金进行了函证，银行回复的询证函结果已邮寄至本所”。该表述与实际情况明显不符。上述行为不符合《中国注册会计师审计准则第1131号——审计工作底稿》第十条的规定。

二、诉讼事项审计程序执行不到位

在识别涉及公司的可能导致重大错报风险的诉讼事项方面，底稿中仅包括公司部分公告及起诉书、民事裁定书的复印件，未见对公司管理层和其他内部人员的询问记录，未见

查阅公司治理层会议纪要的记录。同时，底稿中未见公司管理层和治理层提供的相关书面声明，以确认已向注册会计师披露所有知悉的、已经或可能发生的、在编制财务报表时应当考虑其影响的诉讼和索赔事项，并确认已按照适用的财务报告编制基础进行了会计处理和披露。上述行为不符合《中国注册会计师审计准则第1311号——对存货、诉讼和索赔、分部信息等特定项目获取审计证据的具体考虑》第九条、第十二条，《中国注册会计师审计准则第1301号——审计证据》第十条和《中国注册会计师审计准则第1131号——审计工作底稿》第十条的规定。

三、期后事项审计程序执行不到位

对于财务报表日至审计报告日之间发生的公司及实际控制人涉诉及公司实际控制人股权被司法冻结等事项，底稿中仅见公司部分公告及起诉书、民事裁定书的复印件，未见对公司管理层的询问记录，未见查阅公司管理层、治理层财务报表日后会议纪要的记录，未见查阅公司最近中期财务报表的记录，未见对公司期后事项是否在财务报表中得到恰当反映进行判断的记录。同时，底稿中未见公司管理层和治理层提供的书面声明，以确认所有在财务报表日后发生的、应予调整或披露的事项均已得到调整或披露。上述行为不符合《中国注册会计师审计准则第1332号——期后事项》第九条、第十条、第十一条、第十二条，《中国注册会计师审计准则第1301号——审计证据》第十条和《中国注册会计师审计准则第1131号——审计工作底稿》第十条的规定。

四、审计底稿不完整

底稿中未见公司管理层提供的书面声明，以确认其根据审计业务约定条款，履行了管理层责任。上述行为不符合《中国注册会计师审计准则第1341号——书面声明》第八条、第九条、第十条，《中国注册会计师审计准则第1301号——审计证据》第十条和《中国注册会计师审计准则第1131号——审计工作底稿》第十条的规定。

资料来源：注册会计师行业法律法规库，2017-06-08.

知识准备

审计人员（注册会计师）在完成各财务报表项目的审计测试等审计工作后，应对审计实施阶段收集到的相应审计证据，进行汇总、分析、复核和评价并与被审计单位沟通审计结果情况，为编写审计报告做准备。

一、瞻前：编制审计差异调整表和试算平衡表，评价审计过程中发现的错报

在完成按业务循环进行的控制测试、财务报表项目的实质性程序和特殊项目的审计后，对审计项目组成员在审计中发现的被审计单位的会计处理方法与企业会计准则的不一致，即审计差异内容，审计项目经理应根据审计重要性原则予以初步确定并汇总，并建议被审计单位进行调整，使经审计的财务报表所载信息能够公允地反映被审计单位的财务状况、经营成果和现金流量。对审计差异内容的初步确定并汇总直至形成已审计的财务报表的过程，主要是通过编制审计差异调整表和试算平衡表得以完成的。

（一）编制审计差异调整表

审计差异内容按是否需要调整账户记录可分为核算错误和重分类错误。核算错误是因企业对经济业务进行了不正确的会计核算而引起的错误；重分类错误是因企业未按企业会计准则列报财务报表而引起的错误。例如，企业在应付账款项目中反映的预付账款、在应收账款项目中反映的预收账款等。

无论是核算错误还是重分类错误，在审计工作底稿中通常都是以会计分录的形式反映的。由于审计中发现的错误往往不止一两项，为便于审计项目的各级负责人综合判断、分析和决定，也为了便于有效编制试算平衡表和代编经审计的财务报表，通常需要将这些建议调整的不符事项、重分类错误以及未调整不符事项分别汇总至"账项调整分录汇总表"、"重分类调整分录汇总表"和"未更正错报汇总表"。三张汇总表的参考格式分别见表4-1、表4-2和表4-3。

表4-1　　账项调整分录汇总表

被审计单位：	索引号：
项目：	财务报表截止日/期间：
编制：	复核：
日期：	日期：

序号	内容及说明	索引号	调整内容				影响利润表+（-）	影响资产负债表+（-）
			借方项目	借方金额	贷方项目	贷方金额		

与被审计单位的沟通：

参加人员：

被审计单位：____________________

审计项目组：____________________

被审计单位的意见：

____

____

____

结论：

是否同意上述审计调整：____________________

被审计单位授权代表签字：____________________ 日期：____________________

表 4-2 重分类调整分录汇总表

被审计单位：　　　　　　　　　　　　索引号：
项目：　　　　　　　　　　　　　　　财务报表截止日/期间：
编制：　　　　　　　　　　　　　　　复核：
日期：　　　　　　　　　　　　　　　日期：

序号	内容及说明	索引号	调整项目和金额			
			借方项目	借方金额	贷方项目	贷方金额

与被审计单位的沟通：
参加人员：
被审计单位：________________________________
审计项目组：________________________________
被审计单位的意见：
____
____
____
____
结论：
是否同意上述审计调整：________________
被审计单位授权代表签字：________________ 日期：________

表 4-3 未更正错报汇总表

被审计单位：　　　　　　　　　　　　索引号：
项目：　　　　　　　　　　　　　　　财务报表截止日/期间：
编制：　　　　　　　　　　　　　　　复核：
日期：　　　　　　　　　　　　　　　日期：

序号	内容及说明	索引号	未调整内容				备注
			借方项目	借方金额	贷方项目	贷方金额	

未更正错报的影响：
项目金额百分比（计划百分比）
1. 总资产
2. 净资产
3. 销售收入
4. 费用总额
5. 毛利
6. 净利润
结论：
被审计单位授权代表签字：________________________日期：______

在确定哪些审计差异应当调整时，注册会计师应当考虑以下因素：①审计差异金额是否超过重要性标准。②审计差异是否影响财务报表的公允表达与披露。③审计差异的性质是否涉及非法业务及舞弊行为，并注意其对审计意见的潜在影响。④审计差异的产生是由于一时疏忽所造成，还是由于内部控制本身的固有限制所造成。对于后一种情况，还应考虑是否有必要追加审计程序，以保证审计结果的可靠性，或者向被审计单位管理层提交管理建议书。⑤衡量审计差异的精确度。⑥其他可能影响审计结论的重要因素。

注册会计师确定核算错误和重分类错误后，应以书面方式及时征求被审计单位的意见。若被审计单位予以采纳，应取得其同意调整的书面确认；若被审计单位不予采纳，应分析原因，并根据错报的性质和重要程度，确定是否在审计报告中予以反映，以及如何反映。

（二）编制试算平衡表

试算平衡表是注册会计师在被审计单位提供未审计财务报表的基础上，考虑调整分录、重分类分录等内容以确定已审数与报表披露数的表式。编制试算平衡表时，需注意以下几点：

（1）试算平衡表中的“期末未审数”和“审计前金额”列，应根据被审计单位提供的未审计财务报表填列。

（2）试算平衡表中的“账项调整”和“调整金额”列，应根据经被审计单位同意的“账项调整分录汇总表”列示。

（3）试算平衡表中的“重分类调整”列，应根据经被审计单位同意的“重分类调整分录汇总表”填列。

（4）在编制完试算平衡表后，应注意核对相应的钩稽关系。例如，资产负债表试算平衡表左边的“期末未审数”列合计数、“期末审定数”列合计数应分别等于其右边相应各列合计数；资产负债表试算平衡表左边的“账项调整”列中的借方合计数与贷方合计数之差应等于右边的“账项调整”列中的贷方合计数与借方合计数之差；资产负债表试算平衡表左边的“重分类调整”列中的借方合计数与贷方合计数之差应等于右边的“重分类调整”列中的贷方合计数与借方合计数之差等。

有关资产负债表和利润表的试算平衡表工作底稿参考格式，分别见表4-4和表4-5。

表4-4 资产负债表试算平衡表工作底稿

被审计单位：________________ 索引号：________________

项目：________________ 财务报表截止日/期间：________________

编制：________________ 复核：________________

日期：________________ 日期：________________

项目	期末未审数	账项调整		重分类调整		期末审定数	项目	期末未审数	账项调整		重分类调整		期末审定数
		借方	贷方	借方	贷方				借方	贷方	借方	贷方	
⋮							⋮						

表4-5　　利润表试算平衡表工作底稿

被审计单位：________　　索引号：________

项目：________　　财务报表截止日/期间：________

编制：________　　复核：________

日期：________　　日期：________

项目	审计前金额	调整金额		审定金额
		借方	贷方	
⋮				

（三）评价审计过程中发现的错报

1.错报的沟通和更正

及时与适当层级的管理层沟通错报事项是重要的，因为这能使管理层评价这些事项是否为错报，并采取必要行动，如有异议则告知注册会计师。适当层级的管理层通常是指有责任和权限对错报进行评价并采取必要行动的人员。法律法规可能限制注册会计师向管理层或被审计单位内部的其他人员通报某些错报。例如，法律法规可能专门规定禁止通报某事项或采取其他行动，这些通报或行动可能不利于有关权力机构对实际存在的或怀疑存在的违法行为展开调查。在某些情况下，注册会计师的保密义务与通报义务之间存在的潜在冲突可能很复杂。此时，注册会计师可以考虑征询法律意见。

管理层更正所有错报（包括注册会计师通报的错报），能够保持会计账簿和记录的准确性，降低由于与本期相关的、非重大的且尚未更正的错报的累积影响而导致未来期间财务报表出现重大错报的风险。

《中国注册会计师审计准则第1501号——对财务报表形成审计意见和出具审计报告》要求注册会计师评价财务报表是否在所有重大方面按照适用的财务报告编制基础编制。这项评价包括考虑被审计单位会计实务的质量（包括表明管理层的判断可能出现偏向的迹象）。注册会计师对管理层不更正错报的理由的理解，可能影响其对被审计单位会计实务质量的考虑。

2.评价未更正错报的影响

未更正错报，是指注册会计师在审计过程中累积的且被审计单位未予更正的错报。注册会计师在确定重要性时，通常依据对被审计单位财务结果的估计，因为此时可能尚不知道实际的财务结果。因此，在评价未更正错报的影响之前，注册会计师可能有必要依据实际的财务结果对重要性作出修改。如果在审计过程中获知了某项信息，而该信息可能导致注册会计师确定与原来不同的财务报表整体重要性或者特定类别交易、账户余额或列报的一个或多个重要性水平（如适用），注册会计师应当予以修改。因此，在注册会计师评价未更正错报的影响之前，可能已经对重要性或重要性水平（如适用）作出重大修改。但是，如果注册会计师对重要性或重要性水平（如适用）进行的重新评价导致需要确定较低的金额，则应重新考虑实际执行的重要性和进一步审计程序的性质、时间安排和范围的适当性；以获取充分、适当的审计证据，作为发表审计意见的基础。

注册会计师需要考虑每一单项错报，以评价其对相关类别的交易、账户余额或列报的影响，包括评价该项错报是否超过特定类别的交易、账户余额或列报的重要性水平（如适用）。如果注册会计师认为某一单项错报是重大的，则该项错报不太可能被其他错报抵销。例如，如果收入存在重大高估，即使这项错报对收益的影响完全可被相同金额的费用高估所抵销，注册会计师仍认为财务报表整体存在重大错报。对于同一账户余额或同一类别的交易内部的错报，这种抵销可能是适当的。然而，在得出抵销非重大错报是适当的这一结论之前，需要考虑可能存在其他未被发现的错报的风险。

确定一项分类错报是否重大，需要进行定性评估。例如，分类错报对负债或其他合同条款的影响，对单个财务报表项目或小计数的影响，以及对关键比率的影响。即使分类错报超过了在评价其他错报时运用的重要性水平，注册会计师可能仍然认为该分类错报对财务报表整体不产生重大影响。

在某些情况下，即使某些错报低于财务报表整体的重要性，但因与这些错报相关的某些情况，在将其单独或连同在审计过程中累积的其他错报一并考虑时，注册会计师也可能将这些错报评价为重大错报。例如，某项错报的金额虽然低于财务报表整体的重要性，但对被审计单位的盈亏状况有决定性的影响，注册会计师应认为该项错报是重大错报。

3. 书面声明

注册会计师应当要求管理层和治理层（如适用）提供书面声明，说明其是否认为未更正错报单独或汇总起来对财务报表整体的影响不重大。这些错报项目的概要应当包含在书面声明中或附在其后。由于编制财务报表要求管理层和治理层（如适用）调整财务报表以更正重大错报，注册会计师应当要求其提供有关未更正错报的书面声明。在某些情况下，管理层和治理层（如适用）可能并不认为注册会计师提出的某些未更正的错报是错报。基于这一原因，他们可能在书面声明中增加以下表述："因为［描述理由］，我们不同意……事项和……事项构成错报。"然而，即使获取了这一声明，注册会计师仍需要对未更正错报的影响形成结论。

二、顾后：考虑期后事项

企业的经营活动是连续不断、持续进行的，但财务报表的编制却是建立在"会计分期假设"基础之上的。也就是说，作为主要审计对象的财务报表，其编制基础不过是连续不断的经营活动的一种人为划分。因此，注册会计师在审计被审计单位某一会计年度的财务报表时，除了对所审会计年度内发生的交易和事项实施必要的审计程序外，还必须考虑所审会计年度之后发生和发现的事项对财务报表和审计报告的影响，以保证一个会计期间的财务报表的真实性和完整性。

期后事项是指财务报表日至审计报告日之间发生的事项，以及注册会计师在审计报告日后知悉的事实。期后事项可以按时段划分为三个时段：第一个时段是财务报表日后至审计报告日，我们可以把在这一期间发生的事项称为"第一时段期后事项"；第二个时段是审计报告日后至财务报表报出日，我们可以把这一期间发现的事实称为"第二时段期后事项"；第三个时段是财务报表报出日后，我们可以把这一期间发现的事实称为"第三时段期后事项"。期后事项分段如图4-1所示。

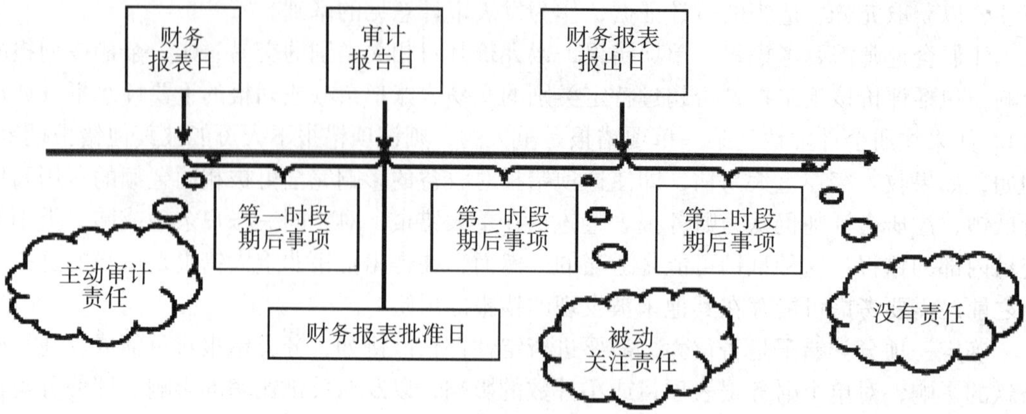

图4-1 期后事项分段示意图

（一）财务报表日至审计报告日之间发生的事项

1.主动识别第一时段期后事项

注册会计师应当设计和实施审计程序，获取充分、适当的审计证据，以确定所有在财务报表日至审计报告日之间发生的、需要在财务报表中调整或披露的事项均已得到识别。但是，注册会计师并不需要对之前已实施审计程序并已得出满意结论的事项执行追加的审计程序。

财务报表日至审计报告日之间发生的期后事项属于第一时段期后事项。对于这一时段的期后事项，注册会计师负有主动识别的义务，应当设计专门的审计程序来识别这些期后事项，并根据这些事项的性质判断其对财务报表的影响，进而确定是进行调整还是披露。

2.用以识别期后事项的审计程序

注册会计师应当按照审计准则的规定实施审计程序，以使审计程序能够涵盖财务报表日至审计报告日（或尽可能接近审计报告日）之间的期间。

通常情况下，针对期后事项的专门审计程序，其实施时间越接近审计报告日越好。越接近审计报告日，也就意味着离财务报表日越远，被审计单位在这段时间内累积的对财务报表日已经存在的情况提供的进一步证据也就越多；越接近审计报告日，注册会计师遗漏期后事项的可能性也就越小。

在确定审计程序的性质和范围时，注册会计师应当考虑风险评估的结果。用以识别第一时段期后事项的审计程序通常包括：

（1）了解管理层为确保识别期后事项而建立的程序；

（2）询问管理层和治理层（如适用），确定是否已发生可能影响财务报表的期后事项；

（3）查阅被审计单位的所有者、管理层和治理层在财务报表日后举行会议的纪要，在不能获取会议纪要的情况下，询问此类会议讨论的事项；

（4）查阅被审计单位最近的中期财务报表（如有）。

除这些审计程序外，注册会计师可能认为实施下列一项或多项审计程序是必要和适当的：

（1）查阅被审计单位在财务报表日后最近期间内的预算、现金流量预测和其他相关的管理报告；

（2）就诉讼和索赔事项询问被审计单位的法律顾问，或扩大之前口头或书面查询的范围；

（3）考虑是否有必要获取涵盖特定期后事项的书面声明以支持其他审计证据，从而获取充分、适当的审计证据。

3.知悉对财务报表有重大影响的期后事项时的考虑

在实施上述审计程序后，如果注册会计师识别出对财务报表有重大影响的期后事项，应当确定这些事项是否按照适用的财务报告编制基础的规定在财务报表中得到恰当反映。

如果所知悉的期后事项属于调整事项，注册会计师应当考虑被审计单位是否已对财务报表作出适当的调整。如果所知悉的期后事项属于非调整事项，注册会计师应当考虑被审计单位是否在财务报表附注中予以充分披露。

（二）注册会计师在审计报告日后至财务报表报出日前知悉的事实

1.被动识别第二时段期后事项

在审计报告日后，注册会计师没有义务针对财务报表实施任何审计程序。审计报告日后至财务报表报出日前发现的事实属于“第二时段期后事项”，注册会计师针对被审计单位的审计业务已经结束，要识别可能存在的期后事项比较困难，因而无法承担主动识别第二时段期后事项的审计责任。但是，在这一阶段，被审计单位的财务报表并未报出，管理层有责任将发现的可能影响财务报表的事实告知注册会计师。当然，注册会计师还可能从媒体报道、举报信或者证券监管部门告知等途径获悉影响财务报表的期后事项。

2.知悉第二时段期后事项时的考虑

在审计报告日后至财务报表报出日前，如果知悉了某事实，且若在审计报告日知悉可能导致修改审计报告，注册会计师应当与管理层和治理层（如适用）讨论该事项，确定财务报表是否需要修改；如果需要修改，询问管理层将如何在财务报表中处理该事项。

如果管理层修改财务报表，注册会计师应当根据具体情况对有关修改实施必要的审计程序；同时，注册会计师应当将用以识别期后事项的上述审计程序延伸至新的审计报告日，并针对修改后的财务报表出具新的审计报告。新的审计报告日不应早于修改后的财务报表被批准的日期。

如果认为管理层应当修改财务报表而没有修改，并且审计报告尚未提交给被审计单位，注册会计师应当按照《中国注册会计师审计准则第1502号——在审计报告中发表非无保留意见》的规定发表非无保留意见，然后再提交审计报告。

如果认为管理层应当修改财务报表而没有修改，并且审计报告已经提交给被审计单位，注册会计师应当通知管理层和治理层（除非治理层全部成员参与管理被审计单位）在财务报表作出必要修改前不要向第三方报出。如果财务报表在未经必要修改的情况下仍被报出，注册会计师应当采取适当措施，以设法防止财务报表使用者信赖该审计报告。例如，针对上市公司，注册会计师可以利用证券传媒等刊登必要的声明，防止使用者信赖审计报告。注册会计师采取的措施取决于自身的权利和义务以及所征询的法律意见。

（三）注册会计师在财务报表报出日后知悉的事实

1.没有义务识别第三时段的期后事项

财务报表报出日后知悉的事实属于第三时段期后事项，注册会计师没有义务针对财务报表实施任何审计程序。但是，并不排除注册会计师通过媒体等其他途径获悉可能对财务报表产生重大影响的期后事项的可能性。

2.知悉第三时段期后事项时的考虑

在财务报表报出日后，如果知悉了某事实，且若在审计报告日知悉可能导致修改审计报告，注册会计师应当：①与管理层和治理层（如适用）讨论该事项；②确定财务报表是否需要修改；③如果需要修改，询问管理层将如何在财务报表中处理该事项。

应当指出的是，需要注册会计师在知悉后采取行动的第三时段期后事项是有严格限制的：①这类期后事项应当是在审计报告日已经存在的事实；②该事实如果被注册会计师在审计报告日前获知，可能影响审计报告。只有同时满足这两个条件，注册会计师才需要采取行动。

如果管理层修改了财务报表，注册会计师应当采取如下必要的措施：

（1）根据具体情况对有关修改实施必要的审计程序。例如，查阅法院判决文件，复核会计处理或披露事项，确定管理层对财务报表的修改是否恰当。

（2）复核管理层采取的措施能否确保所有收到原财务报表和审计报告的人士了解这一情况。在修改了财务报表的情况下，管理层应当采取恰当措施（如上市公司可以在证券类报纸、网站刊登公告，重新公布财务报表和审计报告），让所有收到原财务报表和审计报告的人士了解这一情况。注册会计师需要对这些措施进行复核，判断它们是否能达到这样的目标。例如，上市公司管理层刊登公告的媒体是否是中国证券监督管理委员会指定的媒体，若仅刊登在其注册地的媒体上则异地的使用者可能无法了解这一情况。如果管理层没有采取必要措施确保所有收到原财务报表的人士了解这一情况，也没有在注册会计师认为需要修改的情况下修改财务报表，注册会计师应当采取适当措施，以设法防止财务报表使用者信赖该审计报告。

（3）延伸实施审计程序，并针对修改后的财务报表出具新的审计报告。新的审计报告日不应早于修改后的财务报表被批准的日期。

案例分析

注册会计师对期后事项的审计，可以归纳为两类：一类是结合财务报表年末余额实施的实质性测试程序进行的审计；另一类是专为发现审计年度必须弄清楚的事项另行实施的审计程序。

（1）结合财务报表年末余额实施实质性测试程序。注册会计师在对财务报表项目实施实质性测试程序时，通常通过对各项目的截止期和估价测试等来确定被审计单位管理层对其编制的财务报表项目的年末余额认定是否正确。例如：复核期后的现金收入，以测试应收账款的可回收性。将后期的存货销售价格与前期的存货成本相比较，以确定前期期末存货估价是否适当等。尽管这些审计程序是针对年末余额实施的，本质上是财务报表年末余额实质性测试的一部分，但从实际效果上看，仍然不失为期后事项审计的一种有效程序。

（2）另行实施的审计程序。这类审计程序主要有以下几种：

①向被审计单位管理层及有关人员询问。由于被审计单位的业务性质、经营规模等情

况不同，注册会计师询问的内容也不相同。注册会计师审计期后事项，通常应当询问以下内容：a.已依据初步数据进行会计处理的项目的现状。b.是否已进行或即将进行异常的会计调整。c.是否已发生或可能发生影响会计政策适当性的事项。d.资产是否被政府征用或因不可抗力而遭受损失。e.资产是否已出售或计划出售。f.是否发生新的担保、贷款或承诺。g.是否已发行或计划发行新的股票或债券。h.是否已签订或计划签订合并或清算的协议。i.其他相关内容。这里所说的"初步数据"是指被审计单位在编制财务报表时所作的各种估计或预计。这些估计或预计，从本质上讲是暂时的、非结论性的。它们的确切金额要等到期后的某一时间预计事项发生时才能最终确定。如果该事项估计或预计金额与实际发生金额不符，仍需进行调整。

②复查被审计单位资产负债表日后编制的内部报表及其他相关管理报告。复查的重点应放在被审计年度生产经营业务中与同期结果有关的变化上，特别是被审计单位经营业务和经营环境的主要变化上。与被审计单位管理层讨论报表，以确定它们的编制基础与本年度财务报表是否一致，并调查经营结果的重大变化。

③复查资产负债表日后编制的会计记录。注册会计师应复核被审计单位期后编制的日记账和分类账，尤其应检查其中大额的或异常项目，从而确定所有与本年相关的业务的存在和内容，以及期后发生的但需要披露的事项。

④检查被审计单位资产负债表日后发布的董事会和股东大会的会议记录。被审计单位的重大事项，尤其是涉及证券管理机构规定的需要向外发布的重大经营事项，被审计单位都要以一定的形式向外发布，对这些发布的事项，在其有关的会议记录中应有详细的记录。注册会计师对这些记录应重点检查其中影响审计年度财务报表表述的重大期后事项。

⑤获取被审计单位管理层和其律师的声明书。被审计单位向注册会计师递交的管理层和其律师的声明书，是他们对审计中各种不同事项的说明，其中包括对审计现场工作结束前的有关期后事项的陈述。

兴华会计师事务所此次审计失误的例子，是给审计师们提了个醒，审计程序一定要执行到位，该有的审计程序和证据一个都不能少。

知识拓展

期后事项对审计报告的影响

审计人员一般无须专门对期后事项发表审计意见，只有当被审计单位不接受对已发现的对财务报表产生重大影响的期后事项的调整建议或披露建议时，审计人员才需要根据其重要程度，发表保留意见或否定意见。

外勤工作结束到发出审计报告之间一般都需要一段时间，根据独立审计具体准则的规定，审计人员没有责任在这个期间内执行任何询问或其他审计程序，以发现任何重要的期后事项。但如果审计人员已经注意到了这种事项，就必须及时与客户管理层讨论。必要时，还应追加适当的审计程序，以确定期后事项的类型及其对财务报表和审计报告的影响程度。如果需要调整，并且管理层也作了适当的调整，那么审计人员可签发标准审计报告。如果需要披露且管理层已作了必要的披露，审计人员可签发重署日期为期后事项日期的标准审计报告。当然，在这种情况下，审计人员也可不重署报告日期，而在报告上采用双重日期，即在审计报告上保留原先的日期，另外再说明期后事项的日期。

如在财务报表公布日后获知审计报告日已存在但尚未发现的期后事项，审计人员应与客户讨论如何处理，并考虑是否需要修改已审财务报表。如客户拒绝调整，审计人员应当考虑是否修改审计报告。

同步训练

一、单项选择题（每题只有一个正确答案，请将正确答案填在括号内）

1.在审计实务中，关于编制财务报表时的会计调整，下列各项属于重分类事项的是（　　）。

A.已交付使用一年的房屋仍在“在建工程”账户中核算

B.存货的意外损失被记录在“管理费用”账户中

C.应收账款贷方余额

D.属于投资性房地产的房屋被记录在“固定资产”账户中

2.X公司2018年11月30日将一项达到预计可使用状态的在建工程转入固定资产并进行了相应的账务处理。该项固定资产被X公司用来制造G产品，但当年既未针对该项固定资产计提折旧，也未停止借款费用的资本化，则注册会计师编制的审计调整分录不应当包括（　　）。

A.借记“固定资产”　　B.借记“财务费用”

C.借记“存货”或“营业成本”　　D.贷记“固定资产”

3.在资产负债表试算平衡表中，左方“调整金额”栏中（　　）的金额应等于该表右方同栏金额的相反数。

A.借方合计数　　B.借方合计数-贷方合计数

C.贷方合计数　　D.借方合计数+贷方合计数

4.下列关于错报的沟通和更正的说法中，正确的是（　　）。

A.注册会计师发现错报，应在外勤工作即将结束时汇总与适当层级的管理层进行沟通

B.如果存在错报，注册会计师必须向管理层或被审计单位内部的其他人员通报

C.注册会计师在保密义务与通报义务存在冲突时，应考虑非无保留意见的审计报告

D.注册会计师对管理层不更正错报的理由的理解，可能影响其对被审计单位会计实务质量的考虑

5.下列有关书面声明作用的说法中，注册会计师认为正确的是（　　）。

A.如果注册会计师不能获取充分、适当的审计证据，可获取书面声明作为审计意见的基础

B.如果被审计单位管理层已就某事项提供书面声明，可在一定程度上减轻注册会计师的责任

C.书面声明提供的审计证据需要其他审计证据予以佐证

D.书面声明提供的审计证据可减少注册会计师应当获取的其他审计证据

二、多项选择题（每题有两个或两个以上正确答案，请将正确答案填在括号内）

1.注册会计师在评价未更正错报的影响前，调低了财务报表整体的重要性水平，则下列各项恰当的有（　　）。

A.重新考虑实际执行的重要性水平

B.重新考虑进一步审计程序的性质

C.重新考虑进一步审计程序的时间安排和范围

D.重新考虑获取的证据是否充分、适当

2.注册会计师于2019年3月15日对K上市公司2018年度财务报表出具了无保留意见的审计报告，K公司的财务报表公布日是2019年4月18日。在2019年4月20日，注册会计师发现K公司2018年度财务报表存在一项重大错报，该项错报损害了注册会计师发表无保留意见的基础。如果与K公司有利益关系者正在依赖已审计的财务报表，注册会计师应当采取的正确做法包括（　　）。

A.重新出具保留意见的审计报告

B.要求K公司立即发布一个修正后的财务报表，并解释修正原因

C.在K公司拒绝披露错报的情况下，向证券监管机构报告，并以适当方式通知股东

D.重新出具带说明段的无保留意见的审计报告

3.被审计单位管理层声明是注册会计师获取的一种书面证据，它能够起到的作用包括（　　）。

A.明确管理层对财务报表的责任　　B.为审计意见提供直接证据

C.在一定程度上保护注册会计师　　D.避免注册会计师与管理层产生误解

4.下列与管理层声明相关的表述中，正确的有（　　）。

A.如果合理预期不存在其他充分、适当的审计证据，注册会计师应当实施询问程序，并将询问结果取得管理层的确认，以此作为一项重要证据

B.对于涉及重大事项的管理层声明，出于谨慎的考虑，注册会计师可以将其对该声明的理解单独取得管理层的书面确认

C.如果不能获取对财务报表具有或可能具有重大影响的事项的充分、适当的审计证据，而这些证据预期是可以获取的，若已收到管理层就这些事项作出的声明，注册会计师可以不再将其视为审计范围受到限制

D.并不是所有的事项或情况都必须出具声明，注册会计师获得的声明可仅限于重大事项

5.可以表明管理层对财务报表责任的认可的审计证据有（　　）。

A.治理层相关会议纪要　　B.管理层书面声明

C.已签署的财务报表副本　　D.已审计的财务报表

三、判断题

1.期后事项是指财务报表日至财务报表报出日之间发生的事项。（　　）

2.期后事项是指财务报表日至审计报告日之间发生的事项，以及注册会计师在审计报告日后知悉的事实。（　　）

3.注册会计师仅需主动识别财务报表日至审计报告日之间发生的期后事项。（ ）

4.审计报告日后，如果注册会计师知悉某项若在审计报告日知悉将导致修改审计报告的事实，且管理层已就此修改了财务报表，应当对修改后的财务报表实施必要的审计程序，出具新的或经修改的审计报告。（ ）

5.在资产负债表日，被审计单位与客户发生的一项大型设备质量诉讼尚未结束，涉及销售收入3 000万元，毛利1 200万元。如果败诉，被审计单位需要接受客户退货，并承担退货和诉讼费用100万元。假设诉讼在财务报告批准报出日之前结束，被审计单位败诉。那么，被审计单位应当调整财务报表，冲回销售收入，并承担退货和诉讼费用。（ ）

四、案例题

ABC会计师事务所承接D公司2018年财务报表审计工作。于2019年3月15日完成审计工作，审计报告日是2019年3月15日。审计报告于2019年3月20日提交。被审计单位于2019年3月22日对外公布财务报表。注册会计师在期后事项期间分别发生如下事项：

（1）2019年3月14日，公司在一起历时半年的诉讼中败诉，支付赔偿金1 500万元，公司在上年年末已确认预计负债1 000万元。被审计单位最终未接受注册会计师要求的按规定对此事项进行恰当会计处理的建议。

（2）2019年4月8日，公司仓库因遭受火灾，存货发生毁损100万元。

（3）2019年3月21日，已确认为2018年度营业收入的重大销售相关货物因质量原因被退回，管理层最终并未修改财务报表。

（4）2019年4月2日，被审计单位为从银行借入5 000万元长期借款而签订重大资产抵押合同。

（5）2019年3月23日，注册会计师发现已公布财务报表中存在某项当初未被发现的重大错报。被审计单位按注册会计师的要求修改了财务报表。

要求：根据上述资料填写表4-6。

（提示：上述事项相互之间并不关联，单独考虑每一事项即可）

表4-6 期后事项的审计处理

事项序号	是否归属于期后事项（是或否）	对于归属于期后事项的，请判断出归属的种类	注册会计师应承担的责任	对于归属于期后事项的，注册会计师应采取的对措施
事项（1）				
事项（2）				
事项（3）				
事项（4）				
事项（5）				

任务二　分清会审责任，进行独立复核

案例导入

出具失实审计报告，串通虚假发行私募债，几名注会均被判刑

2013年下半年，利安达会计师事务所有限责任公司（以下简称利安达）浙江分所因××有限公司发行中小企业私募债对该公司2011年度、2012年度财务报表进行审计（以下简称为中恒通发债项目和中恒通审计项目）。杨某杰、陈某明等人违反审计准则，按照××公司的授意，在未核实财务凭证的情况下对××公司营业收入、净利润进行重大调整，虚增营业收入人民币3.4亿余元（以下币种均系人民币）、净利润6 357余万元、资本公积6 556余万元。王某宇、徐某二人未对××公司审计报告及底稿进行审计及复核审查，严重不负责任，在该含有重大失实财务数据的编号为利安达审字〔2013〕1289号审计报告（以下简称为利安达1289号审计报告）上签名确认，使得××公司发行中小企业私募债成功。至2016年7月债券到期后，××公司无力支付1亿元债券本息，造成投资人重大经济损失。

公诉机关据此认为，被告单位利安达浙江分所及其直接负责的主管人员、直接责任人员杨某杰、陈某明、王某宇、徐某严重不负责任，出具重大失实的证明文件，造成严重后果，其行为均构成出具证明文件重大失实罪，鉴于被告单位和众被告人均有自首情节，故应当适用《中华人民共和国刑法》第二百二十九条、第六十七条第一款之规定分别追究刑事责任。

资料来源：上海市第一中级人民法院刑事判决书（2017）沪01刑初80号.

知识准备

一、分清两大责任

为保障我国注册会计师事业沿着规范化、法制化、科学化的方向发展，为维护注册会计师的合法权益，提高注册会计师的自身素质，更好地为社会主义市场经济服务，进一步明确注册会计师的审计责任和被审计单位的会计责任之间的关系十分必要。

（一）审计责任

审计责任是针对注册会计师而言的。注册会计师在西方被誉为“不拿国家工资的经济警察”。虽然审计费用应由审计单位支付，但是，它却不能仅仅只为被审计单位负责，而是依照独立审计准则，根据国家的有关法律、法规及会计准则、会计制度对被审计单位的会计核算和财务报表是否公允地表达了其财务状况、经营成果和资金变动情况，进行审查，将其审查结论表达于审计报告。并对其出具的审计报告的真实性、合法性负责。可见，注册会计师的审计责任具有既对被审计单位负责，又要对政府负责的双重性。

审计报告的真实性包括如实反映、可验证性、公正性、合法性四个方面。如实反映是指审计报告应如实反映注册会计师的审计范围、审计依据、已实施的审计程序和发表的审计意见；可验证性是指审计结论可以通过事实进行复核验证，计算分析正确，如果进行复核，可以得出相同的结论；公正性是指审计的立场公正，不偏不倚，审计意见的表达不受任何偏见或成见的影响，对影响财务报表公允性的重要信息均应客观披露。审计报告的合法性是指审计报告的编制和出具，必须符合《中华人民共和国注册会计师法》和独立审计准则等国家有关法律及行政法规的规定。

注册会计师对其审计结论要负三个方面的责任：

一是要负行政责任。即注册会计师如果违反了法律、执业标准或其他行政法规，必须承担行政上的法律后果，包括对会计师事务所警告、没收违法所得、罚款、暂停营业和撤销、对注册会计师警告、暂停执业和吊销证书。

二是民事责任。即会计师事务所、注册会计师对于其所出具的审计报告和审计意见违反合同或民事侵权行为所引起的法律后果，依法承担的民事责任。这主要是指会计师事务所违反规定，给委托人、其他利害关系人造成损失的，应当承担依法赔偿责任，它主要是一种财产责任。

三是刑事责任。即会计师事务所、注册会计师由于重大过失、舞弊行为所应承担的法律责任。

（二）会计责任

被审计单位对进行会计核算，编制财务报表所应负的责任。该责任包括四个方面的内容：一是选择和运用恰当的会计处理方法（包括会计政策和会计方法）；二是对各项经济事项作出完整的记录；三是建立健全内部控制制度，保证财产的安全与完整；四是保证会计资料的真实性、完整性、合法性。

会计资料的真实性是指会计核算应当以实际发生的业务为依据，如实地反映会计主体的财务状况和经营成果。会计资料的完整性是指经济活动、财务收支和会计核算的资料必须全面、系统，既不发生疏漏，又不发生以偏概全的现象。会计资料的合法性是指经济活动、财务收支和会计核算必须符合《会计法》、《企业会计准则》及相关的财务会计制度，国家的相关法律、法规和内部管理制度。

会计的工作内容包括会计核算和会计监督。因此，会计责任可以确定为会计反映责任和会计监督责任。会计反映责任包括对经济业务进行完整的记录，运用专门方法对会计事项进行连续、系统、全面的反映，遵循会计核算的一般要求，及时编制和报送财务报表。会计监督责任包括会计一般监督和会计再监督两个方面的内容。会计一般监督责任是按照有关的法律、法规要求对会计主体的经济活动实施事前、事中、事后的监督。会计再监督责任是指会计主体有接受审计、财政、税务等机关依照法律及有关规定审查、监督的责任，它是对会计的反映、监督责任的最终评价。因此，只有对被审计单位履行的会计责任进行再监督和评判，才能纠正违法行为并维护《会计法》的严肃性。

二、进行独立复核

在编制审计报告前，注册会计师需要复核审计工作底稿。首先，应对财务报表进行总体性复核，分析其是否还可能存在其他异常情况，以确定是否追加实施额外的审计程序；

其次，需对具体的审计工作底稿进行复核。

（一）对财务报表整体合理性进行总体复核

（1）在审计结束或临近结束时，注册会计师运用分析程序的目的是确定经审计调整后的财务报表整体是否与对被审计单位的了解一致，是否具有合理性。

（2）在运用分析程序进行总体复核时，如果识别出以前未识别的重大错报风险，注册会计师应当重新考虑对全部或部分各类别交易、账户余额、列报评估的风险是否恰当，并在此基础上重新评价之前计划的审计程序是否充分，是否有必要追加审计程序。

（二）对具体的审计工作底稿复核

审计工作底稿复核分两个层次：项目组内部复核和独立的项目质量控制复核。

1.项目组内部复核

（1）复核人员（职业判断）。

①会计师事务所在安排复核工作时，应当由项目组内经验较多的人员复核经验较少的人员的工作。

②项目组需要在制订审计计划时确定复核人员的指派，以确保所有工作底稿均得到适当层级人员的复核。

③对一些较为复杂、审计风险较高的领域，例如，舞弊风险的评估与应对、重大会计估计及其他复杂的会计问题、审核会议记录和重大合同、关联方关系和交易、持续经营存在的问题等，需要指派经验丰富的项目组成员执行复核，必要时可以由项目合伙人执行复核。

（2）复核范围。所有的审计工作底稿至少要经过一级复核。执行复核时，复核人员需要考虑的事项包括：

①审计工作是否已按照执业准则和适用的法律法规的规定执行；

②重大事项是否已提请进一步考虑；

③相关事项是否已进行适当咨询，由此形成的结论是否已得到记录和执行；

④是否需要修改已执行审计工作的性质、时间安排和范围；

⑤已执行的审计工作是否支持形成的结论，并已得到适当记录；

⑥已获取的审计证据是否充分、适当；

⑦审计程序的目标是否已实现。

（3）复核时间。审计项目复核贯穿于审计的全过程，随着审计工作的开展，复核人员在审计计划阶段、执行阶段和完成阶段及时复核相应的工作底稿。

例如，在审计计划阶段复核记录审计策略和审计计划的工作底稿，在审计执行阶段复核记录控制测试和实质性程序的工作底稿，在审计完成阶段复核记录重大事项、审计调整及未更正错报的工作底稿等。

（4）项目合伙人复核。项目合伙人复核的内容包括：

①对关键领域所作的判断，尤其是执行业务过程中识别出的疑难问题或争议事项。

②特别风险。

③项目合伙人认为重要的其他领域。项目合伙人无须复核所有审计工作底稿。

在审计报告日或审计报告日之前，项目合伙人应当通过复核审计工作底稿和与项目组讨论，确信已获取充分、适当的审计证据，支持得出的结论和拟出具的审计报告。

2.项目质量控制复核

（1）项目质量控制复核人员。会计师事务所应当制定政策和程序，解决项目质量控制复核人员的委派问题，明确项目质量控制复核人员的资格要求。

（2）项目质量控制复核范围。复核财务报表和拟出具的审计报告，复核选取的与项目组作出的重大判断和得出的结论相关的审计工作底稿。

对于上市实体财务报表审计，项目质量控制复核人员在实施项目质量控制复核时，还应当考虑：

①项目组就具体审计业务对会计师事务所独立性作出的评价；

②项目组是否已就涉及意见分歧的事项，或者其他疑难问题或争议事项进行适当咨询，以及咨询得出的结论；

③选取的用于复核的审计工作底稿，是否反映了项目组针对重大判断执行的工作，以及是否支持得出的结论。

（3）项目质量控制复核时间。

①《中国注册会计师审计准则第1121号——对财务报表审计实施的质量控制》规定，只有完成了项目质量控制复核，才能签署审计报告。

②按照《中国注册会计师审计准则第1501号——对财务报表形成审计意见和出具审计报告》的规定，审计报告的日期不得早于注册会计师获取充分、适当的审计证据，并在此基础上对财务报表形成审计意见的日期。

③项目质量控制复核人员在业务过程中的适当阶段及时实施项目质量控制复核，有助于重大事项在审计报告日之前得到迅速、满意的解决。

④注册会计师要考虑在审计过程与项目质量复核人员积极协调配合，使其能够及时实施质量控制复核，而非在出具审计报告前才实施复核。

项目组内部复核与项目质量控制复核之间的比较，见表4-7。

表4-7 项目组内部复核与项目质量控制复核之间的比较

区别	项目组内部复核	项目质量控制复核
复核的主体不同	项目组内部进行的复核包括项目合伙人实施的复核	事务所挑选不参与该业务的人员，独立地对特定业务实施的复核
复核的对象不同	对每项业务都应当实施	事务所只对特定业务独立实施
复核的要求不同	对每项业务实施复核的内容比较宽泛	事务所对特定业务实施复核的重点，是客观评价：（1）项目组作出的重大判断；（2）在准备报告时形成的结论
独立性和客观性不同	通常低于项目质量控制复核	通常高于项目组内部复核 事务所需要制定政策和程序，以保持项目质量控制复核人员的客观性。这些政策和程序要求项目质量控制复核人员符合下列规定：（1）如果可行，不由项目合伙人挑选；（2）在复核期间不以其他方式参与该业务；（3）不代替项目组进行决策；（4）不存在可能损害复核人员客观性的其他情形

案例分析

在本案例中，审计项目系由杨某杰与卢某等人协商后由b公司承接的；在审计期间，杨某杰指派陈某明、周某等人进行现场审计，与陈某明商议如何落实××公司两项要求等行为，在陈某明拒绝签名后安排高某代替陈某明签名，最终安排王某宇、徐某作为签字注册会计师签名；在案发前，杨某杰又组织陈某明、徐某、高某等人进行复查、调换和串供等。故杨某杰作为中恒通审计项目的负责人，系b公司出具证明文件重大失实行为直接负责的主管人员，应当承担相应的刑事责任。

陈某明作为心智健全的成年人和具备专业知识的注册会计师，应当能够辨别出杨某杰的授意是否合法，故应当对其起草审计报告初稿承担相应的法律责任。至于其他签署、审核人员是否应当承担刑事责任，并不影响对陈某明上述行为的评价。

作为签发人，王某宇应当对中恒通审计报告的真实性、完整性进行复核，更要对其中的重要审计事项的正确性进行复核。然而，王某宇不仅没有发现徐某并非中恒通审计项目现场负责人等重大瑕疵，而且没有对巨额账外收入和股东捐赠等重要审计调整事项进行核实，其过失行为显然已达到严重不负责任之程度，应当作为b公司直接负责的主管人员承担相应的刑事责任。

徐某作为利安达浙江分所的注册会计师，在未实际参与中恒通审计项目现场审计的情况下，应被告人杨某杰要求在中恒通审计报告上署名，系直接责任人员，其行为构成出具证明文件重大失实罪。

其中，被告人杨某杰作为利安达浙江分所副所长和中恒通审计项目的负责人，在b公司出具证明文件重大失实活动中实施了组织、管理等行为，系直接负责的主管人员，其行为构成出具证明文件重大失实罪。

被告人陈某明作为利安达浙江分所注册会计师和中恒通审计项目的现场负责人，在b公司出具证明文件重大失实活动中实施了现场审计和初稿起草等行为，系直接责任人员，其行为构成出具证明文件重大失实罪。

被告人王某宇作为b公司法定代表人授权的签字注册会计师，在未按审计准则对中恒通审计报告进行审核的情况下草率签发审计报告，系直接负责的主管人员，其行为构成出具证明文件重大失实罪。

知识拓展

违约、过失、欺诈

违约，指合同的一方或几方未能达到合同条款的要求。当违约给他人造成损失时，注册会计师应负违约责任。

过失的分类具体见表4-8。

表4-8 过失的分类

过失，指当过失给他人造成损失，注册会计师应当负过失责任	普通过失，是指没有保持应有的职业谨慎；对注册会计师来说是指没有完全遵守专业准则的要求
	重大过失，是指连最起码的职业谨慎都不保持，根本没有遵守专业准则或没有按专业准则的基本要求执行审计

欺诈，是一种以欺骗或坑害他人为目的的故意的错误行为。对注册会计师而言是指明知委托单位的财务报表有重大错报，仍加以虚伪的陈述，出具无保留意见的审计报告。

同步训练

一、单项选择题（每题只有一个正确答案，请将正确答案填在括号内）

1.审计人员对被审计单位的应收账款进行了大量的函证，仅发现一封回函声称与被审计单位记录不同：该企业表示，其仅向被审计单位发出过订货单，但随即就收回了订货要求。对此封回函，注册会计师只看了一半，因为接一个电话而没有看完，接完电话后误以为这是一封已看完的回函，便认可了该笔应收账款的存在认定。但后来查清，该笔金额重大的应收账款是被审计单位虚构的。你认为审计人员的这种做法属于（　　）。

A.重大过失　　B.没有过失　　C.普通过失　　D.欺诈

2.如果被审计单位的财务报表中存在重大错报，则在下列情况下很可能在诉讼中被判为重大过失的是（　　）。

A.注册会计师运用常规审计程序通常能够发现该错报但未发现

B.审计人员确实遵守了审计准则，但提出错误的审计意见

C.注册会计师明知道存在重大错报却出具无保留意见的审计报告

D.注册会计师基本上遵循了审计准则的相关要求

3.下列关于项目质量控制复核的意义的说法不正确的是（　　）。

A.确认审计工作已达到会计师事务所的工作标准

B.消除妨碍注册会计师判断的偏见

C.可以在一定程度内减少错误的发生，减轻项目合伙人的责任

D.项目质量控制复核是实施对审计工作结果的最后质量控制，能避免对重大审计问题的遗留或对具体审计工作理解不透彻等情况，从而形成与审计工作结果一致的审计意见

4.会计师事务所应当要求项目合伙人负责组织对业务执行实施指导、监督与复核。下列说法中不正确的是（　　）。

A.对所有上市公司财务报表审计均应当实施项目质量控制复核

B.会计师事务所的政策和程序应当要求在出具报告后完成项目质量控制复核

C.项目质量控制复核的范围取决于业务的复杂程度和出具不恰当报告的风险

D.确定复核人员的原则是，由项目组内经验较多的人员复核经验较少的人员执行的工作

5.挑选和委派项目合伙人是鉴证业务质量控制的重要方面。会计师事务所的下列与项目合伙人挑选及委派相关的做法中，不适当的是（　　）。

A.对于每项鉴证业务，委派两名项目合伙人

B.将项目合伙人的身份和履历告知客户治理层和管理层的关键人员

C.清楚地界定项目合伙人的职责，并告知其职责

D.项目合伙人具有履行职责的必要素质、专业胜任能力、权限和时间

二、多项选择题（每题有两个或两个以上正确答案，请将正确答案填在括号内）

1.一般而言，如果注册会计师在执业过程中存在下列情况，则有可能导致承担刑事责任的情况有（　　）。

A.承担验资业务时提供虚假材料

B.给委托人、其他利害关系人造成损失

C.因过失提供了有重大遗漏的审计报告

D.在代理记账过程中故意提供虚假证明文件

2.如果注册会计师没有查出被审计单位财务报表中存在的错报，在下列各项条件同时被满足的情况下，注册会计师才可能被判处负重大过失相应的法律责任的有（　　）。

A.错报是重大的

B.注册会计师没有运用适当的实质性程序

C.注册会计师具有不良动机

D.被审计单位的内部控制有效

3.会计师事务所制定质量控制制度的目的有（　　）。

A.树立质量至上的意识

B.行动示范和信息传达

C.会计师事务所及其人员遵守执业准则和适用的法律法规的规定

D.会计师事务所和项目合伙人出具适合具体情况的报告

4.下列有关注册会计师在完成审计工作阶段对审计工作底稿进行独立复核的说法中正确的有（　　）。

A.对所有客户的财务报表进行审计，必须在出具报告前进行项目质量控制复核

B.对签发审计报告前的审计工作底稿进行独立复核，是实施对审计工作结果的最后质量控制

C.独立的项目质量控制复核能避免对具体审计工作理解不透彻，从而形成与审计工作相一致的审计意见

D.独立的项目质量控制复核能避免对重大审计问题的遗留，从而形成与审计工作相一致的审计意见

5.下列有关项目质量控制复核的说法中，正确的有（　　）。

A.对上市实体财务报表的审计，应该实施项目质量控制复核

B.在出具审计报告前完成项目质量控制复核

C.会计师事务所应该挑选不参与该业务的人员实施项目质量控制复核

D.会计师事务所应该挑选参与该业务的人员实施项目质量控制复核

三、判断题

1.实施对审计工作结果的最后质量控制，能避免对重大审计问题的遗留或对具体审计工作理解不透彻等情况，从而形成与审计工作结果相一致的审计意见。（ ）

2.项目质量控制复核可以确保审计意见的恰当性，消除审计风险，得出符合事实的审计结论。（ ）

3.项目质量控制复核严格保持整体审计工作质量的一致性，确认该审计工作已达到会计师事务所的工作标准。（ ）

4.项目质量控制复核可以消除妨碍注册会计师正确判断的偏见，得出符合事实的审计结论。（ ）

5.会计师事务所的项目合伙人对审计工作底稿实施复核的内容包括计划确定的重要审计程序是否实现了审计目标、审计差异处理是否恰当、所有的舞弊是否查出并报告治理层以及财务报表总体上是否合理、可信。（ ）

四、案例题

ABC会计师事务所对D有限责任公司（以下简称D公司）进行了设立验资。D公司成立一个月后，E公司在阅读了验资报告后判断D公司财务状况良好，由此E公司借给D公司人民币500万元（假设还款期限为借款后的半年内归还）。在合同约定还款期限到期时，D公司无法归还E公司上述借款，E公司得知D公司当时设立验资时出资不实，现完全失去偿债能力。E公司以ABC会计师事务所出具的验资报告为不实报告且因注册会计师的过失使E公司遭受了损失为由向人民法院提起诉讼，要求ABC会计师事务所承担民事赔偿责任。

要求：

（1）如果E公司直接对会计师事务所提起诉讼，请问人民法院如何确定诉讼当事人？

（2）ABC会计师事务所在诉讼过程中，为了证明自己没有过错，该向人民法院提交哪些证据？

（3）请简要说明注册会计师侵权责任的法律构成要件。

（4）假设在法院受理案件前出资人已补足出资，ABC会计师事务所是否可以以“出资人在登记后已补足出资”作为免责的抗辩理由？

（5）会计师事务所是否可以“验资报告中已明确了验资报告仅供被审验单位设立登记及据此向出资人签发出资证明时使用”作为免责的抗辩理由？

（6）在本案中，如果E公司胜诉，假设法院认定E公司损失金额为500万元，对被审验单位、出资人的财产依法强制执行赔偿总金额为100万元，设立验资时不实出资金额为300万元，请问，ABC会计师事务所应付赔偿金额为多少？并请说明理由。

任务三　发表审计意见，出具审计报告

案例导入

审计机构对康美药业2018年财报出具了保留意见

广东正中珠江会计师事务所对康美药业2018年财报出具的审计报告节选如下：

康美药业2018年度审计报告

……

二、形成保留意见的基础

1.中国证券监督管理委员立案调查事项

2018年12月28日，康美药业收到中国证券监督管理委员会下达的《调查通知书》（编号：粤证调查通字180199号），因公司涉嫌信息披露违法违规，根据《中华人民共和国证券法》的有关规定，中国证券监督管理委员决定对公司立案调查。由于该立案调查尚未有结论性意见或决定，我们无法确定立案调查结果对康美药业2018年度财务报表整体的影响程度。

2.关联方资金往来

康美药业2018年12月31日其他应收款余额中包括公司自查的向关联方提供资金余额887 904.76万元，坏账准备为0元。我们虽然实施了分析、检查、函证等审计程序，仍未能获取充分、适当的审计证据，导致我们无法确定康美药业在财务报表中对关联方提供资金发生额及余额的准确性，以及对关联方资金往来的可回收性作出合理估计。

3.公司下属子公司部分在建工程项目存在财务资料不完整

康美药业下属子公司部分在建工程项目建设实施过程中，存在部分工程项目财务管理不规范，财务资料不齐全等情况，截至2018年12月31日，通过自查已补计上述工程款金额为360 540.68万元（其中：固定资产118 880.78万元；投资性房地产201 547.48万元；在建工程40 112.42万元）。与工程项目相关的财务资料收集不充分，我们无法实施恰当的审计程序，以获取充分、有效的审计证据证明该等交易的完整性和准确性及对财务报表列报的影响。

资料来源：注册会计师行业法律法规库，2019-04-30.

知识准备

一、审计意见类型的确定

视频：审计意见类型

审计意见涵盖由适用的财务报告编制基础所确定的整套财务报表。财务报表，是指整套通用目的的财务报表，包括相关附注。相关附注通常包括重要

视频：发表审计意见

会计政策和会计估计。适用的财务报告编制基础的规定决定了财务报表的形式和内容，以及整套财务报表的构成。通用目的财务报表，是指按照通用目的编制基础编制的财务报表。通用目的编制基础，是指旨在满足广大财务报表使用者共同财务信息需求的财务报告编制基础。

无保留意见，是指当注册会计师认为财务报表在所有重大方面按照适用的财务报告编制基础的规定编制并实现公允反映时发表的审计意见。

当存在下列情形之一时，注册会计师应当按照《中国注册会计师审计准则第1502号——在审计报告中发表非无保留意见》的规定，在审计报告中发表非无保留意见：

（1）根据获取的审计证据，得出财务报表整体存在重大错报的结论；

（2）无法获取充分、适当的审计证据，不能得出财务报表整体不存在重大错报的结论。

如果财务报表没有实现公允反映，注册会计师应当就该事项与管理层讨论，并根据适用的财务报告编制基础的规定和该事项得到解决的情况，决定是否有必要按照《中国注册会计师审计准则第1502号——在审计报告中发表非无保留意见》的规定在审计报告中发表非无保留意见。

表4-9列示了注册会计师对导致发表非无保留意见的事项的性质和这些事项对财务报表产生或可能产生影响的广泛性作出的判断，以及注册会计师的判断对审计意见类型的影响。

表4-9　注册会计师发表非无保留意见职业判断矩阵

导致发表非无保留意见的事项的性质	这些事项对财务报表产生或可能产生影响的广泛性	
	重大但不具有广泛性	重大且具有广泛性
财务报表存在重大错报（注册会计师与被审计单位存在重大分歧，包括会计政策选用或运用的恰当性、包括会计估计作出的恰当性、财务报表披露的适当性和充分性等）	保留意见	否定意见（财务报表没有在所有重大方面按照适用的财务报告编制基础的规定编制，未能公允反映财务状况、经营成果和现金流量）
无法获取充分、适当的审计证据（包括超出被审计单位控制之外的情形、与注册会计师工作的性质或时间安排相关的情形、管理层施加的限制的情形等）	保留意见	无法表示意见（审计范围受到限制的影响非常重大和广泛，以至于无法对财务报表发表审计意见）

二、审计报告基本知识

（一）审计报告的基本内容、格式

无保留意见审计报告应当包括十大要素：（1）标题；（2）收件人；（3）审计意见；（4）形成审计意见的基础；（5）管理层对财务报表的责任；（6）注册会计师对财务报表审计的责任；（7）按照相关法律法规的要求报告的事项（如适用）；（8）注册会计师的签名和盖章；（9）会计师事务所的名称、地址和盖章；（10）报告日期。

在适用的情况下，注册会计师还应当按照《中国注册会计师审计准则第1324号——持续经营》《中国注册会计师审计准则第1504号——在审计报告中沟通关键审计事项》《中国注册会计师审计准则第1521号——注册会计师对其他信息的责任》的相关规定，在审计报告中对与持续经营相关的重大不确定性、关键审计事项、被审计单位年度报告中包含的除财务报表和审计报告之外的其他信息进行报告。其基本内容、格式见表4-10。

表4-10　审计报告基本内容、格式

要素	含义	具体要求
（1）标题	注册会计师工作成果和最终产品	审计报告应当具有标题，统一规范为“审计报告”
（2）收件人	致送审计报告的对象，一般是指审计业务的委托人	（1）审计报告应载明收件人的全称； （2）注册会计师应当与委托人在业务约定书中约定致送审计报告的对象，以防止在此问题上发生分歧或审计报告被委托人滥用； （3）对整套通用目的财务报表出具的审计报告，审计报告的致送对象通常为被审计单位的全体股东或治理层
（3）审计意见	第一部分指出已审计财务报表	（1）指出被审计单位的名称； （2）说明财务报表已经审计； （3）指出构成整套财务报表的每一财务报表的名称； （4）提及财务报表附注（包括重要会计政策概要和其他解释性信息）； （5）指明构成整套财务报表的每一财务报表的日期或涵盖的期间
	第二部分应当说明注册会计师发表的审计意见	如果对财务报表发表无保留意见，除非法律法规另有规定，审计意见应当使用：“我们认为，财务报表在所有重大方面按照［适用的财务报告编制基础（如小企业会计准则等）］编制，公允反映了［……］”的措辞。审计意见说明财务报表在所有重大方面按照适用的财务报告编制基础编制，公允反映了财务报表旨在反映的事项。例如，对于按照企业会计准则编制的财务报表，这些事项是“被审计单位期末的财务状况、截至期末某一期间的经营成果和现金流量”
（4）形成审计意见的基础	该部分提供关于审计意见的重要背景	应当紧接在审计意见部分之后，包括下列方面： （1）说明注册会计师按照审计准则的规定执行了审计工作。 （2）提及审计报告中用于描述审计准则规定的注册会计师责任的部分。 （3）声明注册会计师按照与审计相关的职业道德要求对被审计单位保持了独立性，并履行了职业道德方面的其他责任。声明中应当指明适用的职业道德要求，如中国注册会计师职业道德守则。 （4）说明注册会计师是否相信获取的审计证据是充分、适当的，为发表审计意见提供了基础

续表

要素	含义	具体要求
(5) 管理层对财务报表的责任	用于描述管理层对财务报表的责任的段落	(1) 按照适用的财务报告编制基础编制财务报表，使其实现公允反映，并设计、执行和维护必要的内部控制，以使财务报表不存在由于舞弊或错误导致的重大错报。 (2) 评估被审计单位的持续经营能力和使用持续经营假设是否适当，并披露与持续经营相关的事项（如适用）。对管理层评估责任的说明应当包括描述在何种情况下使用持续经营假设是适当的
(6) 注册会计师对财务报表审计的责任	用于描述注册会计师对财务报表审计的责任的段落	(1) 说明注册会计师的目标是对财务报表整体是否不存在由于舞弊或错误导致的重大错报获取合理保证，并出具包含审计意见的审计报告。 (2) 说明合理保证是高水平的保证，但按照审计准则执行的审计并不能保证一定会发现存在的重大错报。 (3) 说明错报可能由于舞弊或错误导致。在说明错报可能由于舞弊或错误导致时，注册会计师应当从下列两种做法中选取一种： ①描述如果合理预期错报单独或汇总起来可能影响财务报表使用者依据财务报表作出的经济决策，则通常认为错报是重大的； ②根据适用的财务报告编制基础，提供关于重要性的定义或描述。 (4) 说明在按照审计准则执行审计工作的过程中，注册会计师运用职业判断，并保持职业怀疑。 (5) 通过说明注册会计师的责任，对审计工作进行描述。这些责任包括： ①识别和评估由于舞弊或错误导致的财务报表重大错报风险，设计和实施审计程序以应对这些风险，并获取充分、适当的审计证据，作为发表审计意见的基础。由于舞弊可能涉及串通、伪造、故意遗漏、虚假陈述或凌驾于内部控制之上，未能发现由于舞弊导致的重大错报的风险高于未能发现由于错误导致的重大错报的风险。 ②了解与审计相关的内部控制，以设计恰当的审计程序，但目的并非对内部控制的有效性发表意见。当注册会计师有责任在财务报表审计的同时对内部控制的有效性发表意见时，应当略去上述“目的并非对内部控制的有效性发表意见”的表述。 ③评价管理层选用会计政策的恰当性和作出会计估计及相关披露的合理性。 ④对管理层使用持续经营假设的恰当性得出结论。同时，根据获取的审计证据，就可能导致对被审计单位持续经营能力产生重大疑虑的事项或情况是否存在重大不确定性得出结论。如果注册会计师得出结论认为存在重大不确定性，审计准则

续表

要素	含义	具体要求
（6）注册会计师对财务报表审计的责任	用于描述注册会计师对财务报表审计的责任的段落	要求注册会计师在审计报告中提请报表使用者关注财务报表中的相关披露；如果披露不充分，注册会计师应当发表非无保留意见。注册会计师的结论基于截至审计报告日可获得的信息。然而，未来的事项或情况可能导致被审计单位不能持续经营。 ⑤评价财务报表的总体列报（包括披露）、结构和内容，并评价财务报表是否公允反映相关交易和事项。 （6）说明注册会计师与治理层就计划的审计范围、时间安排和重大审计发现等事项进行沟通，包括沟通注册会计师在审计中识别的值得关注的内部控制缺陷。 （7）对于上市实体财务报表审计，指出注册会计师就已遵守与独立性相关的职业道德要求向治理层提供声明，并与治理层沟通可能被合理认为影响注册会计师独立性的所有关系和其他事项，以及相关的防范措施（如适用）。 （8）对于上市实体财务报表审计，以及决定按照《中国注册会计师审计准则第1504号——在审计报告中沟通关键审计事项》的规定沟通关键审计事项的其他情况，说明注册会计师从已与治理层沟通的事项中确定哪些事项对本期财务报表审计最为重要，因而构成关键审计事项。注册会计师应当在审计报告中描述这些事项，除非法律法规禁止公开披露这些事项，或在极少数情形下，注册会计师合理预期在审计报告中沟通某事项造成的负面后果超过在公众利益方面产生的益处，因而决定不应在审计报告中沟通该事项
（7）按照相关法律法规的要求报告的事项（如适用）	相关法律法规可能对注册会计师设定了其他报告责任	除审计准则规定的注册会计师对财务报表出具审计报告的责任外，相关法律法规可能对注册会计师设定了其他报告责任。例如，如果注册会计师在财务报表审计中注意到某些事项，可能被要求对这些事项予以报告。此外，注册会计师可能被要求实施额外的规定的程序并予以报告，或对特定事项（如会计账簿和记录的适当性）发表意见。 这些责任是注册会计师按照审计准则对财务报表出具审计报告的责任的补充。如果注册会计师在对财务报表出具的审计报告中履行其他报告责任，应当在审计报告中将其单独作为一部分，并以“按照相关法律法的要求报告的事项”为标题。此时，审计报告应当区分为“对财务报表出具的审计报告”和“按照相关法律法规的要求报告的事项”两部分，以便将其同注册会计师的财务报表审计报告责任明确区分。在另外一些情况下，相关法律法规可能要求或允许注册会计师在单独出具的报告中进行报告

续表

要素	含义	具体要求
（8）注册会计师的签名和盖章	由项目合伙人和另一名负责该项目的注册会计师签名并盖章	在审计报告中指明项目合伙人有助于进一步增强对审计报告使用者的透明度，有利于增强项目合伙人的个人责任感。因此，对上市实体整套通用目的财务报表出具的审计报告应当注明项目合伙人
（9）会计师事务所的名称、地址和盖章	载明会计师事务所的名称和地址，并加盖会计师事务所公章	根据《中华人民共和国注册会计师法》的规定，注册会计师承办业务，由其所在的会计师事务所统一受理并与委托人签订委托合同。因此，审计报告除了应由注册会计师签名和盖章外，还应载明会计师事务所的名称和地址，并加盖会计师事务所公章。注册会计师在审计报告中载明会计师事务所地址时，标明会计师事务所所在的城市即可。在实务中，审计报告通常载于会计师事务所统一印刷的、标有该所详细通信地址的信笺上，因此，无须在审计报告中注明详细地址
（10）报告日期	注明报告日期	审计报告日期不应早于管理层签署财务报表的日期，也不应早于管理层签署书面声明的日期。 签署审计报告的日期通常与管理层签署财务报表的日期为同一天，或晚于管理层签署已审财务报表的日期。 注册会计师在确定审计报告日期时，应当确信已获取下列审计证据： （1）构成整套财务报表的所有报表（包括相关附注）已编制完成； （2）被审计单位的董事会、管理层或类似机构已经认可其对财务报表负责

（二）审计报告类型

注册会计师的目标是在评价根据审计证据得出的结论的基础上，对财务报表形成审计意见，并通过书面报告的形式清楚地表达审计意见。审计报告的类型就是审计意见的类型，如图4-2所示。

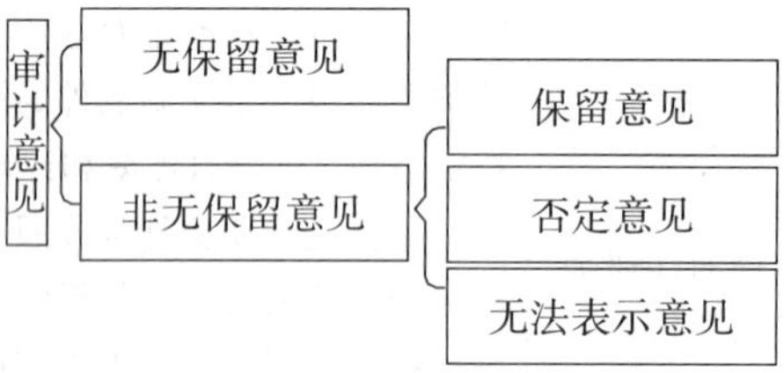

图4-2 审计报告的类型

（三）审计报告的作用

注册会计师出具的审计报告，主要有鉴证、保护和证明等三个方面的作用。根据2017年财政部关于印发《中国注册会计师审计准则第1504号——在审计报告中沟通关键审计事项》等12项准则的通知，主要对当时施行的《中国注册会计师审计准则第1501号——审计报告》按照新体例进行改写，并作出了重大修订。与2010年版准则相比，在具体规定方面有以下5个方面的新作用：

（1）在提高审计报告的信息含量的基础上，优化了报告要素的排列顺序，将与报告相关的决策信息前置。为了突出注册会计师发表的审计意见，将审计意见作为审计报告独立的第一部分，并以“审计意见”为标题，同时为帮助财务报表使用者了解关于审计意见的重要背景信息，在无保留意见的审计报告中增加了“形成审计意见的基础”这一部分。

（2）改进了关于管理层对财务报表责任的表述（特别是有关持续经营的责任）。增加了有关管理层评估被审计单位持续经营能力和使用持续经营假设是否适当的责任；另外也增加了对关键审计事项、其他信息的报告，提高了审计报告的沟通价值。

（3）增强了审计工作的透明度，强化了注册会计师与审计相关的责任。改进关于注册会计师对财务报表审计责任和审计工作的描述，通过对注册会计师审计责任和审计工作的描述，增加了注册会计师关于持续经营、发现舞弊、与治理层沟通、沟通关键审计事项、运用职业判断、保持职业怀疑等相关责任，并增加对“合理保证”、“重要性”和“对遵循的职业道德要求的解释”等审计核心概念的阐述。

（4）进一步明确审计报告的签署，增加了对签字注册会计师的要求。增加关于披露项目合伙人姓名的要求，进一步增强对审计报告使用者的透明度。要求审计报告应当由项目合伙人和另一名负责该项目的注册会计师签名和盖章（原准则仅要求由注册会计师签名和盖章）。注册会计师应当在对上市实体整套通用目的财务报表出具的审计报告中注明项目合伙人。

（5）不再区分“标准审计报告”和“非标准审计报告”，增强了审计报告相关性和决策有用性。执行新准则后，行文时只能采用的措辞包括：无保留意见的审计报告、带强调事项段（或其他事项段）的无保留意见的审计报告、非无保留意见的审计报告等。

三、审计报告的编写要求和编写程序

（一）审计报告的编写要求

注册会计师审计的目的就是对被审计单位财务报表的合法性、公允性及会计处理方法的一致性发表审计意见，为社会提供经济鉴证服务。注册会计师编制和签发审计报告应围绕这一目的，做到要素完备、内容合法、证据充分、意见准确。

1.要素完备

审计报告的每一个要素都有其特定的含义和独到的作用，如果缺少其中之一，审计报告也就失去了它的意义，同时也将影响审计报告所提供的信息质量。

视频：审计报告格式要素和案例

2.内容合法

内容合法是指注册会计师编制和出具审计报告必须符合《中华人民共和国注册会计师法》和《中国注册会计师审计准则》的规定。

3.证据充分

证据充分是指注册会计师所取得的审计证据足以支持审计意见。取得充分的审计证据是减少审计风险的前提，否则的话，审计报告及其所反映的意见犹如空中楼阁。

视频：审计报告内容

4.意见明确

意见明确是指注册会计师在审计报告中应真实地反映审计的情况，通过审计报告将审计意见确切地传达给报告使用者。

（二）审计报告的编写程序

审计报告是注册会计师根据独立审计准则的要求，在实施了必要的审计程序后出具的，用于对被审计单位年度财务报表发表审计意见的书面文件。审计报告的具体编写程序如下：

第一步，错报的沟通与更正。及时与治理层、管理层沟通错报事项是重要的，因为这能使管理层评价这些事项是否为错报，并采取必要行动，如有异议则告知注册会计师。

第二步，判断和运用重要性水平。该步骤主要是将被审计单位未调整不符事项汇总表与财务报表整体层次或账户余额认定层次的重要性水平进行比较，据以确定未调整不符事项对财务报表的影响程度。

第三步，解决重要差异。注册会计师确定审计差异之后，一般应与被审计单位沟通，建议其作出相应的调整，如果被审计单位拒绝调整那些重大差异，注册会计师必须考虑改变审计意见和在审计报告中如何反映的问题。

第四步，整理和分析审计工作底稿。

第五步，进行审计小结。注册会计师应就有关审计事项进行小结，编制审计工作完成情况表，并明确地评价和说明审计计划的执行情况以及审计目标是否实现，写入审计小结中。通常，审计小结文书应包括审计概况、审计中发现的主要问题和情况、意见和建议、审计结论等内容。审计小结是一份重要的审计工作底稿，它是对审计工作中各种信息的综合提炼。注册会计师应对审计小结进行认真审核，并妥善保管。

第六步，提请被审计单位调整财务报表，审核财务报表及其附注。其中，财务报表附注包括公司简介、会计政策、报表项目注释、分析情况以及重要事项揭示五个部分的内容。如果注册会计师代为编制财务报表及附注，不能将附注事项与应在审计报告揭示的事项混为一谈，即不能因为注册会计师代替被审计单位编制报表附注，而不在审计报告中揭示那些应予揭示的事项。

第七步，确定审计意见类型。注册会计师根据对所取得各种审计证据的分析和评价结果，结合重要性水平，确定应在审计报告中发表何种审计意见。

第八步，在审计报告中沟通关键审计事项。在与客户沟通以后，获取管理层声明，确定应出具的审计报告的意见类型和措辞，《中国注册会计师审计准则第1504号——在审计报告中沟通关键审计事项》要求，注册会计师应在上市实体整套通用目的财务报表审计报告中增加关键审计事项部分，用于沟通关键审计事项。

第九步，复核审计工作底稿。这里主要指进行重点复核和全面复核，如果复核中发现存在遗漏问题，应返回到审计实施阶段补充审计，如果复核中发现问题处理不当，应返回至编制审计差异表这一步骤，对不正确的处理意见作出适当的修订。

第十步，出具审计报告。经复核确认后，注册会计师应将审计报告草拟稿（或征求意见稿）送至被审计单位管理层，经确认后，再正式签发并出具审计报告。

四、不同类型审计报告的编写

（一）无保留意见审计报告的编写

无保留意见审计报告的编写示例见表4-11。

表4-11　无保留意见审计报告示例

审计报告

安永华明（2017）审字第60592504_H01号

比亚迪股份有限公司全体股东：

一、审计意见

我们审计了比亚迪股份有限公司的财务报表，包括2016年12月31日的合并及公司的资产负债表，2016年度的合并及公司的利润表、股东权益变动表和现金流量表以及相关财务报表附注。我们认为，后附的比亚迪股份有限公司财务报表在所有重大方面按照企业会计准则的规定编制，公允反映了比亚迪股份有限公司2016年12月31日的合并及公司的财务状况以及2016年度的合并及公司的经营成果和现金流量。

二、形成审计意见的基础

……

三、关键审计事项

关键审计事项是我们根据职业判断，认为对本期财务报表审计最为重要的事项。这些事项的应对以对财务报表整体进行审计并形成审计意见为背景，我们不对这些事项单独发表意见。我们对下述每一事项在审计中是如何应对的描述也以此为背景。我们已经履行了本报告“注册会计师对财务报表审计的责任”部分阐述的责任，包括与这些关键审计事项相关的责任。相应地，我们的审计工作包括执行为应对评估的财务报表重大错报风险而设计的审计程序。我们执行审计程序的结果，包括应对下述关键审计事项所执行的程序，为财务报表整体发表审计意见提供了基础。

关键审计事项	该事项在审计中是如何应对
新能源汽车开发支出以及无形资产的摊销和减值	
工业产权、专有技术及开发支出占比亚迪股份有限公司合并及公司总资产比例重大。比亚迪股份有限公司新能源汽车开发支出形成的无形资产按生产总量法摊销，该摊销涉及比亚迪股份有限公司对预计总产量的估计。该估计存在不确定性，当预计总产量与实际结果存在重大差异时，须对新能源汽车无形资产的单位摊销额作出调整。同时，对尚未达到使用状态的已资本化新能源车相关的开发支出，比亚迪股份有限公司每年进行减值测试。对其他无形资产，当存在减值迹象时，比亚迪股份有限公司进行减值测试并对其可回收金额作出估计。可回收金额的估计依赖于管理层的判断和假设，其中包括未来销售收入、毛利率、运营成本、可持续增长率以及折现率。新能源汽车开发支出以及无形资产的摊销和减值的评估过程比较复杂并且需要重大的估计，包括对未来市场的预期以及对宏观经济状况的判断，因此我们认为该事项为关键审计事项。该会计政策、重大会计判断和估计以及相关财务报表披露参见附注三、16、27，以及附注五、14	我们对新能源汽车开发支出以及无形资产的摊销和减值执行了以下工作：了解集团摊销模型中使用的假设和方法。测试用于计算摊销所使用的资产预计使用年限及每年预计产量的合理性并对其进行相关敏感性分析。检查预计产量与实际产量的差异及向管理层了解其差异的合理性。了解减值测试的评估过程，并测试与计提减值相关的内部控制设计和运行的有效性。评估无形资产减值模型中管理层提供的假设的合理性。通过引入内部评估专家，评估模型中使用的假设以及参数的合理性，其中包括折现率、可持续增长率等。通过查看以前年度管理层预测的准确性判断未来的经济形势，及与外部市场表现的吻合度来支持模型中使用的假设前提的合理性。复核财务报表附注中相关披露的充分性和完整性

续表

应收账款的坏账准备	
比亚迪股份有限公司应收账款金额重大，部分新能源汽车的应收账款账龄比较长或者有较长的付款信用期。应收账款的可回收性取决于管理层基于应收账款的账龄、是否存在回款纠纷、以往付款历史或者其他影响对方信用的信息的获取以及判断。该会计政策、重大会计判断和估计以及相关财务报表披露参见附注三、10、27，以及附注五、3	我们在审计过程中对应收账款的坏账准备执行了以下工作：对应收账款减值测试的内部控制的设计和运行有效性进行测试。对应收账款进行函证，确认是否双方就应收账款的金额等已达成一致意见。复核用于确认坏账准备的信息，包括检查账龄计算的正确性、考虑行业指数、客户财务能力、以往付款历史、期后收款、回顾性复核坏账准备下的实际坏账。对于在应收账款中记录的应收新能源汽车的补贴，我们根据政府公布的补贴政策核对集团应收补贴款计算的正确性；取得长账龄应收补贴款清单并评估其可回收性；取得管理层对政府支付补贴款回收进度的评估

四、其他信息

比亚迪股份有限公司管理层（以下简称管理层）对其他信息负责。其他信息包括年度报告中涵盖的信息，但不包括财务报表和我们的审计报告。我们对财务报表发表的审计意见不涵盖其他信息，我们也不对其他信息发表任何形式的鉴证结论。结合我们对财务报表的审计，我们的责任是阅读其他信息，在此过程中，考虑其他信息是否与财务报表或我们在审计过程中了解到的情况存在重大不一致或者似乎存在重大错报。基于我们已执行的工作，如果我们确定其他信息存在重大错报，我们应当报告该事实。在这方面，我们无任何事项需要报告。

五、管理层和治理层对财务报表的责任

管理层负责按照企业会计准则的规定编制财务报表，使其实现公允反映，并设计、执行和维护必要的内部控制，以使财务报表不存在由于舞弊或错误导致的重大错报。

在编制财务报表时，管理层负责评估比亚迪股份有限公司的持续经营能力，披露与持续经营相关的事项（如适用），并运用持续经营假设，除非计划清算、终止运营或别无其他现实的选择。

治理层负责监督比亚迪股份有限公司的财务报告过程。

六、注册会计师对财务报表审计的责任

我们的目标是对财务报表整体是否不存在由于舞弊或错误导致的重大错报获取合理保证，并出具包含审计意见的审计报告。合理保证是高水平的保证，但并不能保证按照审计准则执行的审计在某一重大错报存在时总能发现。错报可能由舞弊或错误所导致，如果合理预期错报单独或汇总起来可能影响财务报表使用者依据财务报表作出的经济决策，则通常认为错报是重大的。

在按照审计准则执行审计工作的过程中，我们运用了职业判断，保持了职业怀疑。我们同时：

（1）识别和评估由于舞弊或错误导致的财务报表重大错报风险，设计和实施审计程序以应对这些风险，并获取充分、适当的审计证据，作为发表审计意见的基础。由于舞弊可能涉及串通、伪造、故意遗漏、虚假陈述或凌驾于内部控制之上，未能发现由于舞弊导致的重大错报的风险高于未能发现由于错误导致的重大错报的风险。

（2）了解与审计相关的内部控制，以设计恰当的审计程序。

（3）评价管理层选用会计政策的恰当性和作出会计估计及相关披露的合理性。

（4）对管理层使用持续经营假设的恰当性得出结论。同时，根据获取的审计证据，就可能导致对比亚迪股份有限公司持续经营能力产生重大疑虑的事项或情况是否存在重大不确定性得出结论。如果我们得出结论认为存在重大不确定性，审计准则要求我们在审计报告中提请报表使用者注意财务报表中的相关披露；如果披露不充分，我们应当发表非无保留意见。我们的结论基于截至审计报告日可获得的信息。然而，未来的事项或情况可能导致比亚迪股份有限公司不能持续经营。

（5）评价财务报表的总体列报（包括披露）、结构和内容，并评价财务报表是否公允反映相关交易和事项。

续表

（6）就比亚迪股份有限公司中实体或业务活动的财务信息获取充分、适当的审计证据，以对财务报表发表审计意见。我们负责指导、监督和执行集团审计，并对审计意见承担全部责任。 我们与治理层就计划的审计范围、时间安排和重大审计发现等事项进行沟通，包括沟通我们在审计中识别出的值得关注的内部控制缺陷。我们还就已遵守与独立性相关的职业道德要求向治理层提供声明，并与治理层沟通可能被合理认为影响我们独立性的所有关系和其他事项，以及相关的防范措施（如适用）。从与治理层沟通过的事项中，我们确定哪些事项对本期财务报表审计最为重要，因而构成关键审计事项。我们在审计报告中描述这些事项，除非法律法规禁止公开披露这些事项，或在极少数情形下，如果合理预期在审计报告中沟通某事项造成的负面后果超过在公众利益方面产生的益处，我们确定不应在审计报告中沟通该事项。 安永华明会计师事务所（特殊普通合伙）　　　　中国注册会计师（项目合伙人）：黎宇行 中国注册会计师：邓帮凯 中国·北京　　　　二〇一七年三月二十八日

资料来源：安永华明会计师事务所.比亚迪：2016年年度审计报告［EB/OL］.［2017-03-29］. http://stock.jrj.com.cn/share，disc，2017-03-29，002594，0000000000000hpzxa.shtml.

（二）非无保留意见审计报告的编写

1.导致非无保留意见的事项段

（1）审计报告格式和内容的一致性。如果对财务报表发表非无保留意见，除在审计报告中包含《中国注册会计师审计准则第1501号——对财务报表形成审计意见和出具审计报告》规定的审计报告要素外，注册会计师还应当直接在审计意见段之后增加一个部分，并使用恰当的标题，如“形成保留意见的基础”、“形成否定意见的基础”或“形成无法表示意见的基础”，说明导致发表非无保留意见的事项。审计报告格式和内容的一致性有助于提高使用者的理解和识别存在的异常情况。因此，尽管不可能统一非无保留意见的措辞和对导致非无保留意见的事项的说明。但仍有必要保持审计报告格式和内容的一致性。

（2）量化财务影响。如果财务报表中存在与具体金额（包括定量披露）相关的重大错报，注册会计师应当在导致非无保留意见的事项段中说明并量化该错报的财务影响。举例来说，如果存货被高估，注册会计师就可以在审计报告的导致非无保留意见的事项段中说明该重大错报的财务影响，即量化其对所得税、税前利润、净利润和所有者权益的影响。如果无法量化财务影响，注册会计师应当在形成非无保留意见的基础部分说明这一情况。

（3）存在与叙述性披露相关的重大错报。如果财务报表中存在与叙述性披露相关的重大错报，注册会计师应当在形成非无保留意见的基础部分解释该错报错在何处。

（4）存在与应披露而未披露信息相关的重大错报。如果财务报表中存在与应披露而未披露信息相关的重大错报，注册会计师应当：①与治理层讨论未披露信息的情况；②在形成非无保留意见的基础部分描述未披露信息的性质；③如果可行并且已针对未披露信息获取了充分、适当的审计证据，在形成非无保留意见的基础部分包含对未披露信息的披露，除非法律法规禁止。如果存在下列情形之一，则在形成非无保留意见的基础部分披露遗漏的信息是不可行的：①管理层还没有作出这些披露，或管理层已作出但注册会计师不易获取这些披露；②根据注册会计师的判断，在审计报告中披露该事项过于庞杂。

（5）无法获取充分、适当的审计证据。如果因无法获取充分、适当的审计证据而导致发表非无保留意见，注册会计师应当在形成非无保留意见的基础部分说明无法获取审计证据的原因。

（6）披露其他事项。即使发表了否定意见或无法表示意见，注册会计师也应当在形成非无保留意见的基础部分说明注意到的、将导致发表非无保留意见的所有其他事项及其影响。这是因为，对注册会计师注意到的其他事项的披露可能与财务报表使用者的信息需求相关。

2.审计意见段

（1）标题。在发表非无保留意见时，注册会计师应当对审计意见段使用恰当的标题，如“保留意见”、“否定意见”或“无法表示意见”。审计意见段的标题能够使财务报表使用者清楚注册会计师发表了非无保留意见，并能够表明非无保留意见的类型。

（2）发表保留意见。

①当由于财务报表存在重大错报而发表保留意见时，注册会计师应当根据适用的财务报告编制基础在审计意见段中说明：注册会计师认为，除了形成保留意见的基础部分所述事项产生的影响外，财务报表在所有重大方面按照适用的财务报告编制基础编制，并实现公允反映。

②当无法获取充分、适当的审计证据而导致发表保留意见时，注册会计师应当在审计意见段中使用“除……可能产生的影响外”等措辞。

③当注册会计师发表保留意见时，在审计意见段中使用“由于上述解释”或“受……影响”等措辞是不恰当的，因为这些措辞不够清晰或没有足够的说服力。

（3）发表否定意见。当发表否定意见时，注册会计师应当根据适用的财务报告编制基础在审计意见段中说明：注册会计师认为，由于形成否定意见的基础部分所述事项的重要性.财务报表没有在所有重大方面按照适用的财务报告编制基础编制，未能实现公允反映。

（4）发表无法表示意见。当由于无法获取充分、适当的审计证据而发表无法表示意见时，注册会计师应当在审计意见段中说明：由于形成无法表示意见的基础部分所述事项的重要性，注册会计师无法获取充分、适当的审计证据以为发表审计意见提供基础，因此，注册会计师不对这些财务报表发表审计意见。

3.非无保留意见对审计报告要素内容的修改

（1）当发表保留意见或否定意见时，注册会计师应当修改形成审计意见的基础部分的描述，以说明：注册会计师相信，注册会计师已获取的审计证据是充分、适当的，为发表非无保留意见提供了基础。

（2）当由于无法获取充分、适当的审计证据而发表无法表示意见时，注册会计师应当修改审计报告的意见段，说明：注册会计师接受委托审计财务报表；注册会计师不对后附的财务报表发表审计意见；由于形成无法表示意见的基础部分所述事项的重要性，注册会计师无法获取充分、适当的审计证据以作为对财务报表发表审计意见的基础。

（3）当注册会计师对财务报表发表无法表示意见时，注册会计师应当修改无保留意见审计报告中形成审计意见的基础部分，不应提及审计报告中用于描述注册会计师责任的部分，也不应说明注册会计师是否已获取充分、适当的审计证据以作为形成审计意见的基础。

（4）当注册会计师对财务报表发表无法表示意见时，注册会计师应当修改无保留意见审计报告中注册会计师对财务报表审计的责任部分，使之仅包含下列内容：①注册会计师的责任是按照中国注册会计师审计准则的规定，对被审计单位财务报表执行审计工作，以出具审计报告；②但由于形成无法表示意见的基础部分所述的事项，注册会计师无法获取充分、适当的审计证据以作为发表审计意见的基础；③声明注册会计师在独立性和职业道德方面的其他责任。

4.非无保留意见的审计报告编写

（1）保留意见审计报告的编写。保留意见是注册会计师对财务报表的反映有所保留的审计意见。即注册会计师对被审计单位财务报表的总体反映表示同意或认可，而对其中存在的影响报表表达的个别重要项目等持有异议而予以保留。如果认为财务报表整体是公允的，但还存在下列情形之一，注册会计师应当出具保留意见的审计报告：

①会计政策的选用、会计估计的作出或财务报表的披露不符合适用的会计准则和相关会计制度的规定，虽影响重大，但不至于出具否定意见的审计报告；

②因审计范围受到限制，不能获取充分、适当的审计证据，虽影响重大，但不至于出具无法表示意见的审计报告。

在审计意见段中使用“除……的影响外”等术语。如果因审计范围受到限制，注册会计师还应当在注册会计师的责任段中提及这一情况。保留意见审计报告示例见表4-12。

表4-12　　保留意见审计报告示例

保留意见审计报告示例	说明
审计报告 ABC股份有限公司全体股东： 一、对财务报表出具的审计报告 （一）保留意见 我们审计了ABC股份有限公司（以下简称“ABC公司”）财务报表，包括20×1年12月31日的资产负债表，20×1年度的利润表、现金流量表、股东权益变动表以及相关财务报表附注。 我们认为，除“形成保留意见的基础”部分所述事项产生的影响外，后附的财务报表在所有重大方面按照企业会计准则的规定编制，公允反映了ABC公司20×1年12月31日的财务状况以及20×1年度的经营成果和现金流量。 （二）形成保留意见的基础 ABC公司20×1年12月31日资产负债表中存货的列示金额为×元。管理层根据成本对存货进行计量，而没有根据成本与可变现净值孰低的原则进行计量，这不符合企业会计准则的规定。ABC公司的会计记录显示，如果管理层以成本与可变现净值孰低来计量存货，存货列示金额将减少×元。相应地，资产减值损失将增加×元，所得税、净利润和股东权益将分别减少×元、×元和×元。 我们按照中国注册会计师审计准则的规定执行了审计工作。审计报告的“注册会计师对财务报表审计的责任”部分进一步阐述了我们在这些准则下的责任。按照中国注册会计师职业道德守则，我们独立于ABC公司，并履行了职业道德方面的其他责任。我们相信，我们获取的审计证据是充分、适当的，为发表保留意见提供了基础	（1）审计意见段的标题表明非无保留意见的类型。 （2）注册会计师应当根据适用的财务报告编制基础，在审计意见段中说明发表的保留意见。 （3）注册会计师应当增加一个部分，如“形成保留意见的基础”，说明导致发表保留意见的事项。 （4）如果财务报表中存在与具体金额（包括定量披露）相关的重大错报，注册会计师应当在导致非无保留意见的事项段中说明并量化该错报的财务影响。 （5）当发表保留意见时，注册会计师应当修改形成无保留意见的基础部分的描述

（2）否定意见审计报告的编写。否定意见是指与无保留意见相反，提出否定财务报表公允地反映被审计单位财务状况、经营成果和现金流量情况的审计意见。只有当注册会计师认为财务报表没有按照适用的会计准则和相关会计制度的规定编制，未能在所有重大方面公允反映被审计单位的财务状况、经营成果和现金流量，注册会计师才出具否定意见的审计报告。当出具否定意见的审计报告时，注册会计师应当使用“由于下述问题造成的重大影响”“由于受到下段所述事项的重大影响” “由于形成否定意见的基础部分所述事项的重要性”等术语。否定意见审计报告示例见表4-13。

表4-13 否定意见审计报告示例

否定意见审计报告示例	说明
审计报告 ABC股份有限公司全体股东： 一、对财务报表出具的审计报告 （一）否定意见 我们审计了ABC股份有限公司（以下简称“ABC公司”）财务报表，包括20×1年12月31日的资产负债表，20×1年度的利润表、现金流量表、股东权益变动表以及相关财务报表附注。 我们认为，由于“形成否定意见的基础”部分所述事项的重要性，后附的财务报表没有在所有重大方面按照企业会计准则的规定编制，未能公允反映ABC公司20×1年12月31日的财务状况以及20×1年度的经营成果和现金流量。 （二）形成否定意见的基础 如财务报表附注×所述，20×1年ABC公司通过非同一控制下的企业合并获得对XYZ公司的控制权，因未能取得购买日XYZ公司某些重要资产和负债的公允价值，故未将XYZ公司纳入合并财务报表的范围，而是按成本法核算对XYZ公司的股权投资。ABC公司的这项会计处理不符合企业会计准则的规定。如果将XYZ公司纳入合并财务报表的范围，ABC公司合并财务报表的多个报表项目将受到重大影响。但我们无法确定未将XYZ公司纳入合并范围对财务报表产生的影响。 我们按照中国注册会计师审计准则的规定执行了审计工作。审计报告的“注册会计师对财务报表审计的责任”部分进一步阐述了我们在这些准则下的责任。按照中国注册会计师职业道德守则，我们独立于ABC公司，并履行了职业道德方面的其他责任。我们相信，我们获取的审计证据是充分、适当的，为发表否定意见提供了基础	（1）审计意见段的标题表明非无保留意见的类型。 （2）注册会计师应当根据适用的财务报告编制基础，在审计意见段中说明发表的否定意见。 （3）注册会计师应当增加一个部分，如“形成否定意见的基础”，说明导致发表否定意见的事项。 （4）如果无法量化财务影响，注册会计师应当在形成非无保留意见的基础部分说明这一情况。 （5）当发表否定意见时，注册会计师应当修改形成审计意见的基础部分的描述

（3）无法表示意见审计报告的编写。无法表示意见是指注册会计师说明其对被审计单位的财务报表不能发表意见，即注册会计师对被审计单位的财务报表不发表包括肯定、否定和保留的审计意见。如果审计范围受到限制可能产生的影响非常重大和广泛，不能获取充分、适当的审计证据，以至于无法对财务报表发表审计意见，注册会计师应出具无法表示意见的审计报告。当出具无法表示意见的审计报告时，注册会计师应当删除注册会计师的责任段，并在审计意见段中使用“由于审计范围受到限制可能产生的影响非常重大和广泛”“我们无法对上述财务报表发表意见”等术语。无法表示意见审计报告示例见表4-14。

表4-14　　无法表示意见审计报告示例

无法表示意见审计报告示例	说明
审计报告 ABC股份有限公司全体股东： 一、对财务报表出具的审计报告 （一）无法表示意见 我们接受委托，审计ABC股份有限公司（以下简称“ABC公司”）财务报表，包括20×1年12月31日的资产负债表，20×1年度的利润表、现金流量表、股东权益变动表以及相关财务报表附注。 我们不对后附的ABC公司财务报表发表审计意见。由于“形成无法表示意见的基础”部分所述事项的重要性，我们无法获取充分、适当的审计证据以作为对财务报表发表审计意见的基础。 （二）形成无法表示意见的基础 我们于20×2年1月接受ABC公司的审计委托，因而未能对ABC公司20×1年年初金额为×元的存货和年末金额为×元的存货实施监盘程序。此外，我们也无法实施替代审计程序获取充分、适当的审计证据。并且，ABC公司于20×1年9月采用新的应收账款电算化系统，由于存在系统缺陷导致应收账款出现大量错误。截至报告日，管理层仍在纠正系统缺陷并更正错误，我们也无法实施替代审计程序，以对截至20×1年12月31日的应收账款总额×元获取充分、适当的审计证据。因此，我们无法确定是否有必要对存货、应收账款以及财务报表其他项目作出调整，也无法确定应调整的金额。 （三）管理层和治理层对财务报表的责任（略） （四）注册会计师对财务报表审计的责任 我们的责任是按照中国注册会计师审计准则的规定，对ABC公司的财务报表执行审计工作，以出具审计报告。但由于“形成无法表示意见的基础”部分所述的事项，我们无法获取充分、适当的审计证据以作为发表审计意见的基础。 按照中国注册会计师职业道德守则，我们独立于ABC公司，并履行了职业道德方面的其他责任	（1）审计意见段的标题表明非无保留意见的类型。 （2）注册会计师应当根据适用的财务报告编制基础，在审计意见段中说明发表的无法表示意见。 （3）注册会计师应当增加一个部分，如“形成无法表示意见的基础”，说明导致无法表示意见的事项。 （4）当发表无法表示意见时，注册会计师应当修改无保留意见审计报告中形成审计意见的基础部分，不应提及审计报告中用于描述注册会计师责任的部分，也不应说明注册会计师是否已获取充分、适当的审计证据以作为形成审计意见的基础。 （5）当发表无法表示意见时，注册会计师不得在审计报告中沟通关键审计事项，除非法律法规要求沟通

（三）带强调事项段（或其他事项段）的审计报告的编写

1.强调事项段

（1）强调事项段的含义。审计报告的强调事项段是指审计报告中含有的一个段落，该段落提及已在财务报表中恰当列报或披露的事项，根据注册会计师的职业判断，该事项对财务报表使用者理解财务报表至关重要。

（2）增加强调事项段的情形。如果认为有必要提醒财务报表使用者关注已在财务报表中列报或披露，且根据职业判断认为对财务报表使用者理解财务报表至关重要的事项，在同时满足下列条件时，注册会计师应当在审计报告中增加强调事项段：①按照《中国注册会计师审计准则第1502号——在审计报告中发表非无保留意见》的规定，该事项不会导致注册会计师发表非无保留意见；②当《中国注册会计师审计准则第1504号——在审计报告中沟通关键审计事项》适用时，该事项未被确定为在审计报告中沟通的关键审计事项。

按照《中国注册会计师审计准则第1504号——在审计报告中沟通关键审计事项》被确定为关键审计事项的事项，根据注册会计师的职业判断，也可能对财务报表使用者理解财务报表至关重要。在这些情况下，按照《中国注册会计师审计准则第1504号——在审计报告中沟通关键审计事项》的规定将该事项作为关键审计事项沟通时，注册会计师可能希望突出或提请进一步关注其相对重要程度。在关键审计事项部分，注册会计师可以使该事项的列报更为突出（如作为第一个事项），或在关键审计事项的描述中增加额外信息，以指明该事项对财务报表使用者理解财务报表的重要程度。

某一事项可能不符合《中国注册会计师审计准则第1504号——在审计报告中沟通关键审计事项》的规定，因而未被确定为关键审计事项（即该事项未被重点关注过），但根据注册会计师的判断，其对财务报表使用者理解财务报表至关重要（例如期后事项）。如果注册会计师认为有必要提请财务报表使用者关注该事项，根据审计准则的规定，该事项将包含在审计报告的强调事项段中。

某些审计准则对特定情况下在审计报告中增加强调事项段提出具体要求。这些情形包括：①法律规定的财务报告编制基础不可接受，但其是由法律或法规作出的规定；②提醒财务报表使用者注意财务报表按照特殊目的编制基础编制；③注册会计师在审计报告日后知悉了某些事实（即期后事项），并且出具了新的审计报告或修改了审计报告。

除上述审计准则要求增加强调事项的情形外，注册会计师可能认为需要增加强调事项段的情形举例如下：①异常诉讼或监管行动的未来结果存在不确定性。②提前应用（在允许的情况下）对财务报表有广泛影响的新会计准则。③存在已经或持续对被审计单位财务状况产生重大影响的特大灾难。

强调事项段的过多使用会降低注册会计师沟通所强调事项的有效性。此外，与财务报表中的列报或披露相比，在强调事项段中包括过多的信息，可能隐含着这些事项未被恰当列报或披露。因此，强调事项段应当仅提及已在财务报表中列报或披露的信息。

（3）在审计报告中增加强调事项段时注册会计师采取的措施。如果在审计报告中增加强调事项段，注册会计师应当采取下列措施：①将强调事项段作为单独的一部分置于审计报告中，并使用包含“强调事项”这一术语的适当标题。②明确提及被强调事项以及相关披露的位置，以便能够在财务报表中找到对该事项的详细描述。强调事项段应当仅提及已在财务报表中列报或披露的信息。③指出审计意见没有因该强调事项而改变。

（4）在审计报告中包含强调事项段不影响审计意见。包含强调事项段不能代替下列情形：①根据审计业务的具体情况，按照《中国注册会计师审计准则第1502号——在审计报告中发表非无保留意见》的规定发表非无保留意见；②适用的财务报告编制基础要求管理层在财务报表中作出的披露，或为实现公允列报所需的其他披露；③按照《中国注册会计师审计准则第1324号——持续经营》的规定，当可能导致对被审计单位持续经营能力产生重大疑虑的实现或情况存在重大不确定性时作出的报告。

2.其他事项段

（1）其他事项段的含义。其他事项段是指审计报告中含有的一个段落，该段落提及未在财务报表中列报或披露的事项，根据注册会计师的职业判断，该事项与财务报表使用者理解审计工作、注册会计师的责任或审计报告相关。

（2）需要增加其他事项段的情形。具体讲，需要在审计报告中增加其他事项段的情形包括：

①与使用者理解审计工作相关的情形。《中国注册会计师审计准则第1151号——与治理层的沟通》要求注册会计师就计划的审计范围和时间安排与治理层进行沟通，包括注册会计师识别的特别风险。尽管与特别风险相关的事项可能被确定为关键审计事项，根据《中国注册会计师审计准则第1504号——在审计报告中沟通关键审计事项》对关键审计事项的定义，其他与计划及范围相关的事项（比如计划的审计范围或审计时对重要性的运用）不太可能成为关键审计事项。然而，法律法规可能要求注册会计师在审计报告中沟通与计划及范围相关的事项，或者注册会计师可能认为有必要在其他事项段中沟通这些事项。

在极其特殊的情况下，即使由于管理层对审计范围施加的限制导致无法获取充分、适当的审计证据可能产生的影响具有广泛性，注册会计师也不能解除业务约定。在这种情况下，注册会计师可能认为有必要在审计报告中增加其他事项段，解释为何不能解除业务约定。

②与使用者理解注册会计师的责任或审计报告相关的情形。法律法规或得到广泛认可的惯例可能要求或允许注册会计师详细说明某些事项，以进一步解释注册会计师在财务报表审计中的责任或审计报告。在这种情况下，注册会计师可以使用一个或多个子标题来描述其他事项段的内容。

但增加其他事项段不涉及以下两种情形：a.除根据审计准则的规定有责任对财务报表出具审计报告外，注册会计师还有其他报告责任；b.注册会计师可能被要求实施额外的规定的程序并予以报告，或对特定事项发表意见。

③对两套以上财务报表出具审计报告的情形。被审计单位可能按照通用目的编制基础（如×国财务报告编制基础）编制一套财务报表，且按照另一个通用目的编制基础（如国际财务报告准则）编制另一套财务报表，并委托注册会计师同时对两套财务报表出具审计报告。如果注册会计师已确定两个财务报告编制基础在各自情形下是可接受的，可以在审计报告中增加其他事项段，说明该被审计单位根据另一个通用目的编制基础（如国际财务报告准则）编制了另一套财务报表以及注册会计师对这些财务报表出具了审计报告。

④限制审计报告分发和使用的情形。为特定目的编制的财务报表可能按照通用目的编制基础编制，因为财务报表预期使用者已确定这种通用目的财务报表能够满足他们对财务信息的需求。由于审计报告旨在提供给特定使用者，注册会计师可能认为在这种情况下需要增加其他事项段，说明审计报告只是提供给财务报表预期使用者，不应被分发给其他机构或人员或者被其他机构或人员使用。

需要注意的是，其他事项段的内容明确反映了未被要求在财务报表中列报或披露的其他事项。其他事项段不包括法律法规或其他执业准则（如中国注册会计师职业道德守则中与信息保密相关的规定）禁止注册会计师提供的信息。其他事项段也不包括要求管理层提供的信息。

视频：新审计报告案例讲解

如果在审计报告中包含其他事项段，注册会计师应当将该段落作为单独的一部分，并使用“其他事项”或其他适当标题。

3.与治理层的沟通

如果拟在审计报告中增加强调事项段或其他事项段，注册会计师应当就该事项和拟使用的措辞与治理层沟通。

与治理层的沟通能使治理层了解注册会计师拟在审计报告中所强调的特定事项的性质，并在必要时为治理层提供向注册会计师作出进一步澄清的机会。当然，当审计报告中针对某一特定事项增加其他事项段在连续审计业务中重复出现时，注册会计师可能认为没有必要在每次审计业务中重复沟通。带强调事项段审计报告示例见表4-15。

表4-15　　带强调事项段报告示例

审计报告
ABC股份有限公司全体股东： （一）保留意见 我们审计了ABC股份有限公司（以下简称ABC公司）财务报表，包括20×1年12月31日的资产负债表，20×1年度的利润表、现金流量表、股东权益变动表以及相关财务报表附注。 我们认为，除“形成保留意见的基础”部分所述事项产生的影响外，后附的财务报表在所有重大方面按照企业会计准则的规定编制，公允反映了ABC公司20×1年12月31日的财务状况以及20×1年度的经营成果和现金流量。 （二）形成保留意见的基础 ABC公司20×1年12月31日资产负债表中以公允价值计量且其变动计入当期损益的金融资产的列示金额为×元。ABC公司管理层（以下简称管理层）根据成本对以公允价值计量且其变动计入当期损益的金融资产进行计量，而没有根据公允价值进行计量，这不符合企业会计准则的规定。ABC公司的会计记录显示，如果管理层以公允价值来计量以公允价值计量且其变动计入当期损益的金融资产，ABC公司20×1年度利润表中公允价值变动收益将减少×元，20×1年12月31日资产负债表中以公允价值计量且其变动计入当期损益的金融资产列示金额将减少×元。相应地，所得税、净利润和股东权益将分别减少×元、×元和×元。 …… （三）强调事项——火灾的影响 我们提醒财务报表使用者关注，财务报表附注×描述了火灾对ABC公司的生产设备造成的影响。本段内容不影响已发表的审计意见。 （四）管理层和治理层对财务报表的责任（略） （五）注册会计师对财务报表审计的责任（略） ……

案例分析

在本案例中，广东中正珠江会计师事务所对康美药业2018年财务报告出具了保留意见的审计报告。一般来说，注册会计师在下列情况下会发表保留意见的审计报告（见表4-16）。

表4-16　发表保留意见的情形

涉及事项	具体情形	涉及准则
总体要求	当存在下列情形之一时，注册会计师应当发表保留意见： （1）在获取充分、适当的审计证据后，注册会计师认为错报单独或汇总起来对财务报表影响重大，但不具有广泛性； （2）注册会计师无法获取充分、适当的审计证据以作为形成审计意见的基础，但认为未发现的错报（如存在）对财务报表可能产生的影响重大，但不具有广泛性	第1502号准则第八条
1.重大错报，影响重大但不具有广泛性	错报单独或汇总起来对财务报表影响重大，但不具有广泛性	第1502号准则第十四条
2.审计范围受限	如果未发现的错报（如存在）可能对财务报表产生的影响重大，但不具有广泛性，注册会计师应当发表保留意见	第1502号准则第八条
	如果对重大的财务报表认定没有获取充分、适当的审计证据，注册会计师应当尽可能获取进一步的审计证据。如果仍然不能获取充分、适当的审计证据，注册会计师应当对财务报表发表保留意见或无法表示意见	第1231号准则第二十七条
	在某些情况下，注册会计师可能认为有必要提请管理层作出评估或延长评估期间（管理层的评估期间至少是自财务报表日起十二个月）。如果管理层予以拒绝，由于注册会计师可能无法获取有关管理层运用持续经营假设编制财务报表的充分、适当的审计证据（如是否存在管理层提出的应对计划或其他缓解因素的审计证据），注册会计师发表保留意见或无法表示意见可能是适当的	第1324号准则应用指南第三十五条，管理层不愿作出评估或延长评估期间（参见第1324号准则第二十三条）
	如果不能获取有关期初余额的充分、适当的审计证据，注册会计师应当按照第1502号准则的规定，对财务报表发表保留意见或无法表示意见	第1331号准则第十二条
	如果因管理层或治理层阻挠而无法获取充分、适当的审计证据，以评价是否存在或可能存在对财务报表产生重大影响的违反法律法规行为，注册会计师应当按照第1502号准则的规定，根据审计范围受到限制的程度，发表保留意见或无法表示意见	第1142号准则第二十六条
	如果无法获取充分的审计证据确定该假定是否成立，注册会计师应当将其视为审计工作范围受到限制，出具保留意见或无法表示意见的审计报告	第1632号准则第五十八条

续表

涉及事项	具体情形	涉及准则
3.持续经营能力存在重大不确定性，财务报表披露不充分	如果运用持续经营假设是适当的，但存在重大不确定性，且财务报表对重大不确定性未作出充分披露，注册会计师应当按照《中国注册会计师审计准则第1502号——在审计报告中发表非无保留意见》的规定，恰当发表保留意见或否定意见。 注册会计师应当在审计报告“形成保留（否定）意见的基础”部分说明，存在可能导致对被审计单位持续经营能力产生重大疑虑的重大不确定性，但财务报表未充分披露该事项	第1324号准则第二十二条
4.违反法律法规行为对财务报表具有重大影响	如果认为违反法律法规行为对财务报表具有重大影响，且未能在财务报表中得到充分反映，注册会计师应当按照第1502号准则的规定，发表保留意见或否定意见	第1142号准则第二十五条
5.期初错报的影响未能得到正确的会计处理和恰当的列报	如果认为期初余额存在对本期财务报表产生重大影响的错报，且错报的影响未能得到恰当的会计处理或适当的列报与披露，注册会计师应当按照《中国注册会计师审计准则第1502号——在审计报告中发表非无保留意见》的规定，对财务报表发表保留意见或否定意见	第1331号准则第十三条
6.会计政策未能一贯运用或者会计政策变更未能得到恰当的会计处理或适当的列报	如果认为按照适用的财务报告框架，与期初余额相关的会计政策未能在本期得到一贯运用，或者会计政策的变更未能得到恰当的会计处理或适当的列报与披露，注册会计师应当按照《中国注册会计师审计准则第1502号——在审计报告中发表非无保留意见》的规定，对财务报表发表保留意见或否定意见	第1331号准则第十四条
7.管理层确定衍生金融工具公允价值能够可靠计量的假定不成立	当管理层确定衍生金融工具公允价值能够可靠计量的假定不成立时，注册会计师应当获取支持管理层作出这项决定的审计证据，并确定衍生金融工具是否按照适用的会计准则和相关会计制度的规定进行恰当的会计处理。如果管理层不能提出该假定不成立的合理理由，注册会计师应当出具保留意见或否定意见的审计报告	第1632号准则第五十八条

知识拓展

重要性和审计意见类型之间的关系

通常情况下审计人员在审计工作中多多少少都会查出被审计单位存在的一些问题，面对这些问题审计人员是不是都要出具非无保留审计报告呢？回答应该是否定的。那么应该根据什么判断、确定审计意见的类型呢？重要性是在这种条件下需要考虑的关键因素。简单来说，如果问题不重要，就可以出具无保留意见审计报告；如果问题重要，就要出具非无保留意见审计报告。所以，重要性成了关键的判断和决策标准。重要性和审计意见类型之间的关系见表4-17。

表4-17　重要性和审计意见类型之间的关系

重要性水平	从正常预期使用者的决策角度考虑重要性水平	审计意见类型
不很重要	预期使用者决策不会受影响	无保留意见
比较重要	有问题的信息对预期使用者具体决策具有重要影响，但财务报表整体仍然是公允反映的	保留意见
非常重要	大部分或所有预期使用者基于财务报表所作的决策都会受到严重影响，财务报表整体有失公允	无法表示意见或否定意见

重要性水平的判断会因人、因时、因事务所而异。

同步训练

一、单项选择题（每题只有一个正确答案，请将正确答案填在括号内）

1.注册会计师认定被审计单位连续出现巨额营业亏损时，下列各项不正确的是（　　）。

A.若被审计单位拒绝披露，应出具保留意见或否定意见

B.无论被审计单位是否作了披露，都不在审计报告中提及

C.应提请被审计单位在财务报表附注中予以披露

D.若被审计单位充分披露，则应在意见段后增加强调事项段予以说明

2.下列各项属于由被审计单位管理层造成的审计范围受到限制的情况是（　　）。

A.管理层不允许注册会计师观察存货盘点

B.被审计单位重要的部分会计资料被洪水冲走，无法进行检查

C.截至资产负债表日处于外海的远洋捕捞船队的捕鱼量无法监盘

D.外国子公司的存货无法监盘

3.A公司于2017年度由于失去重要的市场而对其持续经营能力造成了重大影响。在A公司采取适当措施后，注册会计师虽认为A公司的持续经营假设合理但仍心存疑虑，为此提请A公司在财务报表附注中进行披露，A公司接受了披露建议。在随后评价对A公司2018年度财务报表的审计结果时，审计小组确定的重要性水平为200万元。假定审计过程中，除了A公司拒绝向审计小组提供已在财务报表中列示的余额为150万元的长期股权投资明细账及相关资料和累计折旧项目中存在的80万元错报情况以外，审计小组没有发现A公司财务报表中存在其他错报或漏报。综合上述情况，项目合伙人李平应出具的审计报告意见类型是（　　）。

A.保留意见　　　　B.带强调事项段的保留意见

C.标准无保留意见　　D.带强调事项段的无保留意见

4.如果认为被审计单位在编制财务报表时运用持续经营假设是适当的，但可能导致对持续经营能力产生重大疑虑的事项或情况存在重大不确定性且财务报表已作出充分披露，那么注册会计师应出具的审计报告类型是（　　）。

A.标准无保留意见　　B.带强调事项段的无保留意见

C.带强调事项段的保留意见　　D.无法表示意见

5.注册会计师拟在被审计单位审计报告中增加其他事项段，下列各项不正确的是（　　）。

A.当增加其他事项段旨在提醒使用者关注与其理解与财务报表审计相关的事项时，该段落需要紧接在审计意见段和强调事项段之后

B.当增加其他事项段旨在提醒使用者关注与审计报告中提及的其他报告责任相关的事项时，该段落可以置于“按照相关法律法规的要求报告的事项”的部分内

C.当其他事项段与注册会计师的责任或使用者理解审计报告相关时，可以单独作为一部分，置于“对财务报表出具的审计报告”和“按照相关法律法规的要求报告的事项”之后

D.如果拟在审计报告中增加强调事项段或其他事项段，注册会计师应当就该事项和拟使用的措辞与管理层沟通

二、多项选择题（每题有两个或两个以上正确答案，请将正确答案填在括号内）

1.对已发现的对财务报表产生重大影响的期后事项，如果被审计单位不接受调整或披露建议，注册会计师应视具体情况发表的审计报告有（　　）。

A.无保留意见　　B.带强调事项段的无保留意见

C.保留意见　　D.否定意见

2.编写审计报告时，注册会计师应在审计报告的注册会计师责任段中说明的内容包括（　　）。

A.已审报表的名称，反映的日期和期间

B.按照中国注册会计师审计准则的规定执行了审计工作

C.计划和执行审计工作以对财务报表是否不存在重大错报获取合理保证

D.按照适用的财务报告编制基础编制财务报表，并使其实现公允反映

3.在评价财务报表是否实现公允反映时，注册会计师应当考虑的内容有（　　）。

A.管理层作出的会计估计是否合理

B.财务报表是否作出充分披露，使财务报表使用者能够理解重大交易和事项对被审计单位财务状况、经营成果和现金流量的影响

C.财务报表的整体列报、结构和内容是否合理

D.财务报表（包括相关附注）是否公允地反映了相关交易和事项

4.下列各项属于标准无保留意见的审计报告应该包括的基本内容有（　　）。

A.财务报表批准报出日　　B.注册会计师的责任段

C.注册会计师签名并盖章　　D.强调事项段

5.如果期初余额存在对本期财务报表产生重大影响的错报，且错报的影响未能得到正确的会计处理和恰当的列报，注册会计师在审计报告中发表的审计意见的类型有（　　）。

A.无保留意见　　B.保留意见
C.否定意见　　D.无法表示意见

三、判断题

1.当财务报表列报对应数据时，上期财务报表未经审计不会导致注册会计师在审计报告中增加其他事项段。（　）

2.“我们的责任是在执行审计工作的基础上对财务报表发表审计意见”，这段文字摘自某注册会计师所签发的审计报告，是恰当的。（　）

3.A与B注册会计师于2019年2月8日进驻甲公司审计其2018年度财务报表。3月10日注册会计师与甲公司进行沟通，3月15日甲公司正式签署2018年度财务报表，3月20日对外公布其财务报表，通常情况下审计报告日是2019年3月10日。（　）

4.如果注册会计师无法就关联方和关联方交易获取充分、适当的审计证据，应视同审计范围受到限制，并根据其对财务报表的影响程度，出具保留意见或无法表示意见。（　）

5.被审计单位重要的部分会计资料被洪水冲走，无法进行检查是由被审计单位管理层造成的审计范围受到限制。（　）

四、案例题

A和B注册会计师分别作为生根会计师事务所审计项目合伙人和项目负责人，在审计ABC公司2018年度财务报表时的背景信息如下：

（1）该审计是对非上市实体整套财务报表进行审计，不属于集团审计（即不适用《中国注册会计师审计准则第1401号——对集团财务报表审计的特殊考虑》）。

（2）ABC公司管理层按照企业会计准则编制财务报表。

（3）审计业务约定条款体现了《中国注册会计师审计准则第1111号——就审计业务约定条款达成一致意见》中关于管理层对财务报表责任的描述。

（4）由于偏离企业会计准则的规定导致发表保留意见；具体情况为：ABC公司2018年12月31日资产负债表中以公允价值计量且其变动计入当期损益的金融资产的列示金额为×元。ABC公司管理层根据成本对以公允价值计量且其变动计入当期损益的金融资产进行计量。

（5）适用的相关职业道德要求为中国注册会计师职业道德守则。

（6）基于获取的审计证据，根据《中国注册会计师审计准则第1324号——持续经营》，注册会计师认为可能导致对被审计单位持续经营能力产生重大疑虑的事项或情况不存在重大不确定性。

（7）在财务报表日至审计报告日之间，被审计单位的生产设备发生了火灾，被审计单位已将其作为期后事项披露。根据注册会计师的判断，该事项对财务报表使用者理解财务报表至关重要，但在本期财务报表审计中不是重点关注过的事项。

（8）注册会计师未被要求，并且也决定不沟通关键审计事项。

（9）注册会计师在审计报告日前未获取任何其他信息。

（10）负责监督财务报表的人员与负责编制财务报表的人员不同。

（11）除财务报表审计外，注册会计师还承担法律法规要求的其他报告责任，且注册会计师决定在审计报告中履行其他报告责任。

要求：根据以上资料，撰写相关审计报告的“保留意见”、“形成保留意见的基础”和“强调事项”段落，其他段落可省略。

小 结

本模块主要知识点归纳总结见表4-18。

表4-18 本模块主要知识点

任务	知识点
任务一 注重瞻前顾后	瞻前：编制审计差异调整表和试算平衡表，评价审计过程中发现的错报
	顾后：考虑期后事项
任务二 分清会审责任，进行独立复核	分清两大责任
	进行独立复核
任务三 发表审计意见，出具审计报告	审计意见类型的确定
	审计报告基本知识
	审计报告的编写要求和编写程序
	不同类型审计报告的编写

参考文献

［1］王生根. 中国注册会计师执业准则重点难点解析与应用分析［M］. 大连：东北财经大学出版社，2018.

［2］中国注册会计师协会. 审计［M］. 北京：中国财政经济出版社，2019.

［3］王生根. 审计实务［M］. 2版. 北京：高等教育出版社，2015.

［4］王生根，黄莉娟，朱庆仙. 审计学原理与实务［M］. 上海：高等教育出版社，2015.

［5］陈建松. 审计实务［M］. 4版. 北京：高等教育出版社，2013.

［6］王生根. 审计风险——基于风险导向审计理念［M］. 北京：清华大学出版社，2010.

［7］徐宝勤. 审计基础理论与实务［M］. 北京：北京理工大学出版社，2010.